DUMONT

JENS BRAMBUSCH

ROLL-KOFFER TERRORISTEN

Die selbstironische
Abrechnung eines Berliner
Airbnb-Gastgebers

DUMONT

Alle Anekdoten haben sich so zugetragen. Allerdings habe ich die Namen und die Wohnorte der Gäste verändert. Na ja, bei fast allen. Nicht bei Niko aus Finnland. Er hat es nicht anders verdient.

1. Auflage 2021
© 2021 DuMont Reiseverlag, Ostfildern
Alle Rechte vorbehalten.

Lektorat: Regina Carstensen
Umschlaggestaltung: Birgit Kohlhaas
Umschlagfotos: Shutterstock.com/Madredus (Wand), Adobe Stock/viperagp (Sixpack), Adobe Stock/Pavel Losevsky (Fellkoffer), iStock.com/LightField-Studios (Reisender), Shutterstock.com/pirtuss (Wikingerhelm vorn und hinten), Shutterstock.com/Luis Alonso Cardenas (Schlüsselbund), Shutterstock.com/Jiri Hera (Bierdose), Maximilian Virgili (Autorenfoto)
Innengestaltung und Satz: Anja Linda Dicke, dickedesign.de, Berlin
Fotos Bildstrecke innen: Jens Brambusch; mit folgenden Ausnahmen: Maximilian Virgili (Autorenfoto S. 6), picture-alliance/Franziska Koark (Graffito S. 8), Shutterstock.com/Madredus (Wand)

Printed in Poland

ISBN 978-3-7701-9189-5

www.dumontreise.de

INHALT

TEIL 1

SAULUS

Und dann ist er da, der Tag, vor dem ich mich die letzten Monate immer gefürchtet habe. Ich habe geahnt, dass er irgendwann kommen wird. Ich habe gebetet, dass die Angst unbegründet ist. Aber die Gebete blieben ungehört. Es ist der Dienstag nach Ostern, und ich bereue es bitter, meine Wohnung über Airbnb vermietet zu haben. Gentrifatius, der Schutzpatron des gewissenlosen Strukturwandels, muss sich von mir abgewendet haben. Die Vendetta der Entmieteten erwartet mich. Und so laufe ich durch die regennassen Straßen Berlins. Das Herz schlägt mir im Hals. Ich keuche, ich stolpere. Die Straßenbahnschienen glänzen kalt im matten Laternenlicht. Ich muss aufpassen, dass ich auf dem feuchten Pflaster nicht ausrutsche. Ich bin auf der Flucht.

Die glatten Sohlen meiner Schuhe fühlen sich auf dem nassen Pflaster an wie Slicks auf Eis. Ich schliddere mehr, als dass ich durch die Straßen meiner Nachbarschaft renne. Vor dem Späti, an dem ich eigentlich Kippen kaufen wollte, steht die türkische Besitzerin in der offenen Tür, pafft und schaut verträumt den Tropfen zu, die Ringe in Pfützen werfen und den Bürgersteig mit kleinen Tsunamis immer weiter fluten. Hinter ihr krächzt türkischer Pop aus einem kleinen Kofferradio. Alles ist wie immer.

Als sie mich erkennt, wie ich auf ihren Laden zustürme, rollt sie genervt mit den Augen, wirft ihre erst zur Hälfte gerauchte Kippe in die Pfütze, die unter zischendem Protest erlischt. Sie lächelt gequält dieses Lächeln, wie jedes Mal, wenn sie beim Rauchen gestört wird.

Auch an diesem Abend nach Ostern zieht Melek mit jedem Meter, den ich auf den Späti zulaufe, ihre Lippen weiter nach oben und rümpft dabei ihre Nase. Nachdem sie missmutig ihre Kippe ertränkt hat und gerade an ihren angestammten Platz hinter dem Tresen schleichen will, bleibt sie abrupt stehen. Sie muss bemerkt haben, dass etwas nicht stimmt. Sie dreht sich zu mir um, sieht, wie ich an dem Späti vorbeirenne. Ich hebe nur kurz die Hand zum Gruß. Irritiert grüßt sie zurück. Ich sehe in ihren Augen, dass sie in meinen Panik entdeckt haben muss.

Immer wieder drehe ich mich im Laufen hektisch um, versuche meine Verfolger zu entdecken, kann sie aber nicht finden. Da ist kein Mob zu sehen, der mir folgt. Dafür glimmt an der Späti-Tür wieder eine Kippe wie ein einsames Glühwürmchen, das sich in die Großstadt verirrt hat.

Die Straßen in Friedrichshain sind wie leer gefegt. Nur vereinzelt klammern sich Personen an ihren Regenschirmen fest, huschen aus der Straßenbahn in eines der vielen Restaurants oder gehen schnurstracks nach Hause. Hier und da kauern Raucher vor Cafés oder Bars an den Mauern, auf der Suche nach Schutz vor Wind und Wetter, bibbern in der Kälte, inhalieren hektisch den blauen Qualm in der schwarzen Nacht, ehe sie wieder zurück ins Warme flüchten. Ich laufe weiter, immer weiter, Richtung Boxhagener Platz. Ein letztes Mal drehe ich mich an der nächsten Kreuzung um, ehe ich abbiege und mich langsam beruhige. Noch sind meine Verfolger nicht zu sehen. Ein Blick auf meine Armbanduhr verrät mir, dass es kurz vor zwanzig Uhr ist. Vor ziemlich genau vierundzwanzig Stunden bin ich aus meinem Osterwochenende von der Nordsee zurückgekommen. Meine kleine heile Welt war noch intakt, der Inbegriff von Horror für mich lediglich eine verstopfte A24 zwischen dem Autobahnkreuz Wittstock/Dosse und dem Speckgürtel von Berlin. Gefühlt die halbe Republik rollte über die Autobahnen. Und das begann bereits, da schmeckte ich noch das Salz des Meeres in der Luft. Stoßstange an Stoßstange, 430 Kilometer. Über sieben Stunden dauerte die Fahrt. Und jeder Stau killte einen Tag Erholung. Als ich Berlin endlich erreichte, war ich bereits wieder urlaubsreif. Und hundemüde. Aber in dieser Nacht sollte ich kein Auge zubekommen. Dafür würden die Finnen sorgen, die meine Ferienwohnung für einige Tage gemietet hatten.

BERLIN, BERLIN

In einer Großstadt wie Berlin kann es schon mal passieren, dass man zum falschen Zeitpunkt am falschen Ort ist. Das zumindest vermittelt der tägliche Blick in die Boulevardpresse: »Mitten in Tempelhof: Streit unter Autofahrern – Mann (22) ins Bein geschossen«. Oder: »Drama in Pankow: Frau (30) schwer verletzt im Treppenhaus gefunden«. Und etwas kleiner: »30 Personen beteiligt: Großfamilie liefert sich Schlägerei in Berliner Krankenhaus«. Zu dem Potpourri aus tagesaktuellen Nachrichten gesellt sich ein Kommentar, der zeitlos erscheint. »Ist Berlin so herzlos geworden?«, fragt darin die Autorin. Das Fazit des Kommentars lautet verkürzt übrigens: »Ja!«

Bei solchen Meldungen macht der Start in den Tag richtig Laune. Ein schiefer Blick, ein unbedachtes Wort, ein Pöbler in der S-Bahn, ein aggressiver Alki am Abend, ein verkaterter Trinker am Morgen, ein durchgeknallter Junkie auf Trip oder schlimmer noch auf der Jagd nach dem nächsten Schuss. Dazu der Kleinkrieg auf Berlins Straßen. Auto nimmt Radfahrer die

Vorfahrt. Radfahrer schlägt mit flacher Hand an der nächsten Ampel auf das Dach des Wagens. Prügelei. Auto parkt auf Straßenbahnschiene, Verkehr kommt im Hupkonzert zum Erliegen. Rollerfahrer schleicht im Schneckentempo am Stau vorbei. Autofahrer öffnet Tür, um den Roller auszubremsen. Lkw fährt bei Gelb noch auf die Kreuzung, er hat ja lange genug gewartet, und versperrt damit die Kreuzung für die nächsten vier Ampelphasen. Autofahrer sind genervt und fahren nun ebenfalls auf die Kreuzung. Chaos. Lautstarke Auseinandersetzungen, oft auch mit Fäusten ausgetragen, sind nicht ausgeschlossen. Möglichkeiten, sich Ärger einzufangen, gibt es eben viele in Berlin. Dass ich aber einmal mit Mitte vierzig durch die Straßen Berlins wetze, weil ich befürchten muss, einem Mob stark alkoholisierter Finnen zum Opfer zu fallen, die ich zuvor aus meiner Ferienwohnung geworfen habe, damit hätte ich nicht gerechnet.

Ich wohne in Friedrichshain. Berliner Osten. Berghain. Boxi. Ein sogenannter Szenekiez, Epizentrum des Partytourismus. *Lonely Planet*, die Bibel aller Backpacker und Individualtouristen, verspricht »Berlins aufregendstes und wildestes Nachtleben mit einer Flut an Clubs und Bars«. Ein bisschen Ballermann, ein bisschen Silicon Valley. Dabei war der Zwillingsstadtteil von Kreuzberg jenseits der Spree in den Neunzigerjahren noch Schauplatz von Straßenkämpfen zwischen Hausbesetzern und der Polizei. Von der Randale übrig geblieben ist als Relikt alter Tage ein besetztes Haus in der Rigaer Straße, dessen Bewohner die Nachbarschaft tyrannisieren und Hundertschaften an Polizisten beschäftigen.

Statt der linksautonomen Hausbesetzer prägt Friedrichshain mittlerweile eine andere Spezies: die Hipster, deren Bärte genauso geölt sind wie die Dielen in den Altbauwohnungen, aus denen die Hausbesetzer einst vertrieben wurden. In dem ehemaligen DDR-Arbeiterbezirk haben sich Unternehmen mit klangvollen Namen angesiedelt. Die Musiksender MTV und VIVA thronten jahrelang in einem alten Speicher am Spreeufer zwischen der Deutschlandzentrale von Coca-Cola und dem Plattengiganten Universal Records. Mittlerweile ist MTV ein paar hundert Meter weitergezogen, mitten ins Herz von Friedrichshain, an die Boxhagener Straße. Zalandos Hauptquartier liegt vis-à-vis zur East Side Gallery, dem längsten erhaltenen Stück Berliner Mauer mit den bunten Graffiti, das bekannteste davon der innige Bruderkuss zwischen Erich Honecker und Leonid Breschnew, vor dem sich gut gelaunte Gruppen aus Fernost Kämpfe mit ihren Selfie-Sticks liefern, die an Gefechtsszenen aus dem Film *Der letzte Samurai* erinnern. Neben Zalando liegt glitzernd und leuchtend die Mercedes-Benz-Arena, jenseits der Oberbaumbrücke mit ihren markanten Türmchen tüfteln Start-ups in den alten Hallen und dunklen Hinterhöfen der ehemaligen Narva Glühlampenfabrik am nächsten großen Ding und hoffen, dass ihnen bald ein Licht aufgeht. Und immer mehr SUVs quetschen sich über das holperige Kopfsteinpflaster der Seitenstraßen, auf der Suche nach einem Parkplatz vor dem Bio-Bäcker.

Friedrichshain ist der Prenzlauer Berg von morgen. Nur ein bisschen internationaler und mit einer noch höheren Tattoo-Dichte. Dafür wird weniger Schwäbisch geschwätzt.

Ein Spaziergang durch die Straßen des Kiezes erinnert bisweilen an den Turmbau zu Babel. Zum einen lärmen überall Baustellen, wachsen aus Brachen protzige Bauten und komfortable Komplexe mit kosmopolitischen Namen wie »Pure Living«, »Pandion Midtown« oder »The Wave«. »Quartier 18«

oder »Revaler Spitze« klingen dagegen fast schon so altbacken wie die Schrippe von letztem Sonntag, die beim Späti noch am Dienstag in der Auslage liegt. Zum anderen prasseln etliche Sprachen aufeinander ein: Spanisch, Englisch, Französisch, Italienisch, Portugiesisch, Japanisch, Hebräisch, Russisch oder auch Vietnamesisch. In einigen Bars ist der Besucher bereits beim Bestellen aufgeschmissen, wenn er kein Englisch beherrscht. Was allerdings nur wenige stört, weil es den weltstädtischen Charakter der Hauptstadt unterstreicht. Außer natürlich, man stammt aus dem westlichen Münsterland und ist Gesundheitsminister, dann ist der deutschunkundige Kellner schon mal einen Tweet inklusive Shitstorm wert.

Seit ich allerdings einmal als gealtertes Marco-Reus-Lookalike den Friseur mit schmissiger Fußballerfrisur verlassen habe, hört meine Toleranz auf. Bisweilen ähnelt der Besuch beim Meister mit den Scherenhänden einem Behördengang – auch wenn er zum Glück nicht ganz so lange dauert. In manchen hippen Läden entscheidet eine gezogene Wartenummer darüber, welcher Friseur einem erst den Kopf wäscht und dann frisiert. Und dabei sollte man ganz sicher sein, dass die Wünsche zumindest ansatzweise verstanden werden, zumindest dann, wenn man nicht möchte, dass der elektrische Rasierer eine Schneise bis zum Haaransatz fräst. Denn selbst wenn der Friseur noch so selbstsicher und verständnisvoll nickt, heißt das nicht, dass er den Ausführungen folgen kann. Auch als der freundliche Mann aus Fernost pantomimisch nach dem Einsatz des elektrischen Rasierers fragte, indem er mit dem Gerät herumwedelte, hätte ich gedacht, dass mein erhobener Zeigefinger, der wie der Zeiger eines Metronoms von links nach rechts wanderte, eine internationale verneinende Geste sei. Doch in einem kurzen Moment der Unaufmerksamkeit

fraß sich das surrende Ungetüm bereits durch meine Nacken-
haare wie ein Schneepflug durch einen Alpenpass im Winter.

Wahrscheinlich gibt es kaum eine Stadt auf dem Globus,
die derzeit so angesagt ist wie Berlin. Glücksritter aus aller
Herren Länder suchen hier nach Arbeit, Bleibe und Lebens-
gefühl. Clubs und Kunst ziehen zudem das internationale
Partyvolk für einen Kurzurlaub an. Die Invasion der Touristen
wird von der Marschmusik der Rollkoffer auf dem holperigen
Pflaster intoniert. Der Strom der Besucher reißt nie ab, orches-
triert von easyJet und Ryanair. 13,5 Millionen waren es im Jahr
2018, vier Prozent mehr als im Vorjahr. Dem Ur-Berliner, einer
fast ausgestorbenen Spezies, bleibt nicht mehr, als fassungslos
dem Treiben der Touristenhorden zuzuschauen. Und dann sind
da noch die, die mit Sack und Pack an die Spree ziehen.
Seit fünfzehn Jahren wächst Berlin jedes Jahr, zuletzt um die
Anzahl der Bewohner einer mittelgroßen Stadt wie Coburg
oder Stralsund. Und die meisten Zugezogenen wollen natürlich
nicht im Speckgürtel der Hauptstadt wohnen, sondern da, wo
das Leben tobt. Mitten in der City. Zumindest noch mitten im
S-Bahn-Ring, der wie eine innere Stadtmauer die teuren von
den etwas weniger teuren Wohnlagen trennt.

Der Wohnraum ist mittlerweile knapp geworden, die Mieten steigen, auch wenn Berlin immer noch »billig« ist, verglichen
mit den anderen Metropolen der Republik und erst recht mit
denen der großen weiten Welt. Für die gebürtigen Berliner bleibt
da kaum noch Platz. Vertrieben von den frisch Zugezogenen
beäugen sie daher jeden Neuankömmling, der sich in ihrer Nachbarschaft breitmacht, mit Groll, zumindest aber mit Skepsis.
Selbst die, die kein Schwäbisch schwätzen. Solche wie mich.

DIE KLEINE KNEIPE

Es ist ein Freitagabend, Mitte Juni. Vor wenigen Tagen bin ich nach Berlin gezogen. Zumindest so halb. Ich bin einer dieser Pendler, die am Montagmorgen in die Hauptstadt fahren und spätestens am Freitag wieder den Zug zurück ins Wochenende nehmen. In meinem Fall: nach Hamburg. Während sich die Hansestadt noch am Frühling festklammert, hat die erste Wärmeperiode des Jahres die Hauptstadt bereits im Würgegriff. In den Häuserschluchten steht noch die schwülstige Hitze des späten Nachmittags. Zeit für ein kühles Bier.

Tagsüber ist die unscheinbare Kneipe im Vorderhaus geschlossen, ein graues Rollo mit Schmiereien von wenig begabten Sprayern, die die gesamte Nachbarschaft mit ihren Graffiti und Tags überziehen, verdeckt die große Scheibe neben der kleinen Tür. Erst abends kommt Leben in die Bude. Schon mehrmals habe ich einen Blick durch die beschlagene Scheibe der gemütlichen Kneipe im Vorderhaus erhascht, und das, was ich sah, gefiel mir. Hinter dem Tresen stand immer eine junge Frau in bunten, wallenden Kleidern, die wahrscheinlich die Pächterin der Kneipe ist. Nun scheint mir der geeignete Zeitpunkt gekommen zu sein, der Kneipe einen ersten Besuch abzustatten.

Schon als ich die Straße entlangschlendere, glaube ich Uschi zu erkennen, die Barfrau, von der meine Nachbarn bereits sprachen. »Das ist vielleicht eine Marke«, hatten sie gesagt. Uschi thront wie eine Matrone auf dem Trottoir, in einem Sessel mit rotem Cordbezug und dunklen Brandlöchern. Sie dreht sich eine Zigarette und genießt sichtlich den einsetzenden Schatten, den die Zinnen der Altbauten auf der gegenüberliegenden Seite der Straße spenden. Die Sonne verkriecht sich langsam zur verdienten Nachtruhe. Auf dem kleinen Tisch neben Uschi liegt ein Buch, in das sie zuvor vertieft war – *Fifty Shades of Grey*. Uschi ist ihr einziger Gast.

»Halt«, befiehlt sie im Tonfall eines DDR-Vopos, als ich nett grüßend an ihr vorbei in das miefige Halbdunkel der Kneipe treten will. Verdattert stoppe ich und schaue sie mit großen Augen an.

»Ja?«, fragte ich etwas irritiert.

»Wat is'n da drin?« Sie zeigt auf die Tüte in meiner Hand.

»Äh, mein Einkauf«, sage ich, und öffne pflichtschuldig den Beutel für die Inspektion in Erinnerung an die Grenzkontrollen auf der Transitstrecke Ende der Achtzigerjahre. Damals hätte man auch nicht eine Diskussion über die Beweggründe der Fragerunde gestartet. Und so zähle ich auf: »Brot, Kaffee, Milch, Gemüse, Bananen ...«

»Keen Fleisch?«, fragt Uschi ungläubig und nennt gleich den Grund für ihr Interesse: »Ick hab nämlich Hunger.«

Doch ich muss Uschi enttäuschen, ich habe »keen Fleisch«. Sie atmet schwer ein und aus. Ein Hauch von Verzweiflung füllt die Straße. »Wat bist denn du für eener?«, pampt Uschi mich an.

»Ich?«, frage ich und schüttelte abwehrend den Kopf. »Meine Freundin ist Vegetarierin«, rechtfertige ich meinen Einkauf. Sogleich schießt es mir durch den Kopf: Wieso erzählst du das eigentlich? Warum rechtfertigst du dich überhaupt? Während ich noch darüber nachdenke, brabbele ich aber schon weiter: Meine Freundin käme zu Besuch. Das sei der Wochenendeinkauf. Auch den latenten Vorwurf, ich sei wohl ebenfalls Vegetarier, räume ich sofort aus, schiebe alles auf meine Freundin. Was sogar der Wahrheit entspricht. Sie isst seit Jahren kein Fleisch. Ich sehr wohl. Das will ich gleich klarstellen. Nicht, dass ich es mit der offensichtlich karnivoren Nachbarschaft gleich zu Beginn verscherze.

Uschi – blond, jung, beliebt und beleibt – hat sich anscheinend damit abgefunden, dass nichts abzustauben ist, was ihre Gelüste befriedigen könnte. Trotzdem quält sie sich gönnerhaft aus dem Sessel, den sie für ihr Sonnenbad auf die Straße gewuchtet hat. Sie zuppelt am Ausschnitt ihres wallenden Gewands und fächelt sich Luft in das Kleid. »Ick schwitze«, sagt sie und gibt mir einen gönnerhaften Wink, der mir signalisiert, dass ich Hochwohlgeboren folgen dürfe.

Während sie hinter dem Tresen verschwindet, um mein Bier zu zapfen, lasse ich mich auf einem der wackeligen Barhocker nieder. Und lächele debil. Was anderes fällt mir nicht ein. Die Augen zu Schlitzen zusammengekniffen, mustert Uschi mich skeptisch von oben bis zum Bauchnabel. Der Rest meines Körpers ist vom Tresen verdeckt. Dann geht das Verhör in die nächste Runde.

»Wo kommste denn her?«, will sie wissen.

»Aus Hamburg«, sage ich.

»Na, da kannste ja nix für«, ist ihre Antwort. »Und was machste hier?«

Ich wedele mit dem Daumen Richtung Hinterhaus wie ein Anhalter an einer Autobahnraststätte. »Ich wohne jetzt hier. Zumindest unter der Woche.«

Wie ein prall gefüllter Luftballon, der beim Verknoten aus den Fingern flutscht, zischt mein erhoffter Berlin-Bonus laut flatulierend durch die Kneipe und verendet platt auf dem Boden. Uschi hat mich durchschaut. »Aaaach, biste eener, der gekooft hat, wa?«, sagt sie scharfsinnig. Es klingt wie bei Sherlock Holmes: »Kombiniere ...« Dabei ist die Schlussfolgerung gar nicht so schwer. Das ganze Haus wird nach und nach entmietet, um die Wohnungen teuer zu verkaufen. Auch der Kneipe droht das gleiche Schicksal. Vielleicht war es doch keine so gute Idee, hier nach dem Wochenendeinkauf ein Bier zu trinken, denke ich.

Uschi mustert mich immer noch, als überlege sie, was sie wohl in meine Stasi-Akte eintragen müsse. Immerhin zapft sie weiter das Bier.

• • •

Dass ich einmal in Berlin leben würde, war in meiner persönlichen Lebensplanung nicht unbedingt vorgesehen. Schon gar nicht gewollt. Die Stadt faszinierte mich zwar irgendwie, aber nur, wenn ich zu Besuch war. Den Impuls, dort leben zu wollen, verspürte ich nie. Zu groß und unnahbar erschien mir der Moloch. Aber dann verlor ich meinen Job, die Redaktion in Hamburg wurde dichtgemacht. Nach etlichen Jahren mit tiefroten Zahlen zog der Verlag des lachsrosa Blättchens den Stecker. Das Zeitungssterben hatte sein erstes prominentes

Opfer. Die *Financial Times Deutschland* war Geschichte. Meine sollte weitergehen, aber an einem anderen Ort: in Berlin.

Gepäppelt mit einer Abfindung für knapp zehn Jahre Loyalität und gelockt von einem Angebot, das größtmögliche Kontinuität versprach, brach ich auf gen Osten. Mein neues Zuhause für die Zeit von Montag bis Freitag fand ich in Friedrichshain. Ich mochte die kleinen Bars, Cafés und Restaurants, das leicht Versiffte, das Individuelle, den morbiden Charme der abgerockten Straßenzüge, die im Laufe der Zeit aber immer weniger wurden. Irgendwie erinnerte mich Friedrichshain an St. Pauli und die Schanze in Hamburg. Und wenn ich schon in den Osten der Republik ziehen würde, dann sicher nicht in den langweiligen Westen der Stadt. Zudem hatte ich bereits fast überall in Deutschland gewohnt: im Norden wie im Süden, und auch im tiefen Westen. Von daher schien es absehbar, dass das Schicksal mich eines Tages in den Osten verschlagen würde. So führte kein Weg an Ost-Berlin vorbei.

Hamburg aufzugeben kam für mich nicht in Frage. Dafür ist Berlin zu weit von der Küste entfernt, an der ich viele Wochenenden im Jahr verbringe. Zudem war die Altbauwohnung mit dem imposanten Stuck in einer Seitenstraße der Reeperbahn, in der ich zuletzt mit meiner Freundin lebte, groß und relativ günstig. Und wegen meines alten Mietvertrags aus Zeiten vor Beginn des Immobilienwahnsinns würde sie das auch bleiben. Ich fühlte mich wohl auf St. Pauli, selbst wenn die Straßen an den Wochenenden manchmal rochen wie das Pissoir einer Hafenspelunke. Zudem war meine Freundin gerade dabei, die ersten Schritte in Richtung Unternehmensgründung zu tun. Auch sie hatte zuvor ihren Job verloren. Wir waren Kollegen.

Schon in Hamburg hatte ich damit geliebäugelt, eine Wohnung zu kaufen. Doch als die Preise noch erschwinglich waren, konnte ich mich nicht entscheiden. Jedes Mal fand ich irgendwelche kleinen Makel und glaubte, die eigene Immobilie müsse perfekt sein. Schließlich, so hatten mir meine Eltern eingebläut, würde man sich nur einmal im Leben eine Wohnung kaufen. Ein gut gemeinter Tipp, nur stellte der sich als falsch heraus. Zum einen gilt er nur für Menschen, die ihr Leben lang am gleichen Ort leben – was in der heutigen Arbeitswelt aber immer seltener der Fall ist. Zum anderen stiegen mit jeder Woche und Besichtigung die Preise, bis ich die Suche aufgab, weil Immobilien in Hamburg binnen kurzer Zeit selbst für Besserverdienende unerschwinglich geworden waren. Dieser Fehler sollte mir nicht noch einmal passieren.

Berlin hinkte Hamburg in der Entwicklung der Immobilienpreise um zehn Jahre hinterher. Ich bekam also eine zweite Chance. Das Angebot an Eigentumswohnungen war noch groß, die Preise entsprechend niedrig. Nach mehreren Besichtigungen und überdrüssig der geschniegelten Makler mit ihren geleckten Schuhen, die aber ansonsten nur durch Ahnungslosigkeit glänzten, entschied ich mich schnell für eine Zweiraumwohnung, wie man so schön im Osten sagt. Altbau, Hinterhaus, knarzende Dielen, hohe Decken, knapp achtzig Quadratmeter. Eigentlich hätten sechzig gereicht, aber die Wohnung gefiel mir. So schlug ich zu, gerade noch rechtzeitig, bevor die Preise auch in der Hauptstadt explodierten. Nur etwas mehr als ein Jahr sollte ich aber in dieser Wohnung leben. Dann würde ich sie bei Airbnb als Ferienwohnung inserieren, dort ausziehen, um ein Stockwerk höher wieder einzuziehen.

◆ ◆ ◆

Uschis Kneipe wird schnell zu meinem zweiten Wohnzimmer. Es ist eine Art Spielzimmer für große Jungs mit Kicker, Tresen und einem niemals endenden Quell an frisch Gezapftem. Was will man mehr? Und so werde ich erst zum Stammgast, dann zu so etwas wie Inventar.

Die Kneipe besteht aus zwei Räumen im Halbdunkel, die neben einer Schwingtür auch der Mief aus Bierresten und Zigarettenqualm verbindet. Im hinteren Teil steht der Kicker, für mich ein Miniaturstadion weniger glorreicher Erfolge und vieler schmachvoller Niederlagen, im vorderen Teil nimmt der Tresen den halben Raum ein. Kerzenschein und gedimmtes Licht statt Glanz und Glamour. Dafür haben die Gäste oft die Lampen an. Nach ein paar Drinks glühen ihre Köpfe wie ein Hochofen. Der Name der Kneipe ist ebenso schlicht wie die Einrichtung. Die Kneipe heißt »Kneipe«. »Kann man sich doch gut merken«, lautet Uschis pragmatische Begründung. Eine Tatsache, die nur schwer zu widerlegen ist.

Die »Kneipe« ist keiner dieser hippen Läden, die in Friedrichshain allerorten aus dem Boden sprießen und die Heerscharen an Touristen aufnehmen, abfüllen und wieder ausspucken. Unser Haus liegt in »der Dirschauer«, einer kleinen, meist ruhigen Parallelstraße zur berüchtigten Simon-Dach-Straße, in der sich Lokal an Bar an Café an Imbiss reiht und in der abends die Horden auf ihrem Weg zum Partygelände RAW durchziehen.

Uschi hat es lieber ruhig in ihrem kleinen Reich mit den alten Sesseln und wackeligen Stühlen aus Haushaltsauflösungen und vom Sperrmüll, dem selbst gezimmerten Tresen aus Bodendielen und dem schummrigen Licht. Die meisten Gäste kennt sie mit Namen, Fremde, die zu Freunden wurden, die auf ein schnelles Bier nach Feierabend vorbeischauen und für

viele langsame bleiben. Die Kneipe ist ein eigener Mikrokosmos, ein Sammelbecken für die Nachbarschaft. Für Schulle
und Burschi aus dem Abbruchhaus am Ende der Straße, die im
Winter Holzpaletten aus den Schuttcontainern der Baustellen
ziehen, um damit ihre Wohnung zu heizen. Für Monique, deren Name schon verrät, dass sie noch eines der seltenen
Ost-Gewächse im Kiez ist, und die gerne mal nach der letzten
Gassi-Runde mit ihrem herzensguten Boxer Kiwi, der wegen
eines enormen Unterbisses ein wenig debil aussieht, noch auf
einen Rotwein vorbeischaut. Und für all die anderen Nachbarn – Studenten, Lehrer, Grafiker oder auch Anwälte. Und
natürlich die, die was mit Medien machen. Also alle anderen.
In der Kneipe treffen sich die, die es mal nach Friedrichshain
verschlagen hat – und die dann geblieben sind. Und die, die
noch nicht vertrieben wurden. Das sind aber nicht mehr viele.
In unserem Haus mit fünfundzwanzig Wohnungen über und
hinter der Kneipe lebt nicht mehr ein einziger gebürtiger
Berliner. Dafür Wessis aus der halben Republik, dazu Iren,
Franzosen, Schweizer, Italiener, Griechen und Briten. Und ich
glaube, der Techno-Liebhaber aus dem Vorderhaus ist Spanier.

Uschi ist wie ein Blockwart, nichts bleibt ihr verborgen.
Sie ist wie ein Schwamm, der alle Informationen aufsaugt.
Und was ihr nicht zugetragen wird, erzwingt sie in ihren inquisitorischen Verhören. Mit Bier und Wein macht sie die Informanten gefügig. Selbst die Härtesten klopft sie weich, auch
wenn sie dafür in den Giftschrank greifen muss, zu der laubfroschgrünen Flasche, deren Inhalt an verdünntes Palmolive
erinnert, aber nach Minze riecht: Pfeffi! Jener süßliche Likör,
der erst den Rachen verklebt und dann die Sinne vernebelt.
Eines der wenigen Ostprodukte, das die Wende überlebt hat.
Ein DDR-Relikt aus dem Ostharz, das Rache zu nehmen

scheint an allem, was aus dem Westen kommt. Gefügig gemacht mit dem Pfefferminz-Schluck, quetscht Uschi ihre Kunden am Tresen aus. Sie hat keine Scheu, die privatesten Fragen zu stellen. Da jeder Bewohner und Besucher unseres Hauses an ihrer Kneipe vorbeigehen muss, bleibt ihr nichts verborgen. Sie weiß, wer gerade Stress in der Beziehung hat, wer seinen Partner betrügt, wer ein- und ausgeht. Oder sich spät nachts hinausschleicht.

Natürlich muss auch ich mir an meinem ersten Abend in der Kneipe die Daumenschrauben anlegen lassen. Ich will gerade den wackeligen Barhocker unter meinem Hintern zurechtruckeln und es mir am Tresen bequem machen, da raunt Uschi: »Nee, nee. Komm mal mit raus, ick hab da noch 'n paar Fragen.« Neben ihrem Sessel steht ein kleiner Tisch mit vier klapprigen Stühlen auf dem Gehsteig; Uschi deutet auf einen von ihnen. Sie selbst thront wieder in ihrem roten Sessel, die Zigarette ist ihr Zepter. Widerstand ist zwecklos. »So, haste die Wohnung also gekooft?«, lässt sie nicht locker. »Wat hast'n bezahlt?«

Ihre Berliner Schnauze ist für Hamburger Verhältnisse vergleichsweise ungewöhnlich. Baff ob der direkten Frage, antworte ich wie aus der Pistole geschossen. Ausflüchte, daran besteht kein Zweifel, hätten ohnehin keine Chance. Und Lügen bei einer Audienz der Königin der Kneipe wäre nichts weniger als Majestätsbeleidigung, die wahrscheinlich nicht unbestraft bleiben würde. Und wer würde schon sein nächstes Bier riskieren?

Ich nenne also untertänig den Quadratmeterpreis von 2400 Euro, der mir im Vergleich zu Immobilien auf St. Pauli geradezu lächerlich erschienen ist, und erwarte wahre Begeisterungsstürme ob des Schnäppchens. Uschi nimmt noch einen Zug an ihrer selbst gedrehten Zigarette, bläst den Rauch theatralisch in den Abendhimmel über Berlin und drückt den Stummel im halb vollen Aschenbecher aus. Rechnet sie im Kopf den Gesamtpreis aus?, frage ich mich. Dann endlich schaut sie mich an: »Na, da ham se dich aber schön über'n Tisch gezogen«, sagt sie süffisant und lächelt. »Vor einem Jahr war das noch 'n Tausender weniger. Aber kannste dir ja anscheinend leisten.« Und so geht das Verhör weiter: »Wat machste denn beruflich? Wie alt biste überhaupt? Haste 'ne Alte? Kinder? Wat, keene? Na, dat wird dann wohl auch nix mehr.«

Das Verhör endet zwei gezapfte Biere später, als meine Freundin in Sichtweite der Kneipe unser Auto in einer kleinen Parklücke einlocht. Ein, zwei Anläufe braucht sie, vor, zurück, vor, zurück, dann verstummt der Motor. Freudestrahlend erblickt sie uns, wie wir vor der Kneipe sitzen, winkt und kommt mit einer Sporttasche über der Schulter auf uns zu.

»Gott, bist du jung«, sagt Uschi zur Begrüßung, als meine Freundin uns erreicht hat. »Einparken tust du aber wie 'ne Alte. Setz dich erst mal. Wat willste trinken? Und vor allem: Was willste überhaupt mit dem alten Knacker?« Sie zeigt auf mich. Dann lacht Uschi dreckig.

ELBE ODER SPREE

Die ersten Monate in Berlin sind großartig. Von Montag bis Freitag lebe ich an der Spree, an den Wochenenden an der Elbe. Zwei Wohnungen in zwei Metropolen. Kann es etwas Besseres geben? Zu Wochenbeginn nehme ich den ICE in Hamburg, der mich nach einer Stunde und vierzig Minuten am Berliner Hauptbahnhof wieder ausspuckt. Sofern er pünktlich abfährt. Aber entgegen allen Spöttern tut er das meistens. Keine zehn Minuten nach meiner Ankunft in Berlin bin ich in der Redaktion zwischen Potsdamer Platz und dem Tiergarten.

Unter der Woche führe ich eine Art Singleleben. Es vergeht fast kein Abend, an dem ich nicht zum Kickern in der Kneipe vorbeischaue. Um neunzehn Uhr schließt Uschi den Laden auf. Bin ich bis zwanzig Uhr nicht aufgetaucht, schreibt sie eine WhatsApp: »Wo bleibste? Will kickern!« Natürlich gehorche ich. Wie selbstverständlich greife ich mittlerweile in der Kneipe in den Kühlschrank, wenn es mich dürstet. Uschi ist das ganz recht. Dann kann sie sitzen bleiben, weiter quatschen und quar-

zen, ein Buch lesen oder eben einen der Gäste am Kicker bla-
mieren. Spätestens am Freitagnachmittag reihe ich mich wieder
ein in den Tross der Pendler, der zum Hauptbahnhof pilgert und
für das Wochenende in alle Teile der Republik entschwindet.

Doch mit zunehmender Dauer nervt die Pendelei. Statt in
zwei Städten zu leben, hetze ich zwischen ihnen hin und her.
Das, was die Woche über in Hamburg liegen geblieben ist,
muss am Wochenende nachgeholt werden. Das, was ich in Berlin brauche, liegt im Schrank in Hamburg. Oder umgekehrt.
Ruhige Wochenenden gehören der Vergangenheit an. Immer
ist etwas zu erledigen. In Hamburg fühlen sich Freundin und
Freundeskreis vernachlässigt, Einladungen an Wochenenden
in Berlin muss ich absagen. Ich bin ja in Hamburg.

Schon bald wird klar, dass zwei Wohnsitze auf Dauer kein
Privileg, sondern eine Pein sind. Ganz abgesehen von den dop-
pelten Kosten. Eine Entscheidung muss her. Elbe oder Spree?
Und es sieht alles danach aus, dass überraschend Berlin das
Rennen machen wird. Der neue Job scheint halbwegs krisen-
sicher, sofern man davon im Journalismus noch sprechen kann.
Doch würde die aktuelle Zweitwohnung groß genug sein, wenn
die Freundin mit einzieht? Ein bisschen größer wäre schon
schön, zumal die Wohnung in Hamburg knapp hundert Quadratmeter misst. Und wo überhaupt soll das Klavier stehen, das
meine Freundin anschleppte, beziehungsweise von vier kräftigen Männern anschleppen ließ, kurz nachdem sie erfolgreich
meinen Kicker, ein Relikt aus Junggesellentagen, aus dem
Wohnzimmer verbannt hatte. Klavier statt Kicker, Beethoven
statt Gebolze. Es fühlte sich an wie eine Kastration, auch wenn
die Nachbarn es ihr sicherlich gedankt haben.

Die Lösung für das vermeintliche Platzproblem in Berlin
kommt per E-Mail. Absender ist die dänische Immobilien-

gesellschaft mit dem sympathisch klingenden Namen und der aggressiven Geschäftspolitik. Ganze Straßenzüge hat das Unternehmen, das in einem Kreuzberger Loft logiert, erst aufgekauft, um dann nach und nach die Mieter an die Berliner Luft zu setzen. Die porösen Altbauwände verwandelten die Dänen in Betongold, verkauften die Wohnungen, als sich der Preis verdoppelt hatte. Wie in unserem Haus.

Diesmal muss das nette Pärchen in der Wohnung über mir weichen. Ein Fotograf mit seiner Freundin, einer Schneiderin. Die beiden nutzen das Wohnzimmer wahlweise als Fotostudio oder Modeatelier. Ob ich nicht Interesse an der Wohnung im vierten Stock hätte?, fragt der nette Verkäufer des Immobilienmoguls in seiner Mail. Und er weiß, wie er mich ködern kann. Die Teilungserklärung sehe vor, dass Wohnungen, die über- oder nebeneinanderliegen, verbunden werden können, schreibt er. Er spricht von einer »einmaligen Gelegenheit«, eine wunderschöne große Maisonette zu schaffen. Eine »Rarität« auf dem Markt, merkt er noch an. Wie ein Drogendealer vor dem Pausenhof weiß er, seine Klientel zu locken. In diesem Fall mich. Und gierig schnappe ich zu. Die Idee einer Wohnung auf zwei Ebenen hat mich angefixt. Selbst das Klavier hätte dann einen Platz und vielleicht sogar wieder ein Kicker.

Das Angebot scheint mir ein Wink des Schicksals zu sein. Im Kopf reiße ich bereits Mauern ein, durchbreche Wände, überlege, wo der beste Platz für die Wendeltreppe ist und in welchem Stockwerk die offene Küche eingerichtet wird. Ich sehe ein großzügiges Badezimmer mit Wasserfalldusche und frei stehender Wanne vor mir. Auch wenn ich mich noch nicht entscheiden kann, ob eine Wanne auf diesen verschnörkelten Füßchen besser aussehen würde als eine schlichte mit gerade Linien. Ein Blick auf das Konto verrät, dass sogar genügend Reserven vorhanden sind, um eine kleine Anzahlung auf die Wohnung zu leisten. Den Rest muss eben die Bank übernehmen. Schließlich habe ich ja bereits die erste Wohnung als weitere Sicherheit. Noch ist zwar nicht absehbar, wann wir Hamburg als Wohnsitz aufgeben werden, aber so eine Gelegenheit, da hat der Verkäufer vollkommen recht, die muss man einfach nutzen.

Dass das, was die Teilungserklärung hergibt, nicht ansatzweise ausreicht, um eine Baugenehmigung für die Zusammenlegung zweier Wohnungen in einem sogenannten Milieuschutzgebiet wie Friedrichshain zu erhalten, ist mir zu diesem Zeitpunkt allerdings nicht bewusst. Und wer fragt schon seinen Dealer nach den Nebenwirkungen seines Stoffs, wenn er angefixt ist? Natürlich hat der charmante Verkäufer auch vorsichtshalber nichts dergleichen erwähnt. Noch glaube ich, mit meinem Eigentum machen zu können, was ich will. Aber die Realität holt mich schon bald ein. Sie hat sich hinter einem mysteriösen Code aus Buchstaben und Zahlen versteckt: »§ 246 Abs. 2 BauGB, § 30 AGBauGB«. Oder weniger kryptisch ausgedrückt, dafür genauso unverständlich: Milieuschutzverordnung.

Der Grundgedanke hinter dem sperrigen Wort ist durchaus nachvollziehbar. Die Milieuschutzverordnung hat übrigens nichts mit dem Rotlichtmilieu zu tun, vielmehr soll sie verhindern, dass »die Zusammensetzung der Gebietsbevölkerung völlig verändert wird und insbesondere die wenig durchsetzungsfähigen Bevölkerungsgruppen aus dem Gebiet verdrängt werden, weil dies zu städtebaulichen Problemen sowohl im Gebiet als auch in anderen Gebieten führen kann«. Soll heißen: Durch bauliche Auflagen soll verhindert werden, dass ganze Kieze luxussaniert und die langjährigen Bewohner – eben das Milieu – vertrieben werden, weil sie sich die teureren Mieten nicht mehr leisten können. So weit, so nachvollziehbar.

Aber typisch Berlin eben, ist der plausible Grundgedanke nicht zu Ende gedacht. Die Verordnung trifft vor allem die, die sich ihr Eigenheim teuer erspart haben. Denn die Regeln gelten nur für bestehende Immobilien, nicht aber für die luxuriösen Neubauten, die raffgierige Immobilienkonzerne auf den Gräbern der Altbauten planen, die angeblich nicht mehr zu retten gewesen waren, nachdem man sie hat jahrelang vorsätzlich verrotten lassen.

Konkret bedeutet die Verordnung für mich: Wollte ich beispielsweise in mein Badezimmer ein Doppelwaschbecken einbauen, würde ich gegen die Verordnung verstoßen. Ein Doppelwaschbecken ist nämlich bereits Luxus in den Augen der Behörden und damit der Tod auf Raten für das Milieu. Zum Glück ist mein Badezimmer zu klein, um mich mit der Waschbeckenauslastung zu belasten. Aber es gibt noch weitere Vorschriften. Falls ich meine eigenen vier Wände einmal aufhübschen wollte, schreibt mir die Verordnung vor, was erlaubt ist und was nicht. Bleiben wir im Badezimmer: Auch eine von der Badewanne getrennte Dusche ist ein Tabu, und wer eine Gästetoilette einbauen will, riskiert quasi einen SEK-Einsatz. In der Küche darf zwar weiterhin gebrutzelt werden, aber nicht in einer Einbauküche. Die ist verboten. Ebenso wie der »Einbau von Elektrogeräten wie Geschirrspüler, Kühlschrank und Waschmaschine«. Eine Klimaanlage kommt ebenfalls nicht in Frage, der Innenkamin schon gar nicht. Sollte die Wohnung keinen Balkon haben, darf der geplante Anbau nicht größer als fünf Quadratmeter sein. Eine Terrasse? Verboten! Eine Loggia sowieso und ein Wintergarten erst recht. Wer gern auf Socken oder barfuß durch seine Wohnung tänzeln möchte, sollte nicht kälteempfindlich sein, denn auch einer Fußbodenheizung wird nicht zugestimmt. Auf der No-Go-Liste stehen ebenso »großzügige Grundrisse« – was immer das bedeuten soll. Und natürlich ist das Zusammenlegen von Wohnungen zu Maisonette-Einheiten nicht gestattet. So will es die Verordnung. Willkommen in der Berliner Bürokratie.

In der Realität sieht das jedoch anders aus. Ich kenne etliche Wohnungen, die nachträglich zusammengelegt wurden, habe Bäder mit den sprichwörtlich goldenen Wasserhähnen gesehen, Altbauten mit veränderten Grundrissen, die, so vermute ich, in den Augen der Beamten als »großzügig« eingestuft werden dürften und in denen bis auf die tragenden Wände keine Mauern stehen geblieben sind. Küchen wanderten durch die halbe Wohnung, um dann offen ans Wohnzimmer angedockt zu werden. Alle diese Wohnungen haben eines gemeinsam: Sie sind ohne Genehmigung umgebaut worden. Und noch niemand hat deswegen Ärger bekommen. Wie auch, wenn die Bürgerämter chronisch überlastet sind, sodass man auf einen Termin zur Wohnungsanmeldung bereits zwei bis drei Monate warten muss, obwohl der Gesetzgeber eine Frist von vierzehn Tagen vorschreibt. Und wer in Berlin um einen Termin zur Trauung bittet, muss fast so lange warten, wie die Durchschnittsehe bis zur Scheidung hält.

Mein Entschluss, die zweite Wohnung zu kaufen, ist aber gefallen. Bleibt bloß noch die Frage: Was mache ich mit ihr? Finanziell ist es unmöglich, zwei Wohnungen in Berlin abzustottern und zudem die Miete in Hamburg zu berappen. Vermieten? Denkbar, aber unpraktisch angesichts des Gedankens, die Wohnungen irgendwann vielleicht doch zusammenlegen zu wollen – ob mit oder ohne Genehmigung. Ich brauche also eine Zwischenlösung.

Die beste Idee für den Übergang scheint zu sein, die Wohnung möbliert auf Zeit zu vermieten. Der Vorteil: eine höhere

Miete, schnelle Verfügbarkeit bei Eigenbedarf und eine geringere Gefahr, Opfer von Mietnomaden zu werden, da oftmals Unternehmen die Unterkunft für ihre Mitarbeiter anmieten. Ich schiebe die Kugeln am Abakus von links nach rechts und wieder zurück. Ein mulmiges Gefühl bleibt. Was ist, wenn sich kein Mieter auf Zeit finden lässt? Wie lange kann die Wohnung leer stehen, bis sie ein irreparables Loch ins Portemonnaie frisst? Zudem sind die Provisionen auf den einschlägigen Plattformen für möbliertes Wohnen ziemlich happig.

»Warum vermietest du die Wohnung nicht über Airbnb?«, fragt eine Freundin, als ich ihr meine Misere schildere.

Erst bin ich skeptisch. Doch dann gefällt mir der Gedanke. Schon mehrmals habe ich selbst über die Plattform gebucht. Auf Dienstreisen, aber auch im Urlaub. In Kiew, New York, Helsinki und in einem kleinen Kaff an der belgischen Nordseeküste. Einen Versuch, beschließe ich, ist es auf jeden Fall wert. Was habe ich schon zu verlieren?

Die Grundidee von Airbnb gefällt mir. Sie ist sympathisch und klug zugleich. Leer stehende Zimmer und Wohnungen werden denen zur Verfügung gestellt, die sie dringend suchen. Wirtschaftlich sinnvoll ist es obendrein. Die einen sparen Hotelkosten, die anderen an Miete. Dazu sind die Apartments meist größer, hübscher und authentischer als die standardisierten Bettenburgen der Hotelketten. Das zumindest betet Airbnb auf und ab: »Live like a local« lautet der Slogan. Natürlich ist dieses Mantra vor allem Marketing und nur eine Masche für eine gut geölte Maschine, die Geld druckt. Aber es ist nett verpackt. Und wer schießt nicht lieber einem armen Studenten zur Miete etwas dazu, der seine Bude untervermietet, als es Hotel-Clans wie den Hiltons oder Trumps in den Rachen zu werfen.

LUFTMATRATZE MIT FRÜHSTÜCK

Die Geschichte von Airbnb klingt wie ein modernes Märchen. Es war einmal ein junger Mann, der beschäftigt sich den lieben langen Tag mit dem Stuhlgang anderer Leute. Oder vielmehr damit, ihn so angenehm wie möglich zu gestalten. Nein, Brian Chesky ist kein Proktologe. Er ist ein Designer an der Westküste der USA. Chesky entwirft Toilettensitze.

Chesky wohnt in einer dieser typischen Wohngemeinschaften, wie man sie aus diversen US-Sitcoms kennt. Sein Mitbewohner und Kumpel ist Joe Gebbia. Zwei junge Typen, beide im August 1981 geboren. Lässig, sportlich, gut aussehend und dauerlächelnd. Genauso wie man sich Poster Boys der New Economy eben vorstellt. T-Shirt, Dreitagebart, struwwelige kurze Haare.

Die beiden kennen sich von der Uni in Rhode Island, wo sie Design studieren. Dann verschlägt es sie an die Westküste für ihre ersten Jobs. In San Francisco teilen sie eine Wohnung und das gleiche Schicksal. Sie sind Mitte zwanzig, chronisch klamm, aber voller Pläne.

Und dann, im Oktober 2007, haben sie die zündende Idee, wie sie ihr Konto ein wenig aufpeppen konnten. Was sie damals noch nicht ahnen: Diese Idee soll nicht weniger als die Welt verändern. Chesky und Gebbia avancieren zu den Pionieren der Sharing Economy. Auch wenn der Gedanke nicht ganz neu ist, machen sie ihn salonfähig – und zu einem gigantischen Geschäftsmodell.

Die Gesellschaft der Industriedesigner veranstaltet damals eine große Konferenz im Schatten der Golden Gate Bridge. Schon Wochen im Voraus sind alle Hotels ausgebucht. Also legen Chesky und Gebbia drei Luftmatratzen in ihr Wohnzimmer und vermieten die Schlafplätze. »Airbed and Breakfast« nennen sie ihr Angebot – Luftmatratze und Frühstück, oder kurz: Airbnb. Und tatsächlich finden sie Gäste, die das spartanische Angebot zu überteuerten Preisen dankend annehmen. Airbnb ist geboren.

Es ist die große Zeit der Start-ups. Im Silicon Valley wird fast täglich die Welt neu erfunden. Die New Economy rüttelt an den Mauern der Old Economy, zerstört alte Geschäftsmodelle und kreiert im Minutentakt neue. Facebook, YouTube und Twitter stecken noch in den Kinderschuhen. Steve Jobs hat gerade das erste iPhone vorgestellt. Aus einer Idee kann in kurzer Zeit ein millionen- oder milliardenschweres Imperium werden. Zumindest auf dem Papier. Man braucht eben nur diese eine zündende Idee.

In einer Sitcom würden Chesky und Gebbia, die beiden Poster Boys, nach der Abreise ihrer ersten Gäste sich in einer backsteinverzierten Küche ein High-Five geben, ein kühles

Light-Bier aus dem übergroßen Kühlschrank nehmen, anstoßen und zu fantasieren beginnen. Was wäre, wenn sie aus ihrer Idee ein Geschäftsmodell machten? Sie würden am Küchentisch sitzen, der sich langsam mit leeren Flaschen füllt, lässig in ihren T-Shirts, und spätnachts endlich ihre Vision im schummerigen Licht mit dickem Edding an ein weißes Flipboard schreiben.

Ihr Geschäftsmodell ist denkbar simpel. Und smart. Wie wäre es, wenn man über eine Website private Unterkünfte in Städten überall auf der Welt finden könnte? Und wie wäre es, wenn man seinen privaten Wohnraum immer dann anderen Menschen zur Verfügung stellt, wenn man ihn selbst nicht in Anspruch nimmt? Und damit Geld verdient. Zumindest ein bisschen. Beispielsweise, wenn man selbst im Urlaub ist. Die beiden sprudeln nur so vor Einfällen. Doch es gibt einen Haken.

So gut die Idee auch ist, wie sollen die beiden Designer sie umsetzen? Und dann, die Sonne geht schon im Osten auf, zückt Gebbia sein Telefon und sucht nach der Nummer von Nathan Blecharczyk. »Der Typ wäre genau der Richtige für uns«, würde Gebbia sagen. Bevor Chesky nach San Francisco gezogen war, hatte Gebbia mit dem Wunderkind aus Boston zusammengewohnt. Blecharczyk, drei Jahre jünger als die beiden, ist ein Computerfreak. Schon mit zwölf Jahren schrieb er seine ersten Programme, mit vierzehn machte er bereits fast mehr Geld als Gebbia und Chesky mit Mitte zwanzig, mit einundzwanzig schloss er seinen Bachelor in Computerwissenschaften auf der Eliteuniversität Harvard ab. Blecharczyk, jung an Jahren, aber reich an Erfahrung, hatte bereits eine beachtliche Karriere hingelegt. Er arbeitete bei OPNET Technologies, war Chefentwickler bei BatiQ und mittlerweile Programmmanager bei Microsoft. Trotzdem gelingt es Gebbia und Chesky, ihn für ihre Idee zu begeistern. Blecharczyk soll die Website programmieren und sie betreuen.

Das Trio mit vier Fäusten ist perfekt. Während Blecharczyk sich hinter dem Bildschirm verkriecht, entwickeln Gebbia und Chesky das Marketing. Und dazu brauchen sie eine »Story«, die sich verkaufen lässt. Sie verkünden nicht weniger als einen gesellschaftlichen Wandel: »Teilen ist das neue Haben« lautet ihr kreatives Credo. Als die drei im August 2008 das Unternehmen in San Francisco gründen, schreiben sie in ihr Mission Statement: »Der Zugang zu Wohnraum ist wichtiger als der Besitz.« Das klingt revolutionär. Nach Um- und mehr noch nach Aufbruch, visionär und gesellschaftskritisch zugleich. Die Millennials lieben solche Storys. An die Nebenwirkungen denkt damals niemand.

Heute ist Airbnb viele Milliarden US-Dollar schwer und hat sich in eine Liga mit den Hotelgiganten Marriott und Hilton katapultiert. Der feine Unterschied: Airbnb gehört nicht eine einzige der angebotenen Wohnungen, mit denen sie Geld scheffeln. Sprich, für das Unternehmen gibt es kaum ein Risiko. Investitionen beschränken sich im Wesentlichen auf die Online-Plattform, das Marketing und die Abwicklung des Zahlungsverkehrs. Gastgeber zahlen bei erfolgreicher Vermittlung eine Servicegebühr von drei Prozent, die Gäste zwischen fünf und fünfzehn Prozent, je nach Aufenthaltsdauer, Art der Unterkunft und der Buchungssumme.

Mittlerweile hat das Unternehmen über sieben Millionen Unterkünfte in mehr als 100 000 Städten und 220 Ländern und Regionen gelistet. Zum Vergleich: Die größte Hotelkette der Welt, der US-Konzern Marriott International mit den berühmten Marken Sheraton und Ritz-Carlton, bietet etwa 1,32 Millionen Hotelzimmer weltweit an. Wenn es um Unterkünfte und globale Präsenz geht, hat Airbnb den Spitzenplatz längst erreicht. Die Idee aus der WG-Küche hat die Welt erobert. Vom Künstlerloft in Brooklyn über die Jurte in der Mongolei bis hin zur klassischen Altbauwohnung in Berlin ist alles dabei. Die Stadt mit den weltweit meisten Inseraten ist London: Knapp 70 000 Unterkünfte stehen Nutzern der Online-Plattform an der Themse zur Verfügung.

Über eine klamme WG-Kasse brauchen sich Gebbia und Chesky sicherlich keine Sorgen mehr zu machen. Im Jahr 2019 hat das Online-Portal einen Umsatz in Höhe von 4,8 Milliarden US-Dollar erwirtschaftet. Für das Jahr 2021 rechnet das Unternehmen – wie schon im Vorjahr – jedoch mit einem erheblichen Umsatzeinbruch durch die Corona-Krise. Die Pandemie dürfte die Hälfte der Einnahmen auffressen. Als Sparmaßnahme hat Airbnb rund ein Viertel von seinen 7500 Beschäftigten entlassen. Klingt erst einmal dramatisch, die Anzahl der Angestellten ist aber im Vergleich zu den Hotelriesen minimal. Mit 174 000 Mitarbeitern gilt Marriott als einer der größten Arbeitgeber der Welt.

Und im Gegensatz zu den Hotelketten könnte Airbnb langfristig sogar von Corona profitieren. Der Wunsch nach einer individuellen Bleibe, abgeschirmt von anderen Touristen, wird immer lauter. Ein Zimmer in einer Bettenburg scheint dagegen aufgrund der lauernden Ansteckungsgefahr weniger verheißungsvoll. Und so verwundert es auch nicht, dass das Unternehmen den seit Jahren angekündigten Börsengang ausgerechnet am Ende des ersten Corona-Jahrs mitten in der größten globalen Tourismuskrise seit Jahrzehnten wagte. Der Mut wurde belohnt.

Der Aktienkurs hat sich beim Börsengang mehr als verdoppelt. Die Aktie ging in den Handel mit einem ersten Kurs von

146 US-Dollar – bei einem Ausgabepreis von 68 US-Dollar. Der Börsenwert hat damit die sensationelle Marke von 100 Milliarden US-Dollar überschritten und 3,5 Milliarden in die Kassen des Start-ups aus San Francisco gespült. Damit hat Airbnb seine Unschuld aus den Anfangstagen endgültig verloren und sein Image als raffgieriger Treiber der Gentrifizierung geschärft.

Denn viele der Wohnangebote beziehen sich mittlerweile nicht mehr auf temporär freie Zimmer oder Wohnungen, deren Mieter oder Eigentümer sich gerade in den Ferien befinden, so wie das Trio in den Anfangstagen es sich ausgedacht hatte. Oft werden Unterkünfte beworben, die einzig und allein an Touristen vermietet werden und in denen schon lange kein Local mehr wohnt, weil der sich die horrenden Mieten gar nicht mehr leisten kann.

Wie in New York. Die Stadtverwaltung hat Airbnb auf dem Kieker, sieht in dem Unternehmen einen wesentlichen Grund für den Mangel an erschwinglichem Wohnraum. Sie unterstellt dem Start-up, illegale Inserate aus Profitgier zu dulden und ruhige Nachbarschaften lärmenden Touristenhorden zu opfern. Und New York ist nur eine Stadt auf der Welt, die gegen Airbnb mobil macht. Längst haben auch deutsche Politiker die Poster Boys aus San Francisco zu ihren Feinden erklärt.

In München haben sich unlängst Vertreter europäischer Großstädte getroffen, um über die »Möglichkeiten und Herausforderungen« der Sharing Economy zu beraten. Hinter der Aktion steckt nicht weniger als ein Feldzug, im Idealfall legitimiert durch das EU-Recht. Zur Allianz der Anti-Airbnb-Städte zählen neben Paris die Touristenmagneten Amsterdam, Barcelona, Berlin und Lissabon. Und ständig werden es mehr.

»Live like a local« ist mittlerweile nicht mehr als die Illusion von Authentizität. Die versprochene Individualität ist längst gewichen. Airbnb ist im Big Business angekommen. Denn mit einer Ferienwohnung lässt sich ein Vielfaches der normalen Miete verdienen. Vor allem in Metropolen. Das lassen sich Geschäftemacher natürlich nicht entgehen. Und so bieten einzelne Personen teilweise Dutzende Wohnungen in ein und derselben Stadt an. Teilen ist das neue Haben? Oder ist Teilen die neue Habgier?

Die Wohnungen fehlen auf dem ohnehin angespannten Mietmarkt, bemängeln Politiker. So will der Düsseldorfer Oberbürgermeister künftig Vermieter zur Kasse bitten, die ihre Immobilie auf Plattformen wie Airbnb anbieten und nicht mehr selbst bewohnen. Strafzahlungen von 50 000 Euro sollen verhängt werden.

Trotz aller Widerstände hat die Idee die Airbnb-Gründer reich gemacht. Unverschämt reich. Die Zeitschrift *Forbes* führt Chesky in der Liste der Milliardäre. Das *Time*-Magazin kürte ihn im Jahr 2015 zu einem der hundert einflussreichsten Menschen der Welt. Keine Frage, Airbnb hat Geschichte geschrieben. Eine verdammt erfolgreiche. Doch neben der außergewöhnlichen Erfolgsstory gibt es auch die vielen kleinen Geschichten. Die der Gäste und der Gastgeber, die das Portal groß gemacht haben. Diese Geschichten glänzen aber nicht immer so strahlend wie die des Unternehmens, einige handeln von Chaos und Vandalismus.

Wie die von Christina McQuillan. Die einunddreißigjährige Designerin aus London hatte ihre Wohnung über Silvester vermietet. Sie ahnte nicht, dass die Mieterin dort eine riesige Party feiern würde. Als aufgebrachte Nachbarn McQuillan in der Nacht anriefen, eilte sie mit ihrem Freund zu ihrem Wohnsitz im Londoner Stadtteil Putney. »Es war schrecklich. Dort waren Hunderte Leute auf der Straße«, sagte McQuillan später. Die Partygäste kifften und soffen. Die Musik sei unerträglich laut gewesen. Auf die Aufforderung, das Haus zu verlassen, habe die Mieterin dreist geantwortet: »Nein, ich schmeiße hier eine Party.« McQuillan kämpfte sich in ihre eigene Wohnung vor. Im Schlafzimmer vergnügten sich gleich mehrere Paare auf ihrem Bett. Von einer Massenorgie sprach sie gegenüber den Medien. Am nächsten Morgen war die Wohnung komplett verwüstet.

Ähnliches erlebte eine Familie aus Kanada, die ihr Haus in Calgary vermietet hatte. Die Gäste wollten aber nicht ein paar ruhige Tage dort verbringen, auch sie planten eine wilde Party. Als die Familie nach ihrer Rückkehr das Haus nichtsahnend betrat, stand sie auf einem Schlachtfeld. Alles war voller Scherben, Asche und Dreck. Urin und Sperma zeugten von einem bumsfidelen Vergnügen der Gäste, selbst im Wohnzimmer.

Der wohl traurigste Vorfall ereignete sich in Kalifornien, als eine Hausparty in einer Airbnb-Wohnung tödlich endete. Fünf Menschen wurden erschossen, mehrere verletzt. Die Mieterin hatte angegeben, sie wolle sich und ihre Familie vor Waldbränden in Sicherheit bringen. Stattdessen plante sie eine Party, die sie über das Internet bewarb. Mehr als hundert Personen erschienen. Dann eskalierte die Feier. Schüsse peitschten durch die Nacht. Umgehend kündigte Chesky auf Twitter an, gegen »unerlaubte Feiern« und »gewalttätiges Verhalten von Gästen« vorzugehen. Chesky versprach ein Einsatzteam, das sich ausschließlich mit Hauspartys befassen solle. Wer sich nicht an die Regeln halte, werde rausgeworfen. Eine Praxis, die das Unternehmen zumindest einmal umgesetzt hat, nachdem mehr als 250 Leute zu einer Neujahrsfeier in eine gemietete Wohnung eingeladen worden waren. Es verhängte gegenüber dem Mieter ein lebenslanges Buchungsverbot.

Die »Abschreckungskraft« dieser Sanktion zeigt das Dilemma: Gegen Missbrauch ist Airbnb quasi machtlos. Dabei sind es nicht immer nur die Gäste, die für Skandale sorgen. Sie können auch zum Opfer werden. Mal werden sie sexuell bedrängt, mal heimlich gefilmt. So entdeckte ein deutsches Paar im kalifornischen Irvine nach drei Tagen versteckte Kameras in der Wohnung. Der Vermieter hatte sie observiert. Oder besser gesagt: gestalkt. Selbst im Badezimmer waren Kameras. Mittlerweile hat Chesky die Geschäftsbedingungen um eine Verbotsklausel für jegliche Kameras in den angebotenen Räumen ergänzt. Aber ob die Maßnahmen ausreichen?

In Anbetracht der vielen Millionen Übernachtungen sind diese Berichte natürlich nur Einzelfälle. Trotzdem muss sich jeder Gastgeber – und auch jeder Gast – bewusst sein, was auf ihn zukommen kann. Denn längst nicht jeder Gast weiß sich als solcher zu benehmen. Wohnungen werden in einem desaströsen Zustand zurückgelassen, Nachbarn mit lauter Musik bis tief in die Nacht terrorisiert. Man hat ja schließlich Urlaub. Erfahrungen, die ich noch sammeln sollte.

DIE PERFEKTE WOHNUNG

Nachdem ich den Kaufvertrag für die zweite Wohnung unterschrieben habe, werden die Pläne, dort eine Airbnb-Wohnung einzurichten, immer konkreter. Die erste Maßnahme: Ich ziehe vom dritten in den vierten Stock, direkt unter das Dach. So kann mir keiner meiner Gäste sprichwörtlich auf der Decke herumtrampeln. Eine äußerst weise Entscheidung, wie sich herausstellen soll. Doch eine Wohnung als Ferienapartment anzubieten ist gar nicht so einfach. Zumindest nicht in Berlin. Fast zeitgleich mit meinem Wohnungskauf zieht der Berliner Senat in den Kampf gegen Ferienwohnungen.

Sein Schwert ist ein wunderbar sperriges Wort, wie es sich nur Juristen in deutschen Amtsstuben ausdenken können. Es heißt: Zweckentfremdungsverbotsgesetz. Ich bin empört. Wie kann man nur ein so verschachteltes Wortmonster schaffen? Aber vor allem: Wie kann es sein, dass mir eine Behörde vorschreiben will, was ich mit meinem Eigentum zu tun habe? Die Verordnung, erlassen im Mai 2014, verbietet den Betrieb von

reinen Ferienapartments. Allerdings gibt es eine Übergangs-
frist von fünfzehn Monaten, für die ich eine Sondergenehmigung beantragen kann. Die Chance nutze ich.

Als ich eines Abends wieder mal unten in der Kneipe sitze,
weihe ich Uschi in meine Pläne ein. Dem Blockwart würde es
ohnehin nicht verborgen bleiben, wenn plötzlich Fremde mit
ihren Rollkoffern durch den Innenhof poltern. Ich bin überrascht. Ich hatte mit Empörung gerechnet, aber Uschi findet
die Idee gut.

»Klar, würd ick och machen«, sagt sie und ist gleich ganz
pragmatisch. »Und wie willste det mit den Schlüsseln machen?
Und dem Putzen? Wat nimmste denn für die Reinigung?«

Über so pragmatische Dinge hatte ich mir noch gar nicht
den Kopf zerbrochen. Ich zücke das Smartphone und suche
nach vergleichbaren Angeboten im Netz. Was kann man auf-
rufen für die Endreinigung? »35 Euro«, sage ich dann, nachdem
ich fündig geworden bin.

Uschi überlegt kurz. »Dafür mach ick das. Hab ja tagsüber
nix zu tun.« Außerdem bietet sich Uschi an, den Schlüssel zu
übergeben, wenn ich mal nicht in Berlin sein sollte. Eins fügt
sich zum anderen.

Der nächste Schritt ist die Einrichtung der Wohnung. Ich
klicke mich durch die Airbnb-Inserate in der Nachbarschaft
auf der Suche nach Inspiration, finde meist aber nur Tristesse.
Es kommt mir vor, als blättere ich durch einen Ikea-Katalog.
Eine Wohnung sieht aus wie die andere. Günstig eingerichtet,
wenig Charme, null Individualität. Natürlich will auch ich
kein Vermögen in die Ausstattung stecken, aber einen gewissen Stil soll sie schon haben. Ich entscheide mich für Minima-
lismus, lasse die hohen Decken und die alten Dielen wirken,
»verkaufe« das Ganze als eine Art Designerwohnung. Je weni-

ger Möbel, umso hochwertiger können die sein, ohne mein Budget zu sprengen.

Wichtig ist, die Wohnung muss sich von den anderen Angeboten abheben. Durch den gusseisernen Schwedenofen, mit dem ich bei meinem Einzug das Wohnzimmer nachgerüstet habe, hat sie schon mal ein dickes Plus gegenüber der Konkurrenz. Ein Kamin für kuschelige Winterabende. Auch wenn die meisten Gäste gar nicht in der Lage sind, einen Ofen zu befeuern, ist allein der Gedanke daran, es theoretisch zu können, reizvoll. Ich erinnere mich an Ferienhäuser in Dänemark, die meistens mit einer Sauna ausgestattet sind. Ein herrlicher Luxus, selbst wenn man im Sommer die Sauna nicht anwirft. Trotzdem wird in jeder schwärmerischen Erzählung gegenüber Freunden stolz erwähnt, dass das Haus eine Sauna hatte. Eine richtig große sogar!

Bei meiner Möbelsuche durchforste ich eBay-Kleinanzeigen und schaue bei Trödelhändlern vorbei, um vielleicht bei ihnen ein paar Einzelstücke zu finden. Im Vordergrund steht dabei meine eigene Erwartung an eine Unterkunft. Und die Überlegung, wer eigentlich der typische Airbnb-Gast ist.

Die meisten Berlin-Besucher, gerade die jüngeren, suchen sich Viertel wie Friedrichshain aus einem einfachen Grund aus: Es sind die kurzen Wege ins Nachtleben. Wer angetrunken aus einem Club oder einer Bar fällt, will nicht noch die obligatorische halbe Stunde mit dem Bus oder der Bahn durch die Stadt fahren müssen. Die meisten Gäste wollen mittendrin sein, im Trubel der Großstadt. Da ist es wieder, das Motto: »Live like a local«. Auch wenn viele Locals einer Großstadt sich am Wochenende eher nach einem ruhigen Ausgleich zum stressigen Alltag sehnen. Zumindest in meinem Alter. Schon gar nicht reihen sie sich in die endlos langen Schlangen vor den Clubs ein. Entweder kennen sie den Türsteher und stolzieren lässig an der hungrigen Partymeute vorbei. Oder sie versacken gleich in ihrer Lieblingsbar. Oder bleiben einfach auf dem Sofa liegen.

Das wohl schlagkräftigste Argument für eine Ferienwohnung im Vergleich zu einem Hotel ist vermutlich der Preis. Weniger Geld für mehr Raum und dazu größtmögliche Unabhängigkeit. Im Wettbewerb um das beste Apartment punktet hingegen das gewisse Etwas, mit dem die Gäste vor Familie und Freunden prahlen können. Wie eine große Badewanne zum Beispiel oder ein hübsch bepflanzter Balkon für den Kaffee am Nachmittag oder die Kippe am Morgen. Am Balkongeländer installiere ich einen kleinen Grill. Auch wenn der, wie sich im Nachhinein herausstellte, nicht einmal angeschürt wurde, fand er mehrmals in den Bewertungen lobende Worte: »Die Wohnung hat sogar einen Grill auf dem Balkon.« Allein die Vorstellung, man könne lässig in einem Berliner Hinterhof auf dem Balkon in Höhe der Baumkronen sitzen, dabei ein paar Würste grillen und ein kühles Bier trinken, beflügelt anscheinend die Fantasie. Großstadtflair pur. Berlin, du bist so wunderbar.

Wirklich günstig ist eine Ferienwohnung für die Gäste natürlich nur dann, wenn sie bestmöglich genutzt wird, sprich, die Gäste sie sich mit mehreren Personen teilen. Den Preis pro Nacht lege ich anfangs auf 79 Euro fest, später erhöhe ich um einen Zehner. Selbst ein schnödes Doppelzimmer in einem Hotelbunker an einer vierspurigen Ausfallstraße, Auspuffabgase inklusive, ist für dieses Geld nur schwer zu bekommen. Wer zu viert die Wohnung bucht, zahlt gerade mal 20 Euro pro Nase. Das ist deutlich weniger als ein Platz in einem Mehrbettzimmer in einer Jugendherberge, wo in den Nachbarräumen Pennäler aus der ganzen Welt ihren ersten Rausch lautstark der Kloschüssel übergeben.

Die Wohnung muss also vier Schlafplätze bieten, beschließe ich. Mehr halte ich für nicht zumutbar – für die Nachbarn, meine Wohnung, meine Nerven und auch für meinen Geldbeutel. Denn sechs Personen verursachen zum einen mehr Nebenkosten für Wasser und Strom, zum anderen müsste ich mehr investieren. Angefangen bei Schlafmöglichkeiten über Bettzeug bis hin zu Tassen, Tellern und Besteck.

Neben dem großen Doppelbett im Schlafzimmer soll eine ausklappbare Couch im Wohnzimmer ausreichen. An der zu sparen wäre sträflich. Oft und gerne habe ich bei einem Freund auf dem Sofa gepennt – und mich jedes Mal über das unbequeme Nachtlager geärgert. Hier drückte ein Teil des Rahmens durch die dünne Matratze, da zwickte eine Stahlfeder, und zu allem Überfluss war die Liege nicht einmal in der Waagerechten. Jede Nacht wäre zum blanken Horror geworden, hätte es nicht zum Ritual gehört, dass wir uns am Abend durch den reichlich vorhandenen Vorrat an schottischem Whisky oder karibischem Rum getestet hätten.

Trotzdem war der nächste Morgen immer eine Qual. Erst nach einer ausgiebigen heißen Dusche hatte sich mein Rücken wieder so weit eingerenkt, dass es mir möglich war, im Sitzen an meine Schuhe zu gelangen, um sie ohne großes Stöhnen und Ächzen zuzuschnüren. Hätte ich ein solches Sofa in einer Ferienwohnung vorgefunden, ich wäre sicherlich niemals wiedergekommen. Ich brauche also ein bequemes Schlafsofa, schon allein um nicht Gefahr zu laufen, schlechte Bewertungen zu kassieren. Denn schlechter Schlaf kann einen ganzen Urlaub versauen. Die logische Folge sind miese Bewertungen und damit künftig weniger Buchungen. Am Sofa darf also nicht gespart werden. Ein neues muss her, keine Frage. Und zwar nicht von dem großen Schweden, das die Gäste sofort erkennen. Das Sofa soll bequem, gleichzeitig aber auch ein Blickfang sein.

Im Showroom eines Möbelhändlers an der Friedrichstraße werde ich fündig. Skandinavisches Design, klare Linien, hoher Sitzkomfort. Dazu ein Clou: Die Sitzfläche ist geteilt, auf Schienen können die beiden Elemente auseinandergefahren werden. Dadurch entsteht eine kleine Ablagefläche zwischen den beiden Sitzflächen – für Gläser oder Snacks. Perfekt für einen gemütlichen Abend vor dem Kamin. Oder dem Fernseher. Wer aber die körperliche Nähe sucht, schiebt die Sitze einfach wieder zusammen. Das Gleiche gilt für die Liegefunktion. Pärchen können eng kuscheln, Freunde Abstand halten – und wenn aus Freunden Pärchen werden, kann der Beziehungsstand an der Spalte zwischen den Polstern abgelesen werden.

Zerbricht eine Liebe, ist das immer traurig. Und so fühle ich mich auch ein wenig schäbig, als ich die Wohnung des jungen Paars plündere, das sich gerade trennt. Meine Vermutung ist, dass sie mit ihm Schluss gemacht hat. Die junge Frau ist so quietschfidel, wie man es bei einem stressigen Umzug eben sein kann. Ihr Typ grummelt die ganze Zeit vor sich hin, verzieht sich in die hintersten Winkel der Wohnung, schweigt, pafft eine Zigarette nach der anderen in der Küche.

Zum Glück konnte sich das Pärchen nicht einigen, wer die Sechziger-Jahre-Möbel bekommt, die sie vor einiger Zeit, wohl frisch entflammt, aus einer Villa in Polen nach Berlin holten. Dass die Möbel gar nicht allzu lange später über eine schnöde eBay-Anzeige ihre nächste Reise antreten würden, damit hätte das Paar damals sicherlich nicht gerechnet. An dem Geld, das sie für den Esstisch mit Stühlen, den großen Schrank und die Lampen erhalten, hängen immerhin keine großen Emotionen. Dreimal muss ich mit meinem Auto zwischen den Wohnungen pendeln, bis ich all den Plunder in die Ferienwohnung geschafft habe. Zum Glück trennen die Wohnungen nur wenige hundert Meter. Und so schaffe ich es, unbemerkt von der Polizei, mit offener Heckklappe und mehreren Metern Überlänge, die neuen Möbel zu transportieren. Als ich der jungen Frau das Geld in die Hand drücke, zählt sie die Scheine akribisch nach, macht daraus zwei kleine Bündel, hält eines davon ihrem Ex vor die Nase, der wie in Trance danach greift und es in seiner Hosentasche verschwinden lässt. Ich bin dann mal lieber weg.

Da ich es vorziehe, in die neu erstandene Wohnung unter dem Dachboden zu ziehen, um somit über der Ferienwohnung zu wohnen, belasse ich meine Möbel in Schlafzimmer und Küche in der alten Wohnung und richte lieber meine neue Bleibe mit neuen Schmuckstücken ein. Mit den Sachen aus der polnischen Villa, dem schicken Schlafsofa und ein paar Accessoires wie einem braunen Kastenkoffer aus DDR-Zeiten, den ich zum Couchtisch umfunktioniere, und der alten Musiktruhe von Oma Adelheid, die seit Jahren unbeachtet unter dem Dach meiner Eltern verstaubte, ist die Ferienwohnung schnell eingerichtet.

Fehlen jetzt nur noch die Fotos für die Anzeige auf Airbnb. Ich leihe mir ein Weitwinkelobjektiv und setze die Wohnung für die Profilfotos so gut es geht in Szene. Will heißen, ich putze seit vielen Monaten mal wieder die Fenster und warte, bis der Lichteinfall perfekt ist. Zum einen, damit die zurückgebliebenen Schlieren nicht zu sehen sind. Zum anderen, um die Wohnung groß und hell erscheinen zu lassen. Nichts überlasse ich dem Zufall. Selbst das Spülmittel aus dem Discounter, das neben dem weißen Keramikbecken in der Küche steht, tausche ich für das Foto gegen einen Bioreiniger. Nur für den Fall, falls sich ein Ökoaktivist für die Wohnung interessiert. Der Teufel steckt schließlich im Detail.

Zu den Übersichtsbildern von Schlaf- und Wohnzimmer, Küche und Bad ergänze ich Detailaufnahmen von den Holzscheiten vor dem Kamin, die ich mehrfach neu stapele, bis mir der Aufbau optisch gefällt. Ebenso fotografiere ich das schwarze Telefon aus den Fünfzigerjahren mit der runden Wählscheibe, die so wunderbar surrt, wenn das Rad in seine Ausgangsposition zurückrasselt, und dessen Hörer so schwer und ergonomisch schlecht geformt ist, dass Telefonate über zehn Minuten zu einer sportlichen Herausforderung werden. Aber das ist ja egal. Das Telefon soll ohnehin nicht benutzt werden, obwohl es funktioniert. Aber das verrate ich nicht, und sicher vermutet das auch niemand.

Omas Musiktruhe passt hervorragend zu den ergatterten Polen-Möbeln. Das glänzende Braun erinnert leider nur ein bisschen an einen Volksempfänger und das Radio klingt sogar so. Bei jeder Nachrichtensendung befürchtet man, dass die krächzende Stimme vor Fliegerangriffen warnt. Den Plattenspieler hatte ich dummerweise im zarten Alter von sechzehn oder siebzehn Jahren ausgebaut, um Platz zu schaffen für eine Bar, die damals hauptsächlich aus Baileys, Amaretto und Apfelkorn bestand. Jugendsünden!

An einem ruhigen Abend mache ich mich daran, das Airbnb-Profil zu schärfen. Die auf Hochglanz polierten Bilder machen sich gut auf der Seite. Neben den Standardinformationen zur Wohnung wie Größe, Bettenzahl, Lage und Ausstattung starrt mich eine große weiße Fläche an, die gefüllt werden möchte mit einer persönlichen Beschreibung. Und je länger ich starre, desto größer und bedrohlicher wird die Leere. Ich brauche kreative Hilfe, die ich im Weinregal finde. Nach ein paar Tropfen beginne ich zu fabulieren.

Mit »Klassisch, trendig, ruhig« überschreibe ich das Profil. »Ruhig« ist mir besonders wichtig, weil ich hoffe, dass Gäste, die eine ruhige Wohnung suchen, selbst ruhig sind oder aber den Wink mit dem Zaunpfahl verstehen. Und dann tippe ich weiter.

»Friedrichshain – mehr Berlin geht nicht«, mache ich ein bisschen auf dicke Hose. Sätze folgen, die so übertrieben klingen, als habe sie der manische Praktikant in einem Maklerbüro verfasst. »Das Leben pulsiert. Kneipen, Cafés, Restaurants, kleine Boutiquen. Und mittendrin und doch ganz ruhig im Hinterhaus: deine Unterkunft. Ankommen und wohlfühlen! Die Wohnung liegt im dritten Stock eines typischen Berliner Hinterhauses, erbaut um die Jahrhundertwende. Altbau, hohe Wände, knarzende Dielen, ein lodernder Kamin – und natürlich ein Balkon.

Die Wohnung hat 76 Quadratmeter, aufgeteilt auf zwei große Räume. Im Schlafzimmer findet ihr ein großes Doppelbett, im Wohnzimmer eine moderne Schlafcouch für zwei. Die Küche ist komplett eingerichtet, mit Gasherd, Kühlschrank, Spül- und auch Waschmaschine. Das typische Berliner Bad, lang und schmal, bietet nach einem langen Stadtbummel die Möglichkeit zu einem heißen Schaumbad. An warmen Abenden lässt es sich hervorragend auf dem Balkon mit Grill zum hellen Innenhof aushalten. Die Wohnung liegt mitten im Boxhagener Kiez, einem der beliebtesten Ausgehviertel Berlins. Was ihr auch sucht, es ist nicht mehr als ein paar Meter entfernt. Und doch ist die Wohnung absolut ruhig, denn die Straße, in der sie liegt, ist eine reine Wohnstraße. Das Einzige, was ihr hören werdet, sind die Vögel in den Ahornbäumen im Hof.«

Als der Honigtopf leer ist, also die Weinflasche ausgetrunken, und alle Superlative verballert sind, lehne ich mich entspannt im Stuhl zurück. Mich schüttelt es ob der triefenden Worte, als ich das Niedergeschriebene noch einmal durchlese. Meine Sinne sind vom Rotwein leicht vernebelt. Und so beschließe ich, nichts mehr zu verändern. Nur eine Ergänzung habe ich noch. Eine kleine Warnung, verpackt in warmen Worten: »Soweit es möglich ist, stehe ich mit Rat und Tat zur Seite. Das Gute ist, je nachdem, wie man es sieht, ich wohne direkt über euch, kann bei Fragen also schnell antworten – oder helfen.«

Mit dem Verweis darauf, dass ich direkt über den Gästen hause, hoffe ich, die schwarzen Schafe gleich auf eine andere Weide zu treiben. Zu diesem Zeitpunkt habe ich noch keine Ahnung, dass nur die wenigsten Interessenten die Beschreibung wirklich lesen werden. Aber um ganz sicherzugehen, tippe ich unter dem Punkt »Hausregeln«: »Die Wohnung befindet sich in einer reinen Wohngegend. Sie ist zum Wohnen gedacht – und keine Partylocation! Sie ist ruhig gelegen, und auch die Nachbarn schätzen diese Ruhe. Bitte respektiert das.« Fünfmal habe ich in der Anzeige »ruhig« betont. Das sollte wohl reichen. Zumindest ich bin beruhigt.

◆ ◆ ◆

Es ist Mitte Oktober und ich bin etwas aufgeregt, als ich am nächsten Tag das Profil mit einem Klick online stelle. Wie wird es wohl ankommen? Wann wird sich der erste Interessent melden? Was für Typen sind das? Und was ist, wenn sich keiner meldet? Wie lange kann ich die Wohnung ohne Einnahmen finanzieren? Darüber sinniere ich noch, als mich die erste

Nachricht aus den Gedanken reißt. Ich kann es nicht fassen. Eben erst habe ich das Inserat aktiviert und jetzt schon die erste Reaktion? Aber es ist nur Airbnb. Das Unternehmen begrüßt mich und teilt mir mit, dass meine Anzeige nun veröffentlicht sei. Kurz darauf trudelt die nächste Nachricht in meinem Postfach ein. Airbnb scheint Redebedarf zu haben. Aber es ist tatsächlich die erste Buchungsanfrage, nur wenige Minuten, nachdem das Profil online ist. Ich bin begeistert.

Lieber Jens,
wir (zwei junge Paare und ein neugeborenes Baby) suchen eine schöne Wohnung in Berlin, in der wir über Silvester übernachten können. Bei der Suche bin ich auf deine schöne Wohnung gestoßen. Wäre sie im angegebenen Zeitraum noch verfügbar?
Herzliche Grüße aus dem Ruhrpott, Judith

Ich bin perplex. Und happy. Und so ähnlich bringe ich das auch zum Ausdruck.

Hallo Judith!
Ich bin ganz perplex. Erst vor wenigen Minuten habe ich die Wohnung ins Netz gestellt. Somit ist deine Anfrage die erste, die ich erhalten habe. Folglich ist die Wohnung über Silvester noch frei. Ihr seid herzlich willkommen!
Gruß, Jens

Es gehen noch ein paar E-Mails zwischen uns hin und her. Judith will ein weiteres Mal mit ihren Freunden abklären, ob sie wirklich über Silvester nach Berlin fahren möchten. Ich verspreche, die Wohnung für sie ein bis zwei Tage freizuhalten, sie nicht anderweitig zu vergeben, auch wenn sie online für diesen Zeitraum noch verfügbar scheint. Erst dadurch merke ich, wie begehrt Berlin an Silvester ist. Fünf weitere Anfragen erreichen mich in den nächsten vierundzwanzig Stunden – alle für den Jahreswechsel. Nicht eine für einen anderen Termin. Die Hauptstadt scheint ausgebucht zu sein.

Mich beschleicht eine leise Vorahnung. Um Klarheit zu bekommen, schaue ich mir Vergleichsangebote an. In der Tat: An Silvester haben alle anderen Vermieter ihre Preise nicht nur angezogen, sondern meist sogar dreist verdoppelt, wenn nicht verdreifacht. Meine 79 Euro pro Nacht sind unschlagbar günstig. Ich muss noch viel lernen, stelle ich fest. Aber meinen ersten Gast will ich natürlich nicht verprellen, also belasse ich das Schnäppchenangebot. Und so freue ich mich, als Judith zwei Tage später verbindlich zusagt. Auch wenn sie und ihre Freunde erst in zweieinhalb Monaten anreisen werden. Aber zum Glück trudeln schon bald weitere Anfragen ein.

MEINE ERSTEN GÄSTE

Die ersten Gäste in der Ferienwohnung sind zwei Pärchen aus Schweden, die für ein verlängertes Wochenende nach Berlin kommen. Ich bin ein bisschen aufgeregt. Werden sich Nicolas und seine Freunde in der Wohnung wohlfühlen? Wie werden sie die wohl bewerten? Das Warten auf das erste Feedback erinnert mich an die bevorstehende Zeugnisvergabe. Eigentlich ist das Gefühl ganz gut, aber ein leichtes Unbehagen bleibt. Doch alles läuft perfekt. Die schwedischen Pärchen haben Berlin genossen. Sie vergeben fünf Sterne.

Nach der Abreise übergebe ich die Schlüssel an Uschi, die sich um die Wohnung kümmert, wischt und saugt, Wäsche und Handtücher wechselt.

Es dauert nicht lange, bis die Wohnung an den Wochenenden gut ausgelastet ist. Meist bleiben die Gäste drei Nächte, von Donnerstag bis Sonntag oder von Freitag bis Montag. Damit sind zumindest schon mal die laufenden Kosten mehr als gedeckt. Mein Kontakt zu den Gästen beschränkt sich vorwiegend auf die Konversation im Vorfeld der Anreise und die Viertelstunde bei der Wohnungsübergabe, aus der auch eine halbe Stunde werden kann, falls es Fragen zu Restaurants, Bars oder dem öffentlichen Nahverkehr gibt. Oder sie einfach nur gerne plaudern. Im Idealfall hört und sieht man die Mieter nicht mehr bis zur Abreise – manchmal nicht einmal da, nämlich dann, wenn sie den Schlüssel nach Auszug in den Briefkasten werfen.

Die meisten Besucher machen von diesem Angebot Gebrauch, legen keinen großen Wert auf eine Verabschiedung. Warum auch? Sie wollen ja Berlin besuchen und nicht mich. Und in einem Hotel fällt man der Rezeptionistin beim Auschecken schließlich ebenfalls nicht um den Hals.

Die ersten Gäste sind allesamt vorbildlich. Oder anders gesagt, sie verhalten sich so, wie man es erwartet. So, wie man sich selber als Gast benehmen würde. Die Wohnung ist aufgeräumt, das Geschirr steht in der Spülmaschine, die leise vor sich hin surrt, der Müll ist entsorgt. Im Idealfall sogar in den richtigen Tonnen im Hof. Mehr muss es ja gar nicht sein. Nach jedem Wechsel berichtet Uschi, wie sie die Wohnung vorgefunden hat. Mal mokiert sie sich zwar über offensichtliche Stehpinkler und WC-Bürsten-Verweigerer, mal über Haare in der Wanne. Außerdem hätte sie es gerne, wenn die Gäste die Betten abziehen und die Wäsche vor die Maschine in der Küche auf einen Haufen legen. Ich verspreche, die nächsten Gäste darauf hinzuweisen, tue es aber nicht. Soll Uschi ruhig etwas für ihr Geld tun. Aus psychologischer Sicht – und mit der Absicht, möglichst gute Bewertungen zu erhalten – glaube ich, dass die Begrüßung bei den Gästen eher negativ in Erinnerung bleibt, wenn sie gespickt ist mit Anweisungen für den Auszug. Und der erste Eindruck ist schließlich der, der zählt.

Die persönliche Schlüsselübergabe, das wird mir schnell klar, ist der kürzeste Weg zu guten Feedbacks. Einmal hatte Uschi für mich den Empfang übernommen. Sofort gab es zaghafte Kritik. »Wir hatten im Vorfeld mit Jens gesprochen, aber jemand anders gab uns den Schlüssel unten vor der Tür und war sofort wieder verschwunden. Es wäre schön gewesen, wenn uns jemand das Apartment gezeigt hätte.« Typisch Uschi, dachte ich, als ich die Bewertung las. Sie hasst Treppensteigen. Aber für die Berlin-Novizen war es sicherlich eine gute Einstimmung auf den etwas ruppigen Berliner Charme.

»Echt jetzt?«, fragte mich Uschi, als ich ihr die Bewertung eines Abends vorlas. »Dit ham die geschrieben? Die spinnen doch! Ick kletter doch nich in den dritten Stock, um denen die Tür aufzuhalten? Die können sich mal gehackt legen!«

Widerspruch war zwecklos. Uschis Wort ist nun mal Gesetz. Und ich bin ja froh, dass sie mir bei der Vermietung hilft. Und so beschließe ich, wenn immer es geht, den Schlüssel selbst zu übergeben und die Gäste willkommen zu heißen. Der Vorteil: So bekomme ich auch einen ersten Eindruck von den Gästen und kann – ganz subtil – noch einmal erwähnen, dass ich direkt über ihnen wohne. Mittlerweile bin ich davon überzeugt, dass kaum ein Gast die Beschreibung im Internet so weit gelesen hat, dass er das zur Kenntnis genommen hat. Die kleine Drohung verpacke ich dabei gewöhnlich als ein großes Geschenk: »Bei Fragen einfach hochkommen.« Nur in Ausnahmefällen soll sie so klingen, wie sie auch gemeint ist: wie ein erhobener Zeigefinger.

Die Ferienwohnung hat ein paar Tücken. Den alten Gasherd beispielsweise. Oder den Kamin. Nicht jeder weiß damit umzugehen, und einige Gäste haben ganz offensichtlich einen enormen Respekt vor offenem Feuer. Die veraltete Ost-

Elektrik verkaufe ich als »DDR-Charme«. So wird aus dem Malus ein Bonus an Skurrilität, ein Pluspunkt trotz eindeutiger Schwäche. In den Räumen beispielsweise, in denen es zwei Lichtschalter für dieselbe Lampe gibt, muss an dem Schalter das Licht angeknipst werden, an dem es zuvor ausgestellt wurde. Ansonsten bleibt es dunkel.

Mittlerweile habe ich auch an Wochenenden Zeit, mich um die Ferienwohnung zu kümmern. Meine Beziehung hat nach vier Jahren die Pendelei zwischen Berlin und Hamburg nicht schadlos überstanden. Das bisherige Singleleben von Montag bis Freitag wird nun zu einem Dauerzustand. Uschi ist froh darüber, dass sie sich samstags und sonntags nicht mehr mit der Ferienwohnung abplagen muss. Denn am Wochenende sind die Nächte in der Kneipe lang und anstrengend.

Auch wenn die Vermietung besser anläuft als gedacht, steht die Wohnung unter der Woche anfangs oft leer. Zwar sind die Fixkosten gedeckt, und ein bisschen bleibt bereits hängen, doch um richtig Reibach zu machen, brauche ich mehr Gäste. Das Problem: In Berlin konkurrieren Tausende Angebote um die vorderen Plätze auf der Website von Airbnb. Selbst wer die Suche auf »Friedrichshain« beschränkt, bekommt den Hinweis, dass es »mehr als 2000 Angebote« gibt, von denen aber nur achtzehn auf der ersten Seite präsentiert werden. Mit jedem neuen Klick werden weitere achtzehn Angebote angezeigt.

Aber durch wie viele Seiten klickt sich der geneigte Tourist? Zwei, drei oder vielleicht zehn? Oder reichen ihm schon die Angebote auf der ersten Seite? Mein Ziel ist es, dass meine Wohnung genau dort erscheinen muss. Eine vordere Platzierung garantiert eine gut ausgelastete Wohnung – und damit ein volles Konto.

Der Weg in die Top-Positionen führt über die Bewertungen. Über viele und vor allem gute Bewertungen. Für einen neuen Gastgeber ist das zunächst ein Dilemma. Will er in den Vordergrund rücken, muss er jede Buchungsanfrage annehmen. Clevere Gäste nutzen das aus und feilschen um den Preis wie bei einem Gebrauchtwagen. Wer also günstig eine Bleibe buchen möchte, der sollte sich ans Ende der Inserate klicken. Da tummeln sich die Neuen. Und die Verzweifelten. In der Anfangsphase wird der neue Vermieter beim Schachern nachgeben, will er sein Inserat besser platzieren. Er hat eigentlich nur die Wahl, einen niedrigeren Preis zu akzeptieren oder die Wohnung leer stehen zu lassen. Dann wird es aber nichts mit dem Griff nach den Sternen. Im besten Fall nach fünf Sternen.

Fünf Sterne sind die Bestnote. Vier Sterne sind bereits ein verlorener Stern. Das Bewertungssystem ist eine ehrliche Währung in einem Reich, in dem viel gelogen wird. Die Fotos im Profil können geschönt oder zumindest geschickt aufgenommen sein, die Beschreibungen sind oft vollkommen überzogen. Aber Sterne lügen nicht. Es gibt keinen Grund, eine falsche Bewertung abzugeben. Weder für den Gast noch für den Gastgeber. Wer etwas positiv darstellt, hat keine Vorteile dadurch. Und wer eine Unterkunft in Grund und Boden schreibt, auch nicht. Jeder, der sich auf der Website umschaut, Gastgeber wie Gäste, wird sich an den Bewertungen orientieren, denn sie sind nur schwer zu fälschen, anders als die Bewertungen von Hotels über externe Plattformen, auf denen sich jeder trollen und seinen Müll abwerfen kann. Bei Airbnb kann nur derjenige ein Feedback über eine Wohnung abgeben, der dort auch gewohnt hat. Scheinbuchungen, um Freunde vielleicht günstige Bewertungen abgeben zu lassen, sind teuer. Denn um eine Buchung abzuschließen, muss die Bezahlung über Airbnb abgewickelt werden. Und damit fallen Gebühren für das Portal an. Doch nicht nur Gäste bewerten die Wohnungen, ebenso tun dies die Vermieter mit den Gästen. Damit eine schlechte Beurteilung nicht dazu führt, dass der Gastgeber den Gast aus Rache runterschreibt – oder andersherum –, hatte Airbnb eine clevere Idee: Die Einschätzungen werden dem jeweils anderen erst angezeigt, wenn beide sie abgegeben haben.

Schlechte Bewertungen ärgern einen Gastgeber. Sie kratzen am Ego und schlagen vor allem auf das Portemonnaie, weil der Algorithmus das Angebot in der Bedeutungslosigkeit verschwinden lässt. Aber natürlich macht das Leistungsprinzip Sinn, Ramsch ruiniert das Geschäft. Und auch Airbnb will keine Bruchbuden auf seiner Website anbieten, weil schon eine schlechte Erfahrung das Vertrauen in das ganze Portal erschüttern kann. Ein Freund von mir hatte einmal eine Bleibe zusammen mit seiner Frau in London gebucht. Die Wohnung war ein Desaster. Der Teppich müffelte vor sich hin und die Laken waren dreckig. Nach einer Nacht zogen die beiden aus, suchten sich ein Hotel. »Airbnb? Nie wieder!«, war ihre Reaktion. Bis heute sind sie sich treu geblieben.

Um solche Fälle zu vermeiden, werden auf der Website von Airbnb zunächst die bestbewerteten Unterkünfte angeboten. Zum Wohle der Gäste und zur Ehre der Gastgeber, deren Mühen und Aufwand im Kampf gegen die Konkurrenz somit belohnt werden. Und die Konkurrenz ist riesig.

Der Deutsche Hotel- und Gaststättenverband geht davon aus, dass allein in Berlin zwischen 10 000 und 25 000 Ferienwohnungen und -zimmer angeboten werden. Der Interessenverein der Berliner Privatvermieter hält diese Zahl für absolut übertrieben. Es existierten maximal 3500 private Ferienwohnungen in Berlin, heißt es dort. Die Wahrheit dürfte irgendwo dazwischen liegen.

Das Sterne-System versucht Orientierung in das schier endlose Angebot der Unterkünfte zu bringen. Natürlich gibt es immer auch Nörgler, die eine Kleinigkeit zu einem riesigen Problem aufblasen. Die einfach eine schlechte Zeit hatten, weil vielleicht der Partner die ganze Zeit genervt hat, und die nun ihre schlechte Laune an der Wohnung auslassen. Irgendwer muss ja schuld sein. Die größten Meckerer sind meist feige Menschen. Kritik wird selten direkt geäußert, nicht einmal am Ende des Aufenthalts von Angesicht zu Angesicht, sondern erst aus der sicheren Entfernung, versteckt hinter dem Computer.

Wie das Paar aus Recklinghausen, das sich im Nachhinein furchtbar über die Parkplatzsituation in Berlin aufregte und mehr noch über die gierige Parkuhr an der Straßenecke, die bis Mitternacht mit Euromünzen gefüttert werden wollte. »Am Ende haben wir das Auto in einem weit entfernten Parkhaus abgestellt«, endete der patzige Eintrag. In der Sache zwar richtig, doch was hat das mit der Wohnung zu tun, wenn der Bezirk alle Straßen mit Parkuhren zupflastert? Auch blieb bei dem Eintrag der Dame unerwähnt, dass ich bereits im Vorfeld das Parkhaus am Ostbahnhof empfohlen habe, weil es a) nur eine S-Bahn-Station oder zehn Minuten Fußweg entfernt und b) mit fünf Euro am Tag erschwinglich ist. Ebenso schien sie vergessen zu haben, dass ich ihren erschöpften Göttergatten zum Parkhaus eskortierte, um ihn von dort zu seiner Holden aufs Sofa zurückzubringen. Denn Madame hatte sich, nachdem ihr Mann das ganze Gepäck in die Wohnung geschleppt hatte, bereits vor dem Fernseher platziert, um *Rote Rosen* zu schauen.

Besonders empfindsam reagieren einige Gäste, wenn es um ihren Schlaf geht. Verständlich. Das ist bei mir nicht anders.

Interessanterweise sind es aber meist diejenigen, die selbst bis spät in die Nacht vom Balkon den Innenhof mit ihrer Lache beschallen. Wenn es dann aber um den eigenen Schlaf geht, ist schnell Schluss mit lustig. Mal ist die Matratze zu weich, mal ist sie zu hart, mal ist die Bettdecke dem einen zu dünn oder dem anderen zu dick. Oder, wie in einem Fall, wird damit gehadert, dass im Schlafzimmer statt einer großen Bettdecke für das gemütliche Paarkuscheln nur zwei einzelne gelegen hätten.

Auch das Fehlen eines Kinderbetts wurde einmal bei der Anreise moniert, schließlich hätten sie doch geschrieben, dass sie ein kleines Kind mitbringen. Ein Kinderbett, wurde ich belehrt, gehöre heutzutage zum Standard. Während die einen sich über einen Föhn in der Wohnung freuen, beschweren sich die anderen darüber, dass es kein Bügeleisen gibt. Der Gasherd mit dem nostalgischen Wasserkessel sorgt mal für Entzücken, mal für Kopfschütteln (»Ein elektrischer Wasserkocher wäre durchaus angebracht«). Die einen loben die hervorragende Ausstattung der Küche, für andere kann es nie gut genug sein. Eine Frauengruppe auf feucht-fröhlicher Junggesellinnen-Abschiedstour beschwerte sich über die Größe der Kochtöpfe, schließlich wollten sie Freundinnen einladen und zu acht in der Wohnung kochen. Ob ich nicht noch größere Pötte hätte? Es war keine Frage, es war eine Forderung. Zudem bräuchten sie mehr Besteck und Geschirr. Das hatte ich bewusst auf jeweils sechs Sets reduziert, da ich feststellen musste, dass einige Gäste zunächst einmal das komplette saubere Geschirr benutzen, ehe sie ans Abwaschen denken oder die Spülmaschine anwerfen. Und natürlich war den Ladys der Backofen zu klein, weshalb ich den Herd in meiner Wohnung zur Verfügung stellte. Ich weiß nicht mehr, was in meinem Backofen brutzelte, aber es roch sehr gut. Ich glaube, es waren Antipasti. Ob sie auch

schmeckten, kann ich nicht sagen. Leider wurde mir kein Pro-
bierhappen angeboten.

Mal ist die Wohnung angeblich kleiner, als sie auf den Fotos erscheint. Mal sogar deutlich größer. Dabei habe ich sogar
extra erwähnt, dass manche Bilder mit einem Weitwinkelobjektiv aufgenommen wurden. Und für Skeptiker steht sogar
die Quadratmeterzahl in der Beschreibung. Zumindest diese
Angabe lässt wenig Spielraum für Interpretationen. Vielleicht
hätte ich zur besseren Erklärung dann doch den bei Journalis-
ten beliebten Fußballplatz-Vergleich anführen sollen. »Entspricht in etwa einem Zehntel von einem Bolzplatz« klingt aber
wenig anschaulich.

Manche Gäste singen ein Hohelied auf die Lage (»Tolle
Bars, Cafés und Boutiquen; supernah zur S-Bahn«), manche ver-
gleichen die Gegend mit der Bronx und freuen sich, weder aus-
geraubt noch abgemurkst worden zu sein. Dabei sind die dunklen Männer an den düsteren Straßenecken, die leise pfeifen und
sich erkundigen, ob alles okay sei, dabei verschwörerisch mit
den Augen rollen und nachhaken »You want something?«, eher
harmlos. Sie wollen nur ihren Stoff verticken. So ist das eben in
Großstädten, und besonders da, wo abends die Massen feiern
gehen. Unterm Strich sind die Bewertungen aber relativ realis-
tisch. Auch wenn jeder Mensch seine eigene Wahrnehmung hat.

Ein zufriedener Gast wird immer wieder über Airbnb buchen und Geld in die Kassen des Unternehmens spülen. Dazu
muss die Wohnung seinen Vorstellungen entsprechen, der
Preis muss ebenso stimmen wie der Service. Das Problem für
das Portal: Das Unternehmen hat auf diese Faktoren keinen
Einfluss. Eigentlich.

Um die Qualität der Unterkünfte zu steigern und die Moti-
vation der Vermieter zu fördern, hat es sich einen netten An-

sporn einfallen lassen: den Status »Superhost«. Eine virtuelle Auszeichnung, die als Piktogramm in Gelb und Rot an dem Profilbild des Gastgebers baumelt wie ein Orden.

»Super... was?« Bis mich die salbungsvolle E-Mail von Airbnb erreicht hat, die mich mit viel Tamtam zum Superhost kürt, ist mir der Begriff vollkommen unbekannt. Dabei ist die Auszeichnung Gold wert. Das Inserat eines Superhosts klettert auf der Website so schnell nach vorne wie Reinhold Messner in seinen besten Tagen auf die Tiroler Alpen. Gleichzeitig wird den Suchenden suggeriert: »Hey, die Bude ist gut! Hier kannst du beruhigt buchen.«

Superhost ist kein Titel auf Lebenszeit. Er muss permanent erarbeitet werden. Airbnb hat sich dazu ein System ausgedacht, ein geschicktes Instrument, um die Qualität zu pushen. Superhost kann nur derjenige werden, der innerhalb eines Jahres mindestens zehn Vermietungen vorweist. Qualitativ hat dieses Kriterium natürlich so gar keine Aussagekraft, sondern entlarvt den Hintergedanken: Kohle machen. Je mehr Wohnungen das Portal anbieten kann, desto häufiger und lauter klingelt die Kasse in Kalifornien. Wer seine privat genutzte Wohnung nur hin und wieder anderen zur Verfügung stellt, wird nun wahrscheinlich versuchen, die Zahl seiner Vermietungen auf mindestens zehn zu steigern, allein um in den Genuss der Auszeichnung zu kommen. Die Gewinnformel ist denkbar einfach: Je mehr Wohnungen im Angebot sind, desto höher ist der Umsatz.

Die übrigen Superhost-Kriterien orientieren sich dagegen an den Kundenwünschen. Da nichts frustrierender ist, als ewig im Netz nach Unterkünften zu suchen und dann, wenn der Traum auf Zeit gefunden wurde, Stunde um Stunde oder Tag um Tag auf eine Bestätigung zu warten, versucht Airbnb die Vermieter zu schnellen Reaktionen zu animieren. Superhosts, so die Definition, haben eine Antwortrate von mindestens 90 Prozent. Was immer das genau heißen soll. Aber es spornt die Vermieter zu raschen Erwiderungen auf Buchungsanfragen an.

Der Urlaub ist geplant, die Flüge sind gebucht, die Koffer bereits gepackt. Die Vorfreude ist riesig. Und dann sagt kurz vor knapp der Vermieter ab. Das geht gar nicht! Das weiß auch das Portal und will dieses Verhalten unterbinden. Natürlich kann es nicht über die angebotenen Wohnungen und den Vermieter bestimmen. Aber es kann sanften Druck ausüben: »Superhosts stornieren keine bestätigten Buchungen, es sei denn, es liegen mildernde Umstände vor«, lautet die nächste Superhost-Regel. Was diese »mildernden Umstände« sein können, das liegt einzig und allein im Ermessen von Airbnb.

Das wichtigste Kriterium aber ist das Gesamtpaket, das der geneigte RTL-Zuschauer bereits von Formaten wie *DSDS* kennt, bei dem die Jury um die Grinsebacke Bohlen ebenjenes Gesamtpaket zum Maß aller Dinge erkoren hat. Und deshalb müssen die prämierten Wohnungen absolute Sternefänger sein. »Superhosts«, legt Airbnb fest, »stellen Unterkünfte zur Verfügung, die für enthusiastische Bewertungen sorgen. Mindestens 80 Prozent der Bewertungen müssen Fünf-Sterne-Bewertungen sein.«

»Enthusiastische Bewertungen« ist ziemlich dick aufgetragen. Der Duden definiert »enthusiastisch« mit nicht weniger als »leidenschaftlich begeistert, schwärmerisch, überschwänglich«. Um solche Gefühlswallungen bei den Gästen auszulösen, bedarf es schon einiger Tricks. Oder der unfreiwilligen Hilfe der Nachbarschaft. An dieser Stelle ein herzlicher Dank an die jungen Studentinnen aus dem Vorderhaus.

FENSTER ZUM HOF

Simon und seine belgischen Freunde werden mir in Erinnerung bleiben. Und das nicht nur, weil sie zu meinen ersten Gästen gehören. Als sie mir die Schlüssel bei der Abreise übergeben, sind sie immer noch ganz aufgekratzt. Das verlängerte Wochenende in Berlin haben sie genossen. »Was für eine Stadt«, schwärmen die vier Mittdreißiger. Sie müssen unbedingt noch einmal wiederkommen, sagen sie, denn von dem Programm, das sie sich vorgenommen hatten, haben sie kaum etwas geschafft.

Gleich am ersten Abend versackten sie in Uschis Kneipe, haben gekickert, getrunken, gelacht – und die Zeit vergessen. Uschi war begeistert von den charmanten Jungs. »Solche Schnuckels kannste öfter bei dir pennen lassen«, sagte sie später. Weil mir gerade nach einem kühlen Bier war, als die Belgier zur Wohnungsübergabe geklingelt hatten, hatte ich auch jedem von ihnen eines angeboten. Die Begeisterung war groß und die Flaschen schnell geleert. Ein guter Einstieg in ihr

Berlin-Wochenende. Nach dem Willkommensschluck verabschiedete ich mich in mein zweites Wohnzimmer, die Kneipe im Vorderhaus. Dort fanden mich Simon und seine Freunde wenig später, am Tresen, quarzend und quatschend mit Uschi. Die Belgier wollten auf ein Bier bleiben, sich revanchieren für den »Welcome Drink«. Aus dem einen Bier wurden erst zwei, dann drei, und schon machte es Sinn, die Runde der Anwesenden einmal durchzuspielen. Als jeder einmal Pils geordert hatte, stand Simon wieder am Tresen, und so war klar, dass das Karussell sich noch eine weitere Runde drehen würde. Als dann auch noch Pfeffi auf den Tisch kam, wurde es gefährlich. Und spät. Eigentlich wollten die Belgier noch nach Mitte, aber sie sahen ein, dass ihr Weg am ersten Abend bereits im Vorderhaus endete.

Doch ebenso der zweite Abend begann für sie später als gedacht, wie sie bei der Abreise mit einem breiten Grinsen im Gesicht erzählen. Schuld daran, sagen sie, war die »Peepshow«. Ich ahne, was sie meinen.

◆ ◆ ◆

Im Vorderhaus, vis-à-vis zur Ferienwohnung, sind kürzlich drei Skandinavierinnen eingezogen. Das verrät das Klingelschild. Die Namen klingen wie aus dem Telefonbuch von Bullerbü: Madsen, Sörensen, Svenson. Drei junge Frauen, schwedische Studentinnen für ein Auslandssemester. Kurz nachdem sie eingezogen waren, hatte ich sie im Hof kennengelernt. Sie fragten mich nach der Nummer des Hausmeisters, denn sie hatten Probleme, ihre Gasetagenheizung zu starten. Da die Eigentümergemeinschaft gerade die Hausverwaltung samt Hausmeisterservice wechselte, musste ich sie enttäuschen. Es gab keinen

Hausmeister. Ich bot aber an, ganz selbstlos, mir die Heizung einmal anzusehen. Trotz wenig technischen Sachverstands konnte ich das Problem lösen, indem ich gewieft an der Gastherme den Schalter mit dem Heizungssymbol von »Aus« auf »An« umlegte. Die Frauen hatten es bislang nur am Thermostat versucht. Sie lachten und bedankten sich. Es war der einzige Kontakt, den wir bislang hatten.

Aber ich hatte sie fortan im Auge. Ob ich nun wollte oder nicht. Ihre Küche liegt mit dem Fenster zum Innenhof, meiner Wohnung gegenüber. Während ich meine Küche hauptsächlich zum Kochen nutze, ist sie bei den Schwedinnen auch gleichzeitig Ess- und Wohnzimmer, eine Art Gemeinschaftsraum. Hier verbringen sie die meiste Zeit, wenn sie zu Hause sind. Und wie bei Studenten üblich, ist das oft der Fall. Sie lernen dort, quatschen, telefonieren, feiern, und eine von ihnen, die Brünette unter den Blonden, spielt am Fenster Gitarre. Wie man es aus Skandinavien kennt, sind Nordlichter keine großen Freunde von Gardinen. Und so kann das ganze Hinterhaus gewissermaßen an dem Leben der Studentinnen-WG teilhaben. Ganz altmodisch, ohne Kameras. Es ist wie eine Zeitreise.

Besonders in der dunklen Jahreszeit, wenn die beiden Ahornbäume im Hof ihre gelbbraune Pracht abgeworfen haben und das Deckenlicht die Schweden-Küche einladend wie ein Schaufenster zur Weihnachtszeit ausleuchtet, ist der Blick in die Studentinnen-WG klar und scharf wie das Bild in HD. Aber nicht nur die Küche hat ein Zimmer zum Hof. Ebenso eines der WG-Zimmer. Und das liegt genau auf der Höhe des Schlafzimmers meiner Ferienwohnung, maximal zwanzig Meter Luftlinie entfernt, auf der anderen Seite des derzeit kahlen Baumes. Und natürlich hat auch dieses Zimmer keine Vorhänge. Die beleuchtete Wohnung der Schwedinnen hat den Effekt

wie ein Fernseher in einer Bar, oder wie ein Unfall auf der Autobahn: Eigentlich will man nicht hinschauen, tut es aber irgendwie doch.

Die hellen Fenster ziehen den Blick einfach magisch an.
Und so bekomme auch ich an diesem Samstag mit, dass die Brünette wohl noch ein Date hat. Nervös wandert sie durch die
Wohnung, setzt sich an den Küchentisch, nippt an einer Tasse
Kaffee oder Tee, tippt wenige Worte in ein Chatfenster am Laptop, springt wieder auf, verlässt die Küche, um Sekunden später
hinter dem Fenster des anderen Zimmers wieder aufzutauchen
und ihre Garderobe an der Kleiderstange zu mustern.

Während ich am Herd stehe und mir eine Pfanne mit
Lachsnudeln zubereite, schaue ich immer mal wieder – erst unbewusst, dann immer bewusster – über den Hof.

Ist das schon Stalking?, überlege ich kurz und schüttele
dann beruhigt den Kopf. Nein, ich bin mittlerweile halt in dem
Alter, in dem man am Fenster sitzt und die Nachbarschaft beäugt. Trotzdem komme ich mir irgendwie armselig vor.

Mein Essen ist mittlerweile fertig, das ich vor dem Fernseher im Wohnzimmer einnehme. Anschließend stelle ich
mich ans Fenster und rauche. Dabei wandert mein Blick über
den Hof. In der Küche gegenüber scheinen die beiden Blondi-
nen zu lernen. Oder sie surfen im Internet. Jedenfalls sitzen
sie gebeugt über ihren Laptops. Ich schaue auf die Uhr. Kurz
vor zwanzig Uhr. Mit ein paar Freunden bin ich später in
Kreuzberg verabredet. Ausnahmsweise bewege ich mich mal
über die Spree und versacke nicht in Uschis Kneipe. Unten, in
der Ferienwohnung, wird es plötzlich hektisch. Ich vernehme
einen aufgeregten Ruf – und sofort poltern mehrere Paar
Schuhe über die Dielen. Dann herrscht andächtige Stille. Erst
als ich meinen Blick ein wenig nach links über den Hof gleiten

lasse, erahne ich, was die Belgier entdeckt haben: das hell erleuchtete Zimmer der Brünetten. Mein Blickwinkel vom Wohnzimmer aus ist schlecht, aber gut genug, um zu erkennen, dass sie gerade vor einem großen Spiegel ihr Badehandtuch zu Boden hat sinken lassen, um sich der Kleiderstange zu widmen. Intuitiv erfasse ich, was meine Gäste so in Wallung gebracht hat. Und ich befürchte, sie sitzen gerade auf dem Bett im Schlafzimmer wie Hühner auf der Stange. Jeden Moment erwarte ich einen entsetzten Blick der Schwedin zum Fenster, flankiert von einem spitzen Schrei. Kennt man ja aus Filmen. Aber nichts passiert.

Die Kleiderstange der Skandinavierin scheint endlose Kombinationen zuzulassen. Sie muss sich viel von dem Abend versprechen und will anscheinend nichts dem Zufall überlassen. Ich meine, Gekichere aus der Wohnung unter mir zu hören. Und ein verdächtiges Ploppen von Bierflaschen mit Bügelverschluss.

Ich gehe ins Bad, nehme eine heiße Dusche und mache mich fertig für den Abend. Nach einer Viertelstunde betrete ich mein Schlafzimmer, knipse das Licht an. Aus dem Augenwinkel sehe ich das hell erleuchtete Zimmer der Schwedin und traue meinen Augen nicht. Immer noch ist das perfekte Outfit für den Abend nicht gefunden. Ein Blick auf die Uhr sagt mir, dass ich mich sputen muss, will ich pünktlich in Kreuzberg sein. Ich gehe zu meinem Kleiderschrank, entscheide mich zwischen drei Rollkragenpullovern, grau, braun oder schwarz – der graue macht das Rennen. Ich stülpe ihn mir über, Schuhe an, Jacke gegriffen und ab geht es in die Nacht.

Simon und seine Freunde haben sich das Spektakel auf der anderen Seite des Hofes bis zum Ende angeschaut, wie sie mir bei ihrer Abreise erzählen. Dabei wollten sie eigentlich früh aus dem Haus, um gemütlich irgendwo in Mitte in einem Restaurant den Abend einzuläuten. »Aber die Peepshow«, sagt Simon, »konnten wir uns natürlich nicht entgehen lassen.« Und tatsächlich soll die Schwedin sich irgendwann für eine Kombination entschieden haben.

In seiner Bewertung lobt Simon später ausdrücklich Uschis Kneipe im Vorderhaus (»Check out bar Kneipe!«) und das Empfangsbier in der Wohnung. Zum Glück verkneift er sich eine Bemerkung über die Peepshow. Nur ungern hätte ich künftig Männergruppen mit Ferngläsern als Gäste.

KRIEG DER STERNE

Die fünf Sterne von Simon katapultieren mich auf Airbnb wieder ein Stück weiter nach vorne. Sicherlich habe ich das zu einem großen Teil den ahnungslosen Schwedinnen im Vorderhaus zu verdanken. Die Tatsache aber, dass Simon in seinem Kommentar die Willkommensbiere erwähnt hat, scheint dafür zu sprechen, dass die Geste einen bleibenden Eindruck hinterlassen hat. Das erinnert mich an einen Segelurlaub vor vielen Jahren in der Türkei – und bringt mich auf eine Idee.

Seit meinem dreißigsten Geburtstag chartere ich zusammen mit Freunden jedes Jahr im Frühling ein Segelboot irgendwo im Mittelmeer. Angefangen haben wir auf den Balearen und haben uns dann immer weiter gen Osten vorgearbeitet: Sizilien, Kroatien, Griechenland und die Türkei, wo wir schließlich so etwas wie versackt sind. Das Revier ist für uns einfach das schönste im Mittelmeer. Einmal bekam jeder von uns beim Einchecken auf das Boot ein T-Shirt mit dem Logo der türkischen Charterbasis geschenkt. Der Stoff war rot und billig und nach der ersten Wäsche nicht nur farb- und formlos, sondern auch löchrig. Vermutlich hatten kleine Hände in Dhaka die Shirts unter menschenunwürdigen Bedingungen genäht, in Hallen, die Hühnerfarmen ähnelten, bevor der Trend zum Bio-Ei ging. Man brauchte nicht viel Fantasie, um die Nebelschwaden, die aus den ätzenden Farben ausdünsteten, zu erahnen. Aber das war uns in unserer Urlaubslaune vollkommen egal. Wir freuten uns über die nette Geste und trugen die Shirts am ersten Tag auf See voller Stolz. Zumindest für einige Stunden. Dann nahm die schwitzige Haut das Rot der Shirts an. Es sah aus wie ein fieser Ausschlag – und vielleicht war es sogar einer. Trotzdem hatten wir unbewusst die T-Shirts in der rechten Gehirnhälfte abgespeichert, dort, wo die Ordner mit den positiven Erfahrungen versteckt sind. Heute wissen wir zwar nicht mehr, was für ein Schiff wir damals gechartert hatten, aber wir entsinnen uns immer noch an das T-Shirt. Es war einzig und allein die Geste, die uns in Erinnerung blieb. Als wir einige Jahre später wieder in der Türkei segeln wollten, war klar, an welche Charterbasis wir uns wenden würden.

Wie so oft sitze ich unten bei Uschi in der Kneipe, erzähle von den roten Shirts und hirne darüber, was ich tun kann, um »enthusiastische Bewertungen« zu erschleichen, wie Airbnb sie für den Superhost-Status fordert.

»Ey, da reicht 'ne Flasche Wasser«, sagt Uschi. »Du willst doch nicht etwa T-Shirts drucken?«

Natürlich will ich das nicht. Ich bin aber auf der Suche nach der unvergesslichen Geste, die zumindest so lange in Erinnerung bleibt, bis die Bewertung abgegeben ist, und somit mögliche Mängel in den Hintergrund verdrängt.

Vor einigen Monaten, erzählt nun Uschi, sei sie mit ihrer Mutter nach New York geflogen. Gebucht hatten sie ihre

Bleibe – wie sollte es anders sein – über Airbnb. Die Reise war lang, die Hitze hatte Brooklyn fest im Griff und ihre Kehlen waren vertrocknet wie die einsame Sonnenblume auf dem Balkon meines Nachbarn. Als sie in der Wohnung ankamen, war da eine große Flasche Wasser im Kühlschrank. »Das war so geil«, sagt Uschi. »Ein einfaches Wasser, mehr nicht.«

Da in Berlin, anders als in vielen Großstädten auf dem Globus, das Wasser aus dem Hahn durchaus trinkbar und, wie manche sagen, sogar schmackhaft ist, schien mir die Wasserlösung etwas spartanisch, um Hochgefühle auszulösen. Außerdem ist es in Berlin auch nur an wenigen Tagen des Jahres so heiß, dass die Gäste halb verdurstet die Wohnung erreichen. Im Gedanken gehe ich meine Aufenthalte in Ferienwohnungen durch und versuche mich daran zu erinnern, was mich gestört und vielmehr begeistert hat. Als Erstes fallen mir ganz banale Dinge ein. Wie fehlendes Salz und Pfeffer. Manch einer wird das kennen: Man kommt für ein verlängertes Wochenende in der Ferienwohnung an, hetzt kurz vor Ladenschluss in den Supermarkt, wirft gedankenlos alles Mögliche und Unmögliche in den Einkaufswagen und vergisst aber die kleinen Essentials. Erst am nächsten Morgen, das Spiegelei brutzelt bereits verführerisch in der Pfanne, sucht man panisch in allen Schränken nach Salz und Pfeffer. Doch da ist: nichts! Nichts außer einem vergessenen Teebeutel in einer vergilbten Papierhülle und vielleicht zwei Stück Würfelzucker vom letzten Cafébesuch des vorletzten Gastes. Mist! Das Ei schmeckt fade, der Start in den Kurzurlaub ist zwar nicht versalzen, aber trotzdem versaut. Es darf also nie an Salz und Pfeffer in der Küche fehlen. Das ist Lektion eins.

Lektion zwei: Spülmittel, ein frischer Schwamm und eine Rolle Küchenpapier sind ebenso ein Muss in der Grundausstattung wie Klopapier. Und zwar genügend für ein Wochenende. Und auch nicht das billigste. Zarte Streicheleinheiten am Allerwertesten werden durchaus positiv vermerkt. Diese Basics, das beschließe ich, müssen immer vorhanden sein. Doch das ist noch nicht die Geste, die in Erinnerung bleibt. Niemand wird denken: »Geil, die haben hier sogar Salz!« Oder: »Wow, tolles Klopapier!« Kein Mensch wird nach seiner Rückkehr euphorisch seinen Freunden erzählen, dass nicht eine, auch nicht zwei, nein, sogar drei Rollen vierlagiges Klopapier im Bad gestanden haben. Dabei liegt es in der Natur der Menschen, von ihren Reisen zu schwärmen, um den Neid der anderen zu wecken. Ansonsten hätte Instagram gerade einmal drei bis zwölf Nutzer. Aber wehe, der Gast sitzt auf dem Lokus und fragt sich: »Verdammt noch mal, ist hier wirklich nichts zum A...abwischen?«

Ich überlege weiter. Welche Basics sind noch unabkömmlich? Kaffee, ja unbedingt. In den meisten Ferienwohnungen steht eine einfache Kaffeemaschine, die langsam vor sich hin röchelt und die schwarze Brühe grunzend in die Kanne spuckt. Da vor der Anreise aber meist nicht klar ist, ob überhaupt und wenn ja, welcher Automat in der Küche steht, fällt die Vorbereitung schwer. Welchen Kaffee soll man kaufen? Pads? Oder eine bestimmte Art von Kapseln? Filterkaffee? Und wenn ja, sind Filter in der Wohnung? Wenn nein, welche Größe müssen sie haben? Entweder vergisst man generell den Einkauf von Kaffeefiltern oder man hat die falschen besorgt. Sind sie zu klein, läuft der Kaffeesatz in die Kanne, sind sie zu groß, kann man sie zwar falten, aber dann wird aus dem sowieso nur schmalen Rinnsal eine Tröpfcheninjektion. Und ein Morgen ohne Kaffee ist ein verlorener Morgen. Das geht jedenfalls mir so – und wahrscheinlich auch den meisten Mitmenschen. Für Kaffee muss also stets gesorgt sein. Lektion drei.

Die Ferienwohnung statte ich daher mit einer Senseo-Maschine samt einer ganzen Menge an Pads aus. Zusätzlich stelle ich noch meine alte Siebträgermaschine in die Küche, ein matt glänzender klobiger Kasten aus Edelstahl, der aber immer noch in der Lage ist, eine leckere Crema auf den Espresso zu zaubern und Milch aufzuschäumen. Für die Teetrinker lümmeln ein paar Beutel in einer dekorativen Blechdose.

In einem kleinen Möbelgeschäft hatte ich zudem ein hübsches großes Glas mit Bügelverschluss entdeckt, ein überdimensioniertes Einmachglas mit dem gefrästen Schriftzug »Cookies«. Eigentlich hatte ich es für meine Wohnung gekauft, wusste aber am Ende doch nicht, wohin damit. Außerdem birgt ein Keks-Vorrat in den eigenen vier Wänden ein zu großes Risiko: Sind die Kalorienbomben einmal im Haus, werden sie sofort verputzt. Und nicht nur ein Keks, sondern alle, und das in extrem kurzer Zeit. Ich rede von Minuten, nicht von Tagen. Kurzfristig führt das zu einem äußerst schlechten Gewissen und langfristig zu einem ordentlichen Wulst über dem Gürtel. Ich habe nie verstanden, wie Leute es schaffen, eine Tafel Schokolade anzubrechen, zwei, maximal drei Stückchen zu genießen und dann die Tafel wieder wegzupacken. Dieser Schwäche bewusst, fristete das Cookie-Glas ein inhaltsleeres, verstaubtes Leben auf einer Vitrine.

Als ich eines Tages im Discounter aber diese großen Pakete zum kleinen Preis mit zuckrigem Schwedengebäck sehe, hatte ich eine Idee: Warum nicht das Glas mit den günstigen Keksen füllen und in die Ferienwohnung stellen? Als kleine Aufmerksamkeit zu Kaffee oder Tee. Die Idee kam gut an. So gut, dass manche Gäste bereits nach zwei Tagen das große Glas bis auf ein paar traurige Krümel leer futterten. Andere Gäste naschten der Höflichkeit halber nur einen oder zwei der

Kekse, verstanden aber offensichtlich nicht die Funktion des luftdichten Deckels, der, ist er geschlossen, die Kekse frisch und knusprig hält. Ist er aber offen, verwandelt sich der süße Keks binnen weniger Tage in eine breiige Masse, gerade noch gut genug für die Biotonne im Hof. Das ging mir so auf den Keks, dass ich das Glas nach einigen Wochen im Schrank verschwinden ließ. Nur noch selten hole ich es zum Zweck der Bestechung hervor: dann, wenn Familien mit Kindern anreisen.

Für alle anderen beschränke ich mich auf Kaffee und Tee als Extraleistung. Damit die Gäste diese aber auch zu würdigen wissen, arbeite ich bei der Einweisung der Wohnung gezielt auf die Kaffee-Flatrate hin. Beiläufig soll es wirken, nicht aufgesetzt. Und so erkundige ich mich lediglich danach, ob sie wissen, wie die beiden Maschinen zu bedienen sind. Dabei weise ich auf den reichlich vorhandenen Kaffeevorrat hin. Aus eigener Erfahrung weiß ich, dass ein nie versiegender Kaffeequell mir immer ein Lächeln ins Gesicht gezaubert hat, wenn ich der Gast war. Aber reicht das für »enthusiastische« Gefühlsausbrüche? Ich bin mir nicht sicher. Aber allein, dass zwei Kaffeemaschinen in der Küche stehen, bemerken einige der Gäste schon anerkennend und erwähnen den Luxus in den Bewertungen ausdrücklich. Die Kaffee-Flatrate sowieso. Es muss also Eindruck hinterlassen.

Für den vollendeten Kaffeegenuss benötige ich persönlich Milch. Wahrscheinlich geht es einem Großteil der Kaffeetrinker nicht anders. Stelle ich aber einen Liter Milch in den Kühlschrank, wird der Service vermutlich zusammen mit der Kaffee-Flatrate im Hinterkopf abgespeichert – und nicht genügend Würdigung finden. Also frage ich beiläufig die Gäste, ob sie ihren Kaffee mit Milch bevorzugen. Nicken sie, verschwinde ich kurz ein Stockwerk höher in meiner Wohnung, lasse wenige Minuten verstreichen (damit der Aufwand größer erscheint) und komme mit einem Liter Milch zurück. Der Köder ist ausgeworfen. Freudig wie ein Fisch im Wasser, der den Wurm auf dem Haken entdeckt, schnappen die Gäste zu. Sie strahlen, bedanken sich. »Das wäre doch nicht nötig gewesen.« Dabei ist es genau das. Das kleine bisschen Extra-Engagement, um in der rechten Gehirnhälfte abgespeichert zu werden. Der Weg zu den fünf Sternen ist dann nicht mehr weit. Schließlich zählt der erste Eindruck.

Und was mit Kaffee klappt, klappt mit Alkohol erst recht. Auch das ist eine Erfahrung aus den Segelurlauben. Zur Begrüßung am ersten Tag, selbst wenn es noch früh ist, gibt es meist das obligatorische »Anlegebier« – selbst wenn man noch gar nicht abgelegt hat. Mal steht das Bier einfach im Kühlschrank, mal stößt man mit dem Mann oder der Frau von der Charterbasis bei der Bootsübergabe an. Und so mache ich es auch. Bier für Männer, Sekt bei Frauen. Bei Paaren eine Flasche Wein. Für Familien mit kleinen Kindern müssen die Kekse reichen.

◆ ◆ ◆

Mein Nebenjob als Hobby-Hotelier läuft hervorragend an. Die Horrorgeschichten, von denen ich gehört und gelesen habe, wähne ich im Reich der Mythen. Meine Befürchtungen, nach jeder zweiten Buchung die Bude renovieren zu müssen, verfliegen nach und nach. Wahrscheinlich bin ich bloß ein Airbnb-Hypochonder. Es ist wie mit dem Googeln nach Krankheiten. Wer sucht, der findet. Statt schlechter Erfahrungen sammle ich neue Kontakte. Ich lerne Menschen aus allen Teilen der Welt kennen. Ein wenig fühlt es sich an wie das Sommermärchen 2006 – die Welt zu Gast bei Freunden. Die meisten

Besucher sind ausgesprochen nette Menschen, interessante Leute, vielfach aus Europa, anfangs oft aus Frankreich und Belgien, und natürlich aus Deutschland. Eine bunte Mischung an Konstellationen zieht für ein paar Tage in meiner Ferienwohnung ein. Pärchen, Freunde und Familien. Und mindestens einmal, glaube ich, eine heimliche Affäre. Er trägt einen Ehering, sie nicht. Ihn schätze ich auf Mitte bis Ende fünfzig ein, sie vielleicht halb so alt. Er sagt, er kommt aus Wiesbaden. Sie besteht darauf, in Nürnberg zu wohnen. Er verdreht die Augen. Sie lächelt frech.

Die Rolle als Herbergsvater gefällt mir. Es interessiert mich, zu sehen, wie die Gäste auf die Wohnung reagieren. Es freut mich, wenn sie ihnen gefällt. Ich grinse in mich hinein, wenn ich feststelle, dass die Methode der subtilen Bestechung in Form von Kaffee kombiniert mit Milchlieferservice und ein wenig Alkohol aufgeht. Einige der Gäste treffe ich in Uschis Kneipe wieder. Wir trinken Bier zusammen, kickern und haben Spaß. Meine Bedenken, die ich anfangs hatte, sind wie weggeblasen. Dann kommt Nadav.

KÜCHENSCHLACHT

Nadav lebt in der Nähe von Tel Aviv. Wie bei vielen jungen Israelis steht auch bei ihm und seinen Freunden ein Besuch in Berlin ganz oben auf der To-do-Liste. Ich freue mich über die Anfrage aus Nahost. Ich habe selbst knapp zwei Jahre in der Region gelebt, war Dutzende Male in Tel Aviv, habe tagsüber am Strand gelegen oder in Cafés gesessen und nachts in Bars und Clubs gefeiert. Die Lebenseinstellung der jungen Israelis und deren Aufgeschlossenheit gegenüber Fremden hat mich immer begeistert. Selbst gegenüber Deutschen, zumal wenn die, wie ich damals, in der Westbank studiert haben. Die Gabe, auf einem Pulverfass zu tanzen und an der glühenden Lunte sich die nächste Zigarette anzuzünden, hat mich fasziniert. Und mehr noch die atemberaubende Attraktivität der jungen Israelinnen. Für mich ein klares Zeichen, dass es wirklich ein von Gott auserwähltes Volk gibt.

Als Nadav mich anschreibt, ist sein Airbnb-Profil noch nackt. Kaum Infos und auch kein Bild. Und so hoffe ich für einen kurzen Moment, dass Nadav vielleicht ein Frauenname ist. Google lässt die Hoffnung aber wie eine Seifenblase platzen. Nadav heißt »der Freigiebige«, erfahre ich, und ist definitiv ein maskuliner Vorname. Mist. Aber egal, immerhin wollen Nadav und seine Freunde acht Tage bleiben. Acht Tage! So lange hatte ich die Wohnung noch nie vermietet. Damit ist ein weiterer Monat bereits finanziert.

Nadav scheint nicht gerade eine Leseratte zu sein. Die Beschreibung der Wohnung beginnt mit den Worten: »Friedrichshain – mehr Berlin geht nicht«. Auch die Karte, auf der die grobe Lage gekennzeichnet ist, zeigt ziemlich klar den Stadtteil. Seine erste Frage aber ist: »Hallo, wir würden gerne die Wohnung mieten. Liegt sie in der Nähe von Friedrichshain? Und wie teuer ist sie?« Ich erkläre Nadav, dass die Wohnung mitten in Friedrichshain liegt und der Preis pro Nacht 79 Euro beträgt. So wie es die große Zahl auf der Website suggeriert. »Ja«, antwortet Nadav nach einiger Zeit. »Schon klar. Aber was ist der letzte Preis?«, will er wissen.

Vor meinem inneren Auge sehe ich mich wieder auf dem Carmel-Markt in Tel Aviv. Menschenmassen drängen sich durch die engen und dunklen Gassen, vor den Ständen türmen sich mannshoch Obst und Gemüse, es duftet nach Gewürzen und süßem Gebäck. Händler brüllen ihre Angebote in die Menge, dagegen wirkt Aale-Dieter vom Hamburger Fischmarkt wie ein dreizehnjähriger Knirps im Stimmbruch. In meinen zwei Jahren Nahost-Erfahrung habe ich viel gelernt. Feilschen gehört leider nicht dazu. Zwar wurde ich von Mal zu Mal etwas besser, das redete ich mir jedenfalls ein. Aber obwohl ich den Verkäufern mit den fast feuchten Augen nicht wirklich glauben wollte, dass sie nicht wüssten, wie die achtköpfige Familie zu ernähren sei, weil ich deutlich weniger bezahlen wollte, ließ ich mich auf deren Preis ein. Ich glaube, es waren Freudentränen gewesen, weil der Naivling sich so einfach hat übers Ohr hauen lassen.

Nadav, der »Freigiebige«, will also schachern. Was sich seine Eltern bei der Namenswahl wohl gedacht haben? Aber ich steige in den Ring, hebe den Fehdehandschuh auf und mache mein erstes Angebot. Ich zeige mich gewillt, die Kosten für die Endreinigung zu erlassen. Ganze 35 Euro. Nadav ringt das wahrscheinlich nur ein müdes Lächeln ab. Sie könnten maximal 500 Euro für die acht Nächte ausgeben, lautet sein Gegenangebot. Zumindest hat er nicht bei der Hälfte der ursprünglichen 667 Euro angefangen.

»Das ist zu wenig«, tippe ich. Ausgefuchst wie ich bin, biete ich ihm sieben Nächte für 500 Euro an. Nadav hat das Prinzip des Feilschens anscheinend nicht verstanden. Oder er ist ein Meister seines Fachs. Statt eines weiteren Angebots schreibt er: »Wir haben die Flüge schon gebucht. Dann müssen wir nach einer anderen Wohnung suchen.« Verdammt!

Das Feilschen am Computer macht ohnehin keinen Spaß, weil es sich über Stunden hinzieht, ehe die E-Mail mit Nadavs Antwort bei mir eintrudelt. Wahrscheinlich ist das seine Zermürbungstaktik. Zudem ist es schon spät am Abend. Also willige ich ein. Immerhin ist die Bude dann für acht Tage belegt, rede ich mir die Schmach beim Schachern schön.

Nadav ist zufrieden. Zumindest, was den Preis anbelangt. »Bevor wir buchen: Ist die Wohnung da, wo auch die Clubs sind? Und wie lange geht man nach Mitte?« Ich erkläre Nadav, dass einige Clubs in Friedrichshain nur wenige hundert Meter entfernt seien. »Mitte« sei allerdings eine etwas ungenaue Angabe, da der Stadtteil sehr groß sei. Mit der S-Bahn seien es aber nur drei Stationen bis zum Alexanderplatz, vier zum Hackeschen Markt. »Alles unter zehn Minuten erreichbar.«

Nadav reicht die Antwort nicht. »Und wie lange geht man zu Fuß?«, will er wissen. Ich erwäge kurz, ihm einen Link zu Google-Maps zu schicken, entscheide mich aber dann doch für die einfachere Variante: »Zwanzig Minuten«, texte ich pauschal in Ermangelung einer genaueren Beschreibung, wohin genau Nadav in Mitte *gehen* will. Zwanzig Minuten klingt machbar.

»Und wie lange geht man zu den Clubs?«, bohrt er weiter. Langsam wird der Gute anstrengend. Vor allem, weil ich ihm ja bereits zu verstehen gegeben habe, dass einige Clubs nur wenige hundert Meter entfernt seien. Außerdem ist es bereits nach Mitternacht – und ich bin entsprechend müde. Meine Antworten werden kürzer und ruppiger. »Fünf Minuten«, erwidere ich.

»Ist die Wohnung groß genug für vier Leute«, will er als Nächstes wissen. Zweifel tauchen auf. Nadav ist anscheinend komplett verpeilt. Alle diese Infos sind im Profil nachzulesen. Ebenso, wie viele Schlafmöglichkeiten die Wohnung hat. Unter einem Symbol, das stark nach einem Bett aussieht, steht eine große Zahl: 4. Auch neben dem Strichmännchen und Strichweibchen ist deutlich zu erkennen: 4. Und das gleich ganz oben im Inserat. Wenn Nadav nicht einmal die Basisdaten im Profil der Wohnung gelesen hat, dann hat er wohl auch nicht die Hausregeln wahrgenommen. Eine dunkle, düstere Ahnung beschleicht mich. Und wenn ich seine Fragen nach der Nähe zu den Clubs richtig deute, fallen er und seine Kumpels mit ziemlicher Sicherheit in die Kategorie »Partytouristen«. Für Nadav scheint das Nachtleben mehr Bedeutung zu haben als Nofretete. Also schreibe ich: »Die Wohnung hat eine super Lage, wenn man Party machen will. Aber eines vorweg: Die Party findet nicht in der Wohnung statt! Das ist ein ruhiges Haus.« Fast erschrecke ich mich vor dem Spießer in mir.

»OK«, antwortet Nadav. Worauf sich das bezieht, erschließt sich mir nicht wirklich. Okay, wir sind leise. Oder okay,
wir wollen buchen. Die Antwort trudelt wenige Minuten später ein. Jetzt will Nadav wissen, wie das eigentlich mit dem
Buchen läuft. Und überhaupt, wie kommen sie an die Schlüssel? Es ist mittlerweile kurz nach eins, worauf ich Nadav zaghaft hinweise. Auch darauf, dass der gesamte Buchungsprozess
über Airbnb laufe, ich ihm Details in Anbetracht der fortge-
schrittenen Stunde aber erst am nächsten Morgen erklären
könne. Oder er macht sich einfach selbst mit dem Prozedere
vertraut, ergänze ich. »Steht alles auf der Website.« Seine Antwort: »OK. Bis morgen.«

Die lange E-Mail, die ich Nadav am nächsten Tag gleich
nach dem Aufstehen schreibe, bleibt stundenlang unbeant-
wortet. Er scheint einen etwas anderen Lebensrhythmus zu haben als ich. Am Nachmittag ist er dann wieder in Hochform.
»Hey Jens, wir würden die Wohnung gerne buchen. Wir zahlen
später am Tag. Wir landen um zehn Uhr vormittags. Wie kommen wir zum Apartment? Und gibt es eigentlich Wi-Fi?«

Ich erkläre, dass es in Berlin zwei Flughäfen gibt, recher-
chiere aber schon mal, wie die Jungs von beiden Flughäfen zur
Wohnung gelangen können. Und natürlich gebe es WLAN,
schreibe ich ihm. Das stehe ja auch im Profil. Dahinter setze
ich einen Smiley.

Am nächsten Morgen sende ich die nächste Nachricht
nach Israel. »Hi Nadav, ihr habt die Wohnung noch nicht gebucht. Gibt es technische Probleme? Oder habt ihr es euch
anders überlegt?« Mittlerweile hoffe ich sogar, dass sie eine
andere Bleibe gefunden haben. Der Wunsch bleibt ungehört.
Ein paar Stunden später antwortet Nadav, dass sie keine Kreditkarte haben und das Geld erst an Airbnb überweisen müs-

sen. »Das dauert achtundvierzig Stunden. Aber du hast doch die Wohnung freigehalten?«

»Ja«, antworte ich. Vorsorglich erwähne ich, dass er doch so nett sein möge, mir mitzuteilen, wenn sich ihre Absicht, die Wohnung zu buchen, ändern sollte. Keine Antwort. Wenige Tage später sehe ich, dass der Buchungsvorgang abgeschlossen ist. Ich weiß nicht, ob ich mich darüber freuen soll.

Erst kurz vor der Anreise meldet Nadav sich wieder. Er hat da mal eine Frage: »Welche Möglichkeiten gibt es, Busse und Bahnen in Berlin umsonst zu nutzen?« Ich schicke ihm einen Link zu den Berliner Verkehrsbetrieben, bereite ihn aber gleich darauf vor, dass ich noch nie im Leben davon gehört habe, dass solche Möglichkeiten des kostenfreien Transports in Berlin existieren. Kurz überlege ich, ob ich die Jungs vom Flughafen abholen soll, verwerfe aber den Gedanken. Obwohl ich daran zweifele, dass sie trotz akribisch genauer Beschreibung den Weg vom Flughafen zur Wohnung finden werden. Aber das soll nicht mein Problem sein. Ich frage mich, ob die vier bereits beim Militär waren. Ich hoffe nicht. Nicht auszudenken, was passieren würde, wenn sie bei einem Marschbefehl in die komplett falsche Richtung losrennen würden. Ich erinnere mich an die Anekdote vor ein paar Jahren, wie israelische Rekruten ein geheimes Manöver haben auffliegen lassen, weil sie sich in ihr Versteck Pizza liefern ließen. So verpeilt, das könnte glatt Nadav gewesen sein, schießt es mir durch den Kopf.

Wider Erwarten bewältigen Nadav und seine drei Freunde aber den Weg nach Friedrichshain. Mit ihren schwarzen Sonnenbrillen und langen Mänteln über engen T-Shirts erinnern sie mich ein bisschen an eine dünnere Version von Robbie Williams in dem Take-That-Video zu »Back For Good«. Ihre betont lässige Art täuscht aber nicht über eine gewisse

Unsicherheit hinweg. Die Möchtegern-Boyband, erfahre ich, hat die Schule gerade beendet und will nun die Welt erkunden, bevor sie zum Militärdienst eingezogen wird. Konkret heißt das: Party machen in Berlin. Nadav war also doch nicht der Pizzabesteller in Uniform. Ich zeige ihnen die Wohnung, erkläre Wasch- und Spülmaschine, den Herd. Demonstriere, wie sie das Sofa im Wohnzimmer zum Bett umfunktionieren können, wo das Bettzeug ist. Das alles scheint wenig Beachtung zu finden. »Und das Wi-Fi-Passwort?«, fragt Nadav nach einiger Zeit nervös. Ich zeige auf einen Zettel auf dem Wohnzimmertisch. Wie die Geier kreisen nun alle vier um den Zettel und tippen die Kombination aus großen und kleinen Buchstaben und einigen Zahlen in ihre Smartphones. Wenige Sekunden später beginnt das Konzert der verpassten Nachrichten. Das Fiepen und Schrillen erinnert mich an einen Flipperautomaten. Für Nadav und seine Freunde muss es wie Musik klingen. Sie strahlen und sind deutlich entspannter. Die Welt hat sie wieder.

Wir quatschen noch ein bisschen. Über Berlin. Und über Israel. Die vier sind zunächst erstaunt, dass ich mich in ihrer Heimat recht gut auskenne, nach Bars und Clubs frage, in denen sie noch nie gewesen sind. Und dann sind sie irritiert bis entsetzt. Darüber, dass ich nicht in Tel Aviv gewohnt habe, sondern in einem arabischen Dorf im Westjordanland. »Bei den Arabern?«, fragt einer. Große Augen starren mich an. Ich nicke. »Puh«, sagt ein anderer von Nadavs Kumpels. »Das ist gefährlich. Lebensgefährlich.« Ich wiegele ab: »Nein, nicht wirklich.« Und erkläre, dass ich in Ramallah studiert habe. Zwei Semester. Ende der Neunziger. »Da war es vielleicht noch friedlicher«, sage ich zur Beruhigung. Ich überlege kurz. Nein, war es eigentlich nicht.

Mein israelischer Besuch mustert mich immer noch skeptisch. Ich frage mich, ob es vielleicht Bewunderung ist, die ich in den Blicken sehe. Dann, nachdem ich die nächste Anekdote erzählt habe, bin ich mir ziemlich sicher, dass es Unbehagen ist. Vielleicht hätte ich einfach die Geschichte für mich behalten sollen, wie ich im Gazastreifen den Hamas-Gründer getroffen habe, einen alten Mann im Rollstuhl, der von den Israelis damals als Top-Terrorist gesucht und später mit einer Rakete pulverisiert wurde. Meine Anekdote entpuppt sich jedenfalls als Stimmungskiller.

Die vier schauen sich verdutzt an. Wo sind sie nur gelandet? Zum Partymachen sind sie nach Berlin gekommen und mieten ausgerechnet die Bude von einem Typen, der nicht nur bei den Palästinensern gelebt, sondern sich auch bei der Hamas im Gazastreifen rumgetrieben hat. In dieser Situation hilft nur noch Bier. Ich gehe kurz nach oben in meine Wohnung und greife nach dem vorbereiteten Sixpack im Kühlschrank. Das Foto, auf dem ich neben dem Rollstuhl mit Scheich Ahmed Yassin, dem Hamas-Gründer, in einem Flüchtlingslager im Gazastreifen sitze, lasse ich dann doch lieber in der Schublade.

Mit dem Bier tauen die Jungs wieder ein bisschen auf. Das übliche Frage-Antwort-Spiel beginnt. Wo denn der nächste Supermarkt sei, wollen sie zuerst wissen. Dass am Sonntag kein Supermarkt in der Umgebung geöffnet hat, stürzt sie in eine mittlere Krise. Ich erkläre, wo sie günstig essen gehen können. Aber das wollen sie nicht. Zu teuer. Auch Falafel bei dem Syrer um die Ecke, den ich wärmstens empfehle, halten sie für keine so gute Idee. »Zu einem Syrer? Auf gar keinen Fall!«

Nadav und seine Kumpels erweisen sich als nette Typen. Immer wenn ich sie im Treppenhaus oder auf der Straße treffe, quatschen wir ein bisschen. Sie scheinen ihren Urlaub zu genießen. Die anfängliche Unsicherheit haben sie schnell abgelegt. Schon nach wenigen Tagen fühlen sie sich ganz wie zu Hause. Vielleicht sogar ein bisschen zu sehr.

Als eines Tages mein Blick vom Innenhof auf ihren Balkon fällt, zuckt wieder der Spießer in mir. Offensichtlich haben sie ihre Wäsche gewaschen, sind aber anscheinend nicht mit dem Konstrukt vertraut, das wir Wäscheständer nennen und das ich ihnen in der Kammer gezeigt habe. Da bin ich mir ganz sicher. Denn bei jeder Wohnungsführung zeige ich ganz subtil, was sich hinter der Tür im Flur versteckt, nämlich Staubsauger, Wischmopp und Reinigungsmittel. Und eben auch der Wäscheständer. Aber irgendwie ziehen Nadav und seine Kumpel es vor, ihre T-Shirts und vor allem Unterhosen zum Trocknen über die staubige Brüstung des Balkons zu hängen, selbst auf die Gefahr hin, dass schon bei dem leisesten Windzug ihre bunten Buchsen wie ein Fallschirm in den Innenhof schweben. Aber gut, was will man machen? Die Nachbarn werden den Anblick schon verkraften. Und vielleicht bin ich ja der Einzige, der sich daran stört.

Zwar kann ich die Augen verschließen, aber nicht die Ohren. Schade, denke ich, dass ich damals kein Hebräisch gelernt habe. Die Israelis reden so laut, dass ich jedes Wort durch die Decke verstehen könnte. Aber auch so bekomme ich mehr mit, als mir lieb ist. Es besteht nie ein Zweifel, ob meine Gäste gerade in der Wohnung sind oder nicht. Jeder Tritt mit schwerem Schuhwerk auf den blanken Dielen poltert durch das Gewerk. Zudem versuche ich mich zu erinnern, ob die Türen in Israel wirklich keine Klinken hatten. Nach kurzem Nachdenken bin ich mir jedoch ziemlich sicher, dass ich welche gesehen habe. »Aber warum benutzen sie die dann nicht?«, überlege ich, während von unten wieder eine Tür in den Rahmen scheppert.

Ich weiß nicht, was mich mehr aufregt. Das Trampeln, das Türenscheppern oder das vernehmliche Palaver, besonders abends auf dem Balkon. Jedes Wort hallt im Innenhof, weshalb die meisten Bewohner eher flüstern, wenn sie im Hof sitzen. Oder regt es mich nur auf, dass ich mich aufrege? Denn weder ist die Musik übertrieben laut, noch hört es sich nach einem wilden Gelage an. Dennoch geht mir durch den Kopf, die Bluetooth-Box, die ich ins Wohnzimmer gestellt habe, wieder einzukassieren, bevor die nächsten Gäste, die ich in die Schublade »Partytouristen« stecke, eintreffen. Kein Lautsprecher, keine laute Musik. So einfach ist das. Dann müsste ich mir jetzt auch keine Gedanken über Schallwellen machen.

Ich versuche, mich an den Physikunterricht in der Schule zu erinnern. Hatten wir Schallwellen überhaupt durchgenommen? Ich frage mich, wie sie sich in Wohnungen ausbreiten? Ist es über dem Epizentrum lauter oder darunter? Klar, das Trampeln auf den Dielen wird unten noch lauter sein. Aber wie verhält es sich mit Stimmen? Als ich noch unten wohnte, habe ich von der Wohnung über mir kaum etwas mitbekommen. Ich werde aus den Gedanken gerissen. Rumms. Wieder scheppert eine Tür. Diesmal ist es die Wohnungstür. Im Treppenhaus geht das Licht an. Poltern auf den Stufen, lautes Reden, Lachen. Was ich nicht höre, ist ein Schlüssel im Schloss. Hatte ich vergessen, die Jungs darauf hinzuweisen, dass es besser wäre, die Tür abzuschließen, wenn sie das Haus verlassen? Höchstwahrscheinlich. Aber eigentlich bin ich davon ausgegangen, dass auf diese tollkühne Idee jeder von selbst kommen sollte. Aber vielleicht bin ich da besonders paranoid. Ich schließe die Tür immer ab. Selbst wenn ich zu Hause bin. Mittlerweile ist das ein

Automatismus. Reingehen, abschließen. Schlüssel von innen stecken lassen.

Bis zu jenem Tag im Sommer vor einem Jahr war das noch anders. Es war der Tag, an dem ich mich selbst aussperrte. In der einen Hand die Mülltüte, in der anderen einen Coffee-to-go-Becher für den Weg zur Arbeit, hatte ich schlicht vergessen, den Schlüssel abzuziehen. Kann ja mal passieren. Erst als ich zusperren wollte, bemerkte ich, dass der Schlüsselbund wohl noch im Schloss hängt. Dummerweise auf der anderen Seite der Tür. Ich war kurz davor, den Schlüsseldienst anzurufen, aber dann erinnerte ich mich an diverse Krimis im Fernsehen, bei denen der Kommissar mit einer Scheckkarte die Tür geöffnet hat. Also kramte ich in meinem Portemonnaie nach einer Karte, entschied mich für den bald ablaufenden Presseausweis und schob ihn zwischen Tür und Rahmen. Nachdem ich bemerkt hatte, dass der Schnapper nicht in Höhe des Schließzylinders sitzt, sondern deutlich darüber, war es ein Leichtes, die Tür mit der Plastikkarte zu öffnen. Erst war ich erleichtert, dann entsetzt. So einfach geht das? Zum ersten Mal war der Presseausweis wirklich ein Türöffner.

Vorsichtshalber zog ich den Schlüssel aus dem Schloss auf der Innenseite der Tür. Irgendwie hoffte ich, dass mein kleiner Einbruch ein »lucky punch« war, nicht mehr als Anfängerglück. Doch je häufiger ich es versuchte, die Tür mit der Karte zu öffnen, umso einfacher ging es. Am Ende war ich mit der Karte fast schneller als mit dem Schlüssel, musste ich doch nicht erst den kleinen Schlitz am Zylinder treffen. Karte zwischen Tür und Rahmen, nach oben fahren, einmal Hebeln, auf.

Nachdem ich sehe, dass die Boyband den Innenhof verlassen hat, schlurfe ich in meinen Hausschuhen eine Etage tiefer und verriegele die Wohnungstür mit dem Reserveschlüssel.

Sicher ist sicher. Damit die Jungs das auch im angetrunkenen Zustand bei ihrer Rückkehr bemerken, schließe ich sogar mit zwei Umdrehungen ab. Die vier wollen anscheinend Party machen, es ist kurz nach zweiundzwanzig Uhr, als sie losziehen. Gegen drei Uhr sind sie zurück. Wieder fliegt eine Tür in den Rahmen. Das Scheppern reißt mich aus dem Schlaf.

Am nächsten Morgen setze ich mich an meinen Laptop und schreibe Nadav eine E-Mail: »Hey Jungs, eine Bitte, gestern Abend war es etwas laut. Bitte denkt dran, dass die Wände in diesen alten Häusern dünn sind. Wenn ihr die Türen knallt, fällt in einem anderen Stockwerk jemand aus dem Bett. Wenn ihr auf dem Holzboden trampelt, hört man das im ganzen Haus.« Nadav entschuldigt sich später und gelobt Besserung. Und wirklich geben sie sich Mühe.

Am Tag vor ihrer Abreise kontaktiert er mich wieder. Ihr Flieger geht erst am Abend. Wo sie denn ihr Gepäck lassen können, sie würden es gegen neunzehn Uhr abholen. Da die Wohnung nicht gleich wieder vermietet wird, gestatte ich ihnen, bis zum Abend zu bleiben. Sie sollen den Schlüssel dann zu mir hochbringen. Oder, falls ich nicht da sein sollte, in meinen Briefkasten werfen. Der geschenkte halbe Tag war bislang immer ein kluger Schachzug. Zum einen schlug sich das in einer positiven Bewertung nieder, zum anderen nutzten die Gäste die gewonnenen Stunden oft zum Putzen. Eine Hand wäscht eben die andere. Oder im besten Fall: das Badezimmer.

Gegen vier höre ich Stimmen aus dem Hof. Gut gelaunt kommt die Gruppe vom Shoppen zurück. Jeder von ihnen hat mehrere Tüten der Billigmarke Primark in der Hand. Ob der Schnäppchen scheinen die Jungs vergnügt. Ich höre Türen klappern, Palaver und warte auf das Summen des Staubsaugers. Und warte und warte und warte. Pünktlich um neunzehn Uhr wird es wieder laut im Treppenhaus. Rumms. Die Haustür fällt ins Schloss. Schritte. Stimmen. Ich schalte den Fernseher aus, quäle mich von meinem Sofa. Jeden Moment wird es klingeln und Nadav mir die Schlüssel übergeben. Aber die Klingel bleibt stumm. Stattdessen höre ich, wie die Tür vom Hof zum Vorderhaus ins Schloss fällt. Dann ist es ruhig. Einzig eine Krähe krächzt im kargen Baum.

Komisch, denke ich, Nadav sollte mir doch den Schlüssel hochbringen. Als ich aus dem Fenster schaue, sehe ich niemanden. Nur als ich mich weiter herauslehne, entdecke ich, dass in der Ferienwohnung Licht brennt. Nicht in einem Zimmer. Nein, überall. Wohnzimmer, Schlafzimmer, Küche und selbst im Bad. Na ja, dann können sie ja noch nicht weg sein, denke ich. Eine Stunde später wundere ich mich dann doch. Aus der Wohnung unter mir ist nichts zu hören. Keine Stimmen und vor allem kein Türschlagen. Und schon gar kein Staubsauger. Merkwürdig. Also schleiche ich durchs Treppenhaus zum Briefkasten. Tatsächlich, die Schlüssel liegen darin.

Vom Treppenhaus aus inspiziere ich die Fenster der Ferienwohnung. Immer noch brennt in der ganzen Wohnung Licht. Vorsichtshalber klingele ich an der Tür. Nichts. Also schließe ich die Wohnung auf. Selbst die Kammer mit dem Staubsauger ist erleuchtet, der Flur natürlich auch. Als ich die schwere Holztür zum Wohnzimmer öffne, schlägt mir eine Hitzewelle ins Gesicht – und das bei gekipptem Fenster. Das Thermostat ist voll auf Anschlag gedreht. 28 Grad, mehr geht nicht. In der Küche rauscht die Gasetagenheizung, sie brennt auf höchster Flamme und röchelt unerlässlich heißes Wasser in die Rohre. Es ist ein endloser Kampf gegen das offene Fenster mitten im kalten März. Ein Kampf, den die Heizung nicht gewinnen kann. Schweißperlen bilden sich auf meiner Stirn.

Ob das an der subtropischen Temperatur in der Wohnung liegt oder an dem Anblick, der sich mir bietet, kann ich nicht sagen. Ich bemerke jedenfalls einen feuchten Film auf meiner Stirn, von der sich bereits ein einzelner kleiner Tropfen von der Augenbraue auf die Nasenspitze abseilt.

Das Bild, das sich mir bietet, erinnert mich an eine dieser schrecklichen Reportagen auf RTL ZWEI. Entweder über Messis oder Mietnomaden. Die Kamera schwenkt durch eine verdreckte Wohnung, ein Mann oder eine Frau, meist aber ein älteres Ehepaar, bleich im Gesicht, stammelt irgendetwas wie: »Das war mal unsere Küche.« Dann rollen Tränen. Bei mir ist es nur der nächste Schweißtropfen.

Erst fallen mir die benutzten Tassen und Gläser auf dem Esstisch im Wohnzimmer gar nicht auf. Sie verstecken sich hinter leeren Tetra Packs und halb vollen Plastikflaschen, die sich an den Tisch gesaugt haben wie ein Oktopus an seine Beute. Auf der einst spiegelglatten Oberfläche des schönen Holztischs aus der polnischen Villa könnte ein Blinder stundenlang Romane lesen, der Tisch ist gesprenkelt mit merkwürdigen Zeichen, die an Brailleschrift erinnern, aber doch nichts anders sind als Soßenspritzer und Saftreste. Eine rote Spur zieht sich vom Wohnzimmertisch durch den Flur in die Küche, die aussieht, als wäre dort ein Lamm geschächtet worden. Überall rote Schlieren wie in einem Splattermovie. Leergut und Müll stapeln sich. Die Versuche, das deutsche Trennsystem zu erläutern, sind also kläglich gescheitert. Mit spitzen Fingern befreie ich wenigstens die Glasflaschen aus den Beuteln mit dem Hausmüll.

Als Epizentrum des Dramas mache ich den Herd aus, der sein unschuldiges Weiß verloren hat. Eingebrannte Tomatensauce, die man schon nicht mehr als Flecken bezeichnen kann,

sondern als Wundmale, haben das Kochfeld in ein Pocken-
gesicht verwandelt. Nadav muss ein Wirbelwind in der Küche
gewesen sein. Oder extrem ungeschickt. Die Soßenspritzer haben ihren Weg quer durch die Küche geschafft, wie unschwer
an den rot gesprenkelten Küchenschränken auf der anderen
Seite des Raumes zu erkennen ist.

Und nicht nur die Küche erfreut sich eines neuen Looks,
auch der Dielenboden im Wohnzimmer hat etwas von einem
Fliegenpilz. Überall kleben kleine weiße Punkte auf dem Holz.
Runde Aufkleber mit mystischen Buchstaben erzählen die Geschichte von vier zierlichen Jungs im Kaufrausch, die Primark
geplündert haben. Es müssen um die zwei Dutzend sein. Die
Buchstaben beschränken sich auf zwei Konsonanten: S und M.
Es sind die Größenangaben der Klamotten, die meine Gäste
kurz vor ihrer Abreise gekauft haben. Auch wenn die Aufkleber augenscheinlich an den dünnen Stoffen aus Bangladesch
schlecht haften, auf dem Dielenboden tun sie es umso besser.

Ich knie mich auf den Boden, befreie mühsam mit dem
Fingernagel eine Holzdiele vom ersten Aufkleber. Dann schaue
ich mich entgeistert um, um das ganze Ausmaß der Verunstal-
tung meiner Wohnung zu erfassen. Ich zähle dreizehn leere
Plastiktüten, die auf dem Boden, dem Sofa und den Stühlen
verteilt sind. Auf allen steht in dünnen, hellblauen Großbuchstaben der Name des Textildiscounters. Das Chaos setzt sich
eine Tür weiter fort. Im Badezimmer liegen leere Duschsham-
poos in der Wanne, am Spiegel klebt eine einsame Einwegkon-
taktlinse, das Waschbecken ist mit Zahnpastaresten in Hell-
blau und Rot besudelt. Die Klobürste, das verraten die Streifen
in der Porzellanschüssel, dürfte dafür keine Abnutzungser-
scheinungen zeigen. Auch besteht kein Zweifel: Nadav und seine Kumpels sind Stehpinkler. Und eine Karriere beim Militär

als Scharfschützen werden sie nicht hinlegen. Ihr Ziel haben sie nicht nur einmal verfehlt.

Das Schlachtfeld will ich nicht Uschi überlassen, also mache ich mich selbst ans Werk – und beginne in der Küche. Immerhin haben die Jungs einmal ein wenig Geschirr abgewaschen. Auf einem dreckigen Tuch liegen ein paar Messer und Gabeln neben zwei Tellern und drei Wassergläsern. Komisch, denke ich noch, warum haben sie nicht die Spülmaschine benutzt? Ein Blick in den Schrank mit den Putzmitteln erklärt den unerwarteten Einsatz am Becken. Die Tabs sind schlicht nach einer Woche aufgebraucht. Neue wollte »der Freigiebige« anscheinend nicht kaufen.

Meine Verzweiflung verwandelt sich in Wut. Die Wohnung wieder herzurichten wird Stunden dauern. Ich ärgere mich über die Unverschämtheit und Dreistigkeit. Als Dank dafür, dass ich Nadav und seinen Freunden im Preis entgegengekommen bin und ihnen auch noch einen halben Tag geschenkt habe, haben sie mir einen Saustall hinterlassen. Aber Meckern hilft nichts, ran ans Werk. Morgen Mittag kommen die nächsten Gäste.

Als ich die abgewaschenen Teller in die Vitrine räumen will, wundere ich mich über den schmierigen Film auf dem Porzellan. Das Geschirr schaut sauber aus, aber es fühlt sich an wie ein frisch mit Sonnenmilch eingecremter Rücken im Sommerurlaub. Riecht nur nicht so gut. Jetzt erst sehe ich, dass auch das Spülmittel aufgebraucht ist. Die Flasche mit dem Frosch, die neben dem Wasserhahn steht, ist nur noch eine leere Plastikhülle. Es ist mir ein Rätsel, wie man eine ganze Flasche Spülmittel in nur einer Woche verballern kann, zumal es ja noch die Spülmaschine gibt, die sie mindestens ein Dutzend Mal benutzt haben dürften, denn ich meine, dass in etwa so viele Tabs vorrätig waren. Stutzig macht mich in diesem Moment der

Parkettreiniger, der ebenfalls neben dem Spülbecken steht –
und auch fast leer ist. Sollten Nadav und seine Freunde etwa in
einem Anflug von Reinlichkeit den Boden gewischt haben? Ich
blicke mich in dem Kriegsgebiet, das mal meine Küche war,
um. Ausgeschlossen!

Plötzlich schwant mir Böses. Sollten die lieben Gäste
etwa, als das Spülmittel aufgebraucht war, sich einfach die
nächstbeste Flasche im Putzschrank gegriffen haben, die irgendwie nach Seife aussah? Selbst ohne Deutschkenntnisse ist
das Bild auf dem Behälter relativ selbsterklärend: ein Wischmopp, der über Holzdielen gleitet. Da könnte man schon darauf kommen, dass das Reinigungsmittel nicht unbedingt für
streifenfreie Gläser entwickelt wurde. Auch wenn es auf dem
Etikett nicht explizit erwähnt wird, wie ich beim Lesen feststelle. Immerhin weiß ich jetzt, dass der Parkettreiniger die
Holzdielen hervorragend imprägniert, die Farben vertieft und
sogar einen Aufquellschutz hat.

Dass Nadav und seine Freunde den Schmierfilm aber nicht
bemerkt haben, wundert mich dann doch. Vorsichtig greife ich
in die Vitrine. Der oberste Teller auf dem Stapel: schmierig.
Der zweite: schmierig. Der dritte: ebenfalls. Und so geht es
weiter. Das Spülmittel kann also nicht erst am letzten Tag zur
Neige gegangen sein. Der halbe Inhalt der Vitrine ist ölig. Das
Gleiche gilt für das Besteck, etliche Gläser und einige Kochtöpfe. Die Jungs waren zu geizig, für 99 Cent ein neues Spülmittel zu kaufen. Unter erst leisem, dann immer lauter werden-
dem Fluchen räume ich die Schränke aus und die Spülmaschine
ein. Am Ende werden es drei volle Ladungen sein. Aber erst
einmal muss ich neue Tabs aus meiner Wohnung holen.

Während die Spülmaschine vor sich hin grummelt und
schlürft, weiche ich den Herd mit kochendem Wasser ein,

wische den Boden, reinige die Kacheln und säubere die Arbeitsplatte. Als ich den Standmixer verrücke, fällt der Deckel ab. Prompt steigt mir ein süßlich-tropisches Duftwölkchen in die Nase, gemischt mit einem Schuss bissiger Ranzigkeit. Erst jetzt erkenne ich, dass der Mixer benutzt wurde. Das Milchglas ist gar kein Milchglas, sondern Glas mit Resten von Milch. Bananenmilch, um genau zu sein, wie ich erschnuppere. Aus meiner Wut wird Resignation. Und dabei habe ich die Tür zur Hölle noch gar nicht geöffnet. Ich stehe noch im Vorhof. Normalerweise ist es immer das Erste, was ich tue. Aber diesmal war ich so geschockt vom Zustand der Küche, dass ich bislang gar keinen Blick in den Kühlschrank geworfen habe.

Er ist halb gefüllt. Ein Stückchen Butter, gespickt mit Brotkrümeln und einem zarten Streifen Nutella, liegt auf der aufgerissenen Verpackung, eine welke Käsescheibe krümmt sich auf einer Untertasse wie ein abgeworfenes Eichenblatt im Herbst. Mit den koscheren Essensvorschriften scheinen es die vier dagegen nicht allzu eng genommen zu haben, rekeln sich doch auch ein paar Scheiben Gelbwurst im Kühlschrank. Erst auf den zweiten Blick muss ich meine Vermutung zurücknehmen. Es ist Putenwurst, die einfach nur gelb angelaufen ist, weil sie nicht verpackt wurde. Ein paar Eier haben sie mir netterweise dagelassen, etwas Obst und Gemüse. Und mehrere Tetra Packs, ungeschickt aufgerissen. Zumindest weiß ich jetzt, dass Orangensaft stärker klebt als Apfelsaft. Jedenfalls im Kühlschrank. Im Gefrierfach haben sie mir Pizza hinterlassen. Ach nein, es sind nur die leeren Pappschachteln.

Nachdem ich die erste Spülmaschinenladung schlierenfrei in der Vitrine verstaut und die zweite Rutsche eingeräumt habe, fällt mir ein, dass ich noch die Wäsche waschen muss. Normalerweise ist das Schlafzimmer der Ort mit dem geringsten

Chaospotenzial. Manche Gäste ziehen ohne jeglichen Hinweis meinerseits die Laken ab, befreien bereits Kopfkissen und Decke vom Bezug und stapeln alles auf einem kleinen Haufen – perfekt. Einmal Saugen und Wischen, Betten neu beziehen, fertig ist das Schlafgemach für den nächsten Besuch.

Als ich diesmal aber die Tür aufmache, bleibe ich mit geöffnetem Mund im Rahmen stehen. Einsam dreht der Plattenspieler, den ich gekauft habe, nachdem ich meine Vinylscheiben mühsam nach Berlin verfrachtet hatte, nur um dann festzustellen, dass der Plattenspieler in Hamburg bei meiner Ex geblieben war, seine Runden, die Nadel tanzt auf der letzten Rille. Fast lautlos, nur mit einem kleinen Ächzen springt sie nach jeder erfolgreichen Runde eine Umdrehung zurück. »Das Model« von Kraftwerk gibt keinen Mucks mehr von sich. Die Maxi-Schallplatte hatte ich Anfang der Achtziger in London gekauft. Es war eine meiner ersten Vinylscheiben. Der Plattenspieler steht auf einer alten Obstkiste zwischen zwei schweren Sesseln aus den Sechzigerjahren. Mehr Blickfang als Gebrauchsgegenstand. Ich bin kein ausgesprochener Musikliebhaber, deshalb hatte ich keine Scheu, die kleine Plattensammlung aus meiner Jugend in der Ferienwohnung aufzubewahren, auch wenn sie Zeuge eines verworrenen Musikgeschmacks eines pickeligen Teenagers ist. Aber wie ich meine Erinnerungen dort so liegen sehe, nackt und schutzlos, schwarzes Vinyl auf hartem Holz, die leeren Cover im ganzen Raum verteilt, Feargal Sharkey neben Matt Bianco über Cindi Lauper, da könnte ich fast heulen. Ich beschließe, die Lichter zu löschen, die Heizung herunterzufahren und einfach die Tür hinter mir zu schließen. Das Aufräumen verschiebe ich auf den nächsten Morgen. Wenn ich mich hoffentlich abgeregt habe. Und das kann ich nur, indem ich mich auskotze. Bei Nadav.

Ich schreibe ihm eine E-Mail, empöre mich über den Zustand des Apartments, über die Dreistigkeit, eine private Wohnung so zu versauen. Ich bin ihnen entgegengekommen, wo es nur ging. Sie haben einen halben Tag länger in der Wohnung bleiben dürfen, einen deutlich günstigeren Preis ausgehandelt und als Dank hinterlassen sie mir eine durch und durch versiffte Wohnung. Mit einer Reaktion rechne ich nicht, aber das ist mir egal, das Luft ablassen tut gut. Umso verwunderter bin ich, dass Nadav am nächsten Tag eine Entschuldigung schreibt.

> Hey Jens,
> ich weiß, dass ich mit dieser Mail nichts wiedergutmachen kann, aber ich wollte mich dafür entschuldigen, wie wir die Wohnung hinterlassen haben. Es ist keine akzeptable Entschuldigung, aber wir hingen im Verkehr fest und der Flug wurde vorverlegt. Deshalb hatten wir keine Zeit mehr, die Wohnung aufzuräumen. Ich hoffe, du hast demnächst bessere Gäste, und nochmals sorry dafür, wie wir die Wohnung hinterlassen haben. Ich wünschte, wir hätten den Trip anders beenden können.

Eine Antwort hätte ich Nadav gar nicht zugetraut, auch wenn die Hälfte der E-Mail nicht direkt der Wahrheit entsprach. Sie haben die Wohnung genau zum angekündigten Zeitpunkt verlassen, waren drei Stunden vor ihrer Abreise wieder da. Mag der ÖPNV in Berlin eine Katastrophe sein, mit ständigen Verspätungen, Weichenstörungen, Polizei- und Notarzteinsätzen. Dennoch ist es ziemlich unmöglich, so lange im Verkehr stecken zu bleiben, dass eine ganze Tagesplanung durcheinanderkommt. Und in drei Stunden hätten acht Hände eine ganze

Menge des Chaos beseitigen können. Aber die Zeit nutzten die Gäste anscheinend für eine kleine Modenschau und das Verteilen der kleinen Aufkleber auf dem Boden. Neben all dem Stress hinterlässt Nadav immerhin fünf Sterne als Bewertung. Und einen kurzen Satz. »Jens ist ein großartiger Gastgeber, das Apartment war sehr schön in einer tollen Umgebung und sehr sauber.« Vollkommen richtig, das Apartment *war* sehr sauber, bevor ihr kamt.

Ich hake Nadav und seine Kumpels als Lehrgeld ab. Insgeheim hoffe ich, dass sie bereits das von mir erwartete schwarze Schaf waren, das irgendwann einmal auftauchen musste. Sie waren laut, bisweilen anstrengend und haben die Wohnung saumäßig hinterlassen. Aber sie steht noch. Nichts ist zu Bruch gegangen. Und außerdem waren die Jungs ja ganz nett, wenn ich ehrlich bin. Es hätte schlimmer kommen können. Trotzdem überlege ich, was ich künftig anders machen sollte. Nein, machen muss, um mir keinen zweiten Nadav einzufangen. Einen »Nadav machen« wird zu einem geflügelten Wort in meinem Freundeskreis. »Und, haben die Gäste wieder einen Nadav gemacht?«, werde ich häufiger gefragt. Zum Glück kann ich das meistens verneinen.

Der Bequemlichkeit halber habe ich den Gästen bislang meist zugestanden, bei der Abreise einfach das Haus zu verlassen und die Schlüssel in den Briefkasten zu werfen. Komfortabel für mich, komfortabel für sie. Ich frage mich, was bei Nadav anders gelaufen wäre, hätte ich die Wohnung vor der Abreise inspiziert. Hätten sie aufgeräumt? Vermutlich. Aber wie hätte ich reagiert, wenn die Bude genauso ausgesehen hätte, wie sie aussah? Ich hätte Nadav schlecht an der Abreise zum Flughafen hindern können, bis die Wohnung wieder in ihrem Originalzustand gewesen wäre.

Bei den nächsten Gästen inspiziere ich dennoch die Wohnung bei deren Abreise. Natürlich gibt es nichts zu beanstanden, hätte es wahrscheinlich aber auch nicht, wenn die Gäste die Schlüssel wie gehabt in den Briefkasten geworfen hätten. Es sind nette Pärchen aus Schottland und Italien und eine Cellistin aus New York auf Solopfaden. Dafür ist der Aufwand der persönlichen Abnahme zu groß. Ich muss meinen kompletten Tagesplan auf die Abreise und gegebenenfalls auch gleich auf die nächste Anreise ausrichten. Zu viel des Guten. So entscheide ich mich, nur bei »Risikogruppen« den Schlüssel persönlich entgegenzunehmen, in der Hoffnung, meine Wohnung dann bei der Abreise in einem Zustand vorzufinden, der in etwa dem Original entspricht. Dabei ist die Ankündigung, ich tauche zur Abnahme auf, als Drohung schon völlig ausreichend. Meist rufe ich kurz vor dem vereinbarten Zeitpunkt an, entschuldige mich, mir sei ein wichtiger Termin dazwischengekommen, und bitte die Gäste, den Schlüssel einfach in meinen Briefkasten plumpsen zu lassen. Zu diesem Zeitpunkt sollte der Staubsauger längst laufen und die Spülmaschine eingeräumt sein.

BUENOS DÍAS, ARGENTINA

Wolfgang hat vermutlich alles richtig gemacht. Den grauen Alltag in Deutschland hat er eingetauscht gegen ein sonniges Dasein am anderen Ende der Welt. Wolfgang wohnt in Argentinien, hat dort geheiratet und eine Familie gegründet. Seine deutschen Wurzeln pflegt er aber weiterhin, will seiner jungen Frau und dem noch kleinen Nachwuchs seine Heimat nahebringen. Deshalb verbringt er jedes Jahr ein paar Wochen in Deutschland. Und dieses Mal soll es Berlin sein. Die Stadt, in der er studiert und noch viele Freunde hat. Vier Wochen will er bleiben.

Einen Monat. Wow! Ich freue mich über die Anfrage. Das klingt nach einer stressfreien Zeit. Fast wie nach Urlaub für mich. Keine ständigen Bettenwechsel, kein ewiges Ein- und Auschecken, keine Sorgen, noch Gäste für die freien Tage zwischen den Buchungen zu finden. Eine junge Familie klingt angenehm. Partys oder Gelage sind nicht zu erwarten, auch kein spätnächtliches Vorglühen auf dem Balkon, bis die Clubs der

Stadt ihre Pforten öffnen. Aber am meisten reizt mich, dass Wolfgang in Argentinien wohnt.

Das Land im Süden Südamerikas war lange Zeit ein Sehnsuchtsort von mir. Den Floh hatte mir meine Apothekerin in Hamburg ins Ohr gesetzt. Eine schrullige alte Frau in einem weißen Kittel, die anscheinend selbst ihr bester Kunde war. Fast jeder auf St. Pauli kannte sie. Die einen vergötterten die alte Dame, die anderen machten einen weiten Bogen um ihre Apotheke. Wahrscheinlich, weil niemand wusste, ob sie einfach immer nur gut drauf oder völlig durch den Wind war.

Als ich das erste Mal die Apotheke mit den hohen Schränken aus massivem Holz und den vielen Gefäßen, in denen irgendwelche Substanzen lagerten, betrat, ließ sie gerade eine Kundin Pirouetten drehen. Die Apothekerin hatte die fiebrige Frau, die nur ein Rezept einlösen wollte, aufgefordert, ein, zwei Meter von dem Tresen zurückzutreten und sich zu drehen, damit sie ihr Kleid bewundern konnte. »Toll«, sagte die Apothekerin immer wieder. »Damit können Sie auch in die Oper gehen.« Eigentlich war es nur ein ganz normales Kleid. »Drehen Sie sich mal. Drehen Sie sich mal«, spornte die Apothekerin die überforderte Kundin immer weiter an. Und die hüstelnde Frau drehte sich und drehte sich, sodass das Kleid sich hob, wie bei Marilyn Monroe über dem Luftschacht, ehe sie abrupt innehielt, sich an den Tresen krallte und den Schwindel aus dem Kopf zu bekommen versuchte.

Die Apothekerin plapperte weiter, von der Zeit, in der sie selbst noch ein Opern-Abo mit Freunden hatte, dann aber eine der Begleitungen verstarb – und daraufhin erst der eine, dann die andere aus der Gruppe das Abo nicht mehr verlängerte. Einwände von anderen Kunden, die in der Schlange warteten, sie möge doch bitte einfach bedienen, konterte sie bissig: Man werde ja noch mal kurz »ein bisschen schnacken« dürfen. »Schrecklich, diese Hetze!« Und dann schwadronierte sie weiter. Über die Oper, über ihre Kleider, über das Leben in Hamburg, wie es einmal war und was heute daraus geworden sei. Das alles mit so wunderbarem hanseatischem Zungenschlag, dass man sich die Aufführung auch im Ohnsorg Theater hätte vorstellen können.

Dann, eines Tages, hatte es mich erwischt. Ich fühlte mich dem Tod näher als dem Leben. Das Fieber ließ meine Glieder schmerzen, Schweißperlen standen mir auf der Stirn. Mein Atem war flach und schnell. Bei jedem Schritt rasselte meine Lunge wie eine kaputte Trillerpfeife. Schwindel ließ mich wanken wie meterhohe Wellen einen Segler bei acht Windstärken in einer Nussschale auf hoher See. Ich hatte mir eine Erkältung eingefangen. Wollte ich nicht sterben, musste mich die Pharmaindustrie retten. Ich war zu allem bereit. Jetzt konnten nur noch die harten Mittel helfen. Selbst vor Grippostad schreckte ich in dieser ausweglosen Situation nicht zurück. Also machte ich mich, dick eingemummelt, auf in den Hamburger Nieselregen. Wehleidig schlich ich die wenigen hundert Meter zu der Apotheke.

Als ich die fünf Stufen zum Eingang endlich hochgekraucht war, war ich erleichtert. Die Apotheke war verwaist, niemand drehte Pirouetten oder musste Kopfstand machen. Die Glocke an der Tür bimmelte hell, als ich das Ladenlokal mit dem dunklen Holz betrat. Nichts passierte. »Hallo«, hüstelte ich mit einem leidenden Unterton in den leeren Raum. Dann kam auch schon aus dem Hinterzimmer die Apothekerin kauend angerauscht, in der Hand hielt sie ein Butterbrot. Kurz vor dem Tresen blieb sie stehen, schaute mich an, als hätte sie einen Geist gesehen. Es musste schlimm um mich stehen.

Sie starrte mehr, als dass sie schaute. Lange. Eindringlich. Musternd. »Sind die echt?«, fragte sie dann mit immer noch aufgerissenen Augen. Sie ruckelte die kleine Brille auf ihrer langen Nase zurecht und schob ihr Gesicht über den Tresen – ganz nah an meines.

»Was?«, fragte ich irritiert. Ich folgte ihrem Blick, der wenige Zentimeter über meinen Augen endete. »Die Haare?« Ich hatte keine Ahnung, was die alte Dame sonst meinen könnte.

»Ja! Echtes Blond?«, hakte sie nach.

»Oh, ja«, bestätigte ich etwas irritiert. »Natürlich.«

»Toll! Sieht man heute ja selten. Die Blonden sterben ja aus. Wie die Rothaarigen. Schade. Das liegt an der ... na ja ... der arische Typ ... verstehen Sie mich nicht falsch ... Aber die Blonden werden halt immer seltener. Dafür ...« Sie stockte erneut und lachte schrill auf. »Dafür sitzen beim Friseur, also ich gehe zu einem Friseur für Männer und Frauen, also da lassen sich die Männer heutzutage die Haare blond färben.«

»Echt?«, heuchelte ich Überraschung und überlegte noch, wie sie das mit dem »arischen Typ« gemeint hatte.

»Ja, ja, aber das sind alles Schwule!« Sie kicherte, als hätte sie ein Tabu gebrochen. »Nette Leute«, schob sie dann aber nach, als wollte sie sich rechtfertigen. Kurze Pause. Ich suchte nach einer Antwort, fand aber keine. Also versuchte ich, das Thema auf mein Leiden zu lenken. Sie starrte immer noch gebannt auf meine Haare, hörte mir kommentarlos zu, kramte in einer großen Schublade und schob mir ein Päckchen Pillen über den Tresen.

»12,80 Euro«, war alles, was sie sagte. Ich kramte einen Zwanzig-Euro-Schein aus meinem Portemonnaie und gab ihn ihr. Die alte Registrierkasse klingelte, als sie die Kurbel ein-, zweimal kräftig drehte, dann sprang die Lade auf. Angestrengt schaute sie durch die Gläser auf ihrer Nase auf die Anzeige mit dem Wechselgeld, wühlte in den Münzen. Ich streckte ihr meine ausgestreckte Hand entgegen, doch sie ignorierte meine Geste. Das Wechselgeld hielt sie fest im Griff.

»Tolle Haare«, sagte sie stattdessen noch einmal. »Wenn Sie nach Südamerika fahren ... in Argentinien sind die alle ganz wild auf Blonde. Hier der Holländer, wie heißt der noch mal ... der Prinz ...«

Ich konnte auf Anhieb mit meinem *Gala*-Wissen glänzen: »Prinz Willem!«

»Ja, genau, der hat doch auch eine Argentinierin geheiratet. Tolle Frau.« Sie runzelte wieder die Nase, die Brille wippte dabei ein wenig auf und ab, dann legte sie den Kopf ein wenig schräg und musterte mich erneut. »Wirklich tolle Haare! Fahren Sie nach Argentinien, Sie werden Ihren Spaß haben. Ein Freund von mir, hach, das ist lange her, der ist guter Hamburger Kaufmann. Geld hatte der schon immer. Aber mit den Frauen klappte es nicht so. Zählt heute ja nichts mehr, Kaufmann! Der war ebenfalls blond – wie Sie. Dem haben wir gesagt, fahr nach Argentinien. Hat er auch gemacht. Glauben Sie, der ist wiedergekommen?« Gerade wollte ich meine Vermutung äußern, da redete sie schon weiter. »Nee, der ist dageblieben. Wegen der Frauen!«

Wie kommt die alte Frau eigentlich darauf, dass ich es nötig haben könnte, um die halbe Welt zu fliegen, um Frauen kennenzulernen?, dachte ich verbittert. Steht mir »Single« etwa auf die Stirn tätowiert? Aber ich lächelte, sofern meine Erkrankung das zuließ, nahm das Wechselgeld, das sie nun endlich freigab, und packte die Tabletten in meine Jackentasche.

»Danke für den Tipp«, sagte ich freundlich, denn plötzlich erschien mir der Gedanke gar nicht mehr so abwegig. »Dann werde ich meinen nächsten Flug wohl nach Argentinien buchen.« Ich zog die Tür auf, die Glocke läutete wieder hell, und trat auf die Straße. Irgendwie ging es mir schon besser. Und sogar der Nieselregen hatte aufgehört. Während die Tür zufiel, hörte ich die Apothekerin noch rufen: »Machen Sie das! Machen Sie das!« Dann leiser: »Tolle Haare! Wirklich.«

• • •

Natürlich bin ich nie nach Argentinien geflogen. Aber immerhin habe ich mehrmals mit dem Gedanken gespielt und sogar Ausschau nach günstigen Flügen gehalten, die ich allerdings nicht fand. Unweigerlich muss ich an diese Anekdote denken, als Wolfgang mich anschreibt.

> Lieber Jens,
> ich bin ein Deutscher, der mit seiner argentinischen Frau und zwei Kindern im Norden Argentiniens lebt. Jedes Jahr fliegen wir einmal nach Deutschland, um meine Familie und Freunde zu besuchen. Ich habe drei Jahre in Berlin gewohnt und kehre immer wieder gerne in meine Lieblingsstadt zurück. Deine Wohnung scheint das zu sein, was wir suchen. Meine Tochter ist drei Jahre alt und mein Sohn eineinhalb. Gerne würden wir einen Monat in deiner Wohnung verbringen.
> Grüße, Wolfgang.

Jetzt würde Argentinien also zu mir kommen. Warum nicht? Bislang war der einzige Bezug zu Argentinien die alte Ariola-Scheibe von Udo Jürgens, die ich im zarten Alter von sechs Jahren, ich glaube von Oma Adelheid, geschenkt bekommen hatte,

auf der der Schlagerbarde zusammen mit der deutschen Fuß-
ballnationalmannschaft von 1978 den Gassenhauer »Buenos
Días, Argentina« schmetterte, der heute in den Ohren genauso
schmerzt wie die Schmach von Córdoba in Fußballerherzen.
Damals, in Argentinien, kickte ausgerechnet Österreich die
deutsche Elf in der Zwischenrunde aus dem Turnier. Der Unter-
titel der Platte entpuppte sich im Nachhinein als glatte Lüge:
»Er hält den Ball (Sie hält den Daumen).« Hätte Frau Meier, die
Frau von Torwartlegende Sepp, mal besser beide Daumen ge-
drückt, statt nur *den* Daumen.

Ich bin jedenfalls gespannt auf Wolfgang. Und mehr noch
auf seine argentinische Frau, die in meiner Vorstellung so aussehen muss wie Gabriela Sabatini, weil in meiner Vorstellung alle
Argentinierinnen so aussehen. Die Grazie im Tennisröckchen
war einige Jahre die große Herausforderin unserer Steffi Graf.

Als Wolfgang mit seiner Familie an einem Wochenende
anreist, bin ich nicht in Berlin. Den Schlüssel habe ich wie ge-
wünscht im Vorfeld bei einem Freund von ihm vorbeigebracht.
Als ich am späten Sonntagabend wieder in meine Wohnung zu-
rückkehre, höre ich, dass sich die deutsch-argentinische Familie bereits eingelebt hat. Das Feuer Südamerikas lodert in dem
sonst kinderlosen Hinterhaus. Ich erinnere mich an einen früheren Kollegen, der in jungen Jahren Vater geworden war und
jeden Morgen mit tiefen Augenringen in der Redaktion auf-
schlug. Trotz des Schlafmangels war er glücklich, ging auf in
seiner neuen Vaterrolle und scheute auch nicht vor Plattitüden
zurück. »Der ganze Stress – wie verflogen, wenn du morgens
die kleinen Füße über das Holz trapsen hörst«, sagte er. Nicht
einen Moment glaubte ich ihm. Die Ränder unter seinen Augen ließen ihn aussehen wie einen Waschbären. Aber keinen
putzigen, sondern eher die Opa-Variante.

Und jetzt, als ich das Trapsen – oder vielmehr das Trampeln – der beiden Kinder unten in der Wohnung höre, ist mir klar: Er hat mir glatt ins Gesicht gelogen. Vielleicht ist es aber auch ein Unterschied, ob die eigenen Kinder über fremde Dielen poltern – oder fremde Kinder über die eigenen. Jedenfalls merke ich sehr schnell, dass die Kombination aus langen Fluren und Holzfußböden mit nackten Kinderfüßen eine denkbar schlechte, weil sehr laute ist. Besonders wenn die Kinder die Diele als Sprintstrecke nutzen und stundenlang vom Eingang bis in die hinterste Ecke der Wohnung flitzen. Ich tröste mich damit, dass bei so viel Sport schon bald die Müdigkeit den tobenden Nachwuchs überfallen wird. Oder die Eltern zumindest ein paar mahnende Worte sprechen werden. Weder das eine noch das andere tritt ein. Die Plagegeister aus der Pampa erweisen sich als außerordentlich zähe und austrainierte Steppenläufer. Umso mehr wundere ich mich aber, dass die Eltern nicht einschreiten und die Kinder ins Bett stecken, denn mittlerweile ist es schon sehr spät am Abend. Es muss am Jetlag liegen, erkläre ich mir die nächtlichen Aktivitäten. Als die Rennbahn gegen Mitternacht endlich geschlossen wird, kehrt Ruhe ein. Zumindest kurz. Dann weint eines der Kinder.

Am nächsten Tag statte ich meinen neuen Mietern einen kurzen Besuch ab. Nur um mich vorzustellen und zu erkundigen, ob sie noch irgendwelche Tipps bräuchten oder Fragen hätten. Wolfgang öffnet mir mit einem Lächeln. Ich hatte mir keine Vorstellungen gemacht, wie er wohl aussehen würde. Auch er hatte kein Bild in seinem Profil. Aber irgendwie hatte ich etwas Weltmännisches erwartet, eben das Bild eines Mannes, der auszog, um die Welt zu erobern. Ein bisschen Fitzcarraldo vielleicht. Oder zumindest einen Mann mit Panamahut und hellem Anzug, der elegant auf seinen Rappen springt, um über seine Hazienda zu reiten. Vielleicht hatte ich auch den Kaufmann aus Hamburg erwartet, der meine Apothekerin im Stich gelassen hatte. Wolfgang aber ist eher unscheinbar. Eine Mischung aus Teddybär und Buchhalter. Ein gemütlicher Mann mit hohem Haar- und etwas Bauchansatz. Und der soll ein Gabriela-Sabatini-Double geheiratet haben?

Wolfgang bittet mich in die Wohnung. Weil er auf Socken durch die Wohnung läuft, ziehe ich meine Schuhe im Flur aus. Vertieft in Small Talk betrete ich das Wohnzimmer, als sich der erste Legostein in meine Socke bohrt. Reflexartig schreie ich auf, humpele zwei schnelle Schritte in den Raum, bis sich der nächste Stein in meinen anderen Fuß presst. Erst jetzt sehe ich, dass das Wohnzimmer einer Spielecke im Kindergarten gleicht. Grüne, gelbe und rote Legosteine verteilen sich über den ganzen Boden, dazwischen liegen Stofftiere und Puppen. Auf einer Decke sitzt eine junge Frau und spielt mit dem Junior. Eine sehr junge Frau. Ich bin überrascht. Sind Kinderehen in Argentinien üblich? Noch ehe ich mir darüber Gedanken machen kann, klärt Wolfgang mich auf. »Das ist meine Schwägerin«, stellt Wolfgang die junge Dame vor. Und fährt fort: »Sie lebt eigentlich in England, ist aber für ein paar Tage zu Besuch bei uns.« Seine Schwiegermutter käme morgen auch noch.

Na gut, denke ich. Wer einen Monat eine Wohnung mietet, darf natürlich Besuch empfangen. Trotzdem wurmt es mich, mit welcher Selbstverständlichkeit aus vier Personen erst fünf und dann sechs werden, selbst wenn zwei Kinder darunter sind. Warum nicht einfach mal fragen oder zumindest in Kenntnis setzen und nicht vor vollendete Tatsachen stellen. Auch Wolfgang hatte im Vorfeld geschachert, und ich war ihm im Preis ziemlich entgegengekommen. Und der Preis versteht sich all inclusive. Ob nun ein oder zwei Personen in der Wohnung leben oder eben sechs, macht da schon einen Unterschied. Zumal wenn ohnehin den ganzen Tag Windeln in der Waschmaschine vor sich hin kochen.

In der Küche begrüßt mich Wolfgangs Gattin. Eine freundliche Frau mit schwarzen Haaren und einem hübschen Gesicht. Das ältere Kind, ich vermute mal der Dielen-Sprinter, schläft. Es scheint sich für die nächste Trainingseinheit am Abend auszuruhen. Und genauso kommt es auch. Nicht nur an diesem Abend, sondern an jedem Abend in den kommenden vier Wochen. Andere Länder, andere Sitten. Was will man da machen?

Ich bin überrascht, wie viele Koffer in der Wohnung stehen. Es scheint, als habe Wolfgang seinen halben Hausstand dabei. Vom Frankfurter Flughafen, erklärt er, hätten sie sich einen Leihwagen genommen. Es muss ein Kleintransporter gewesen sein. Und trotzdem fehlt es der Familie an einigem. Und so wandern in den kommenden Tagen diverse Alltagsgegenstände von meiner Wohnung ein Stockwerk tiefer. Angefangen bei Bügeleisen und Bügelbrett über einen weiteren Wäscheständer, größere Töpfe und Pfannen (immerhin müssen ja sechs Personen bekocht werden) bis hin zu mehr Besteck und Geschirr, Kleiderbügeln, Wäscheklammern und einem neuen Korkenzieher. Mit dem aus der Ferienwohnung kam Wolfgang irgendwie nicht klar. Erst als ich nach den vier Wochen »Argentinen-Urlaub« meine gesammelten Habseligkeiten wieder in mehreren Etappen eine Etage höher schleppe, wird mir bewusst, dass mittlerweile mein halber Hausstand in die Ferienwohnung gewandert war. Die Südamerikaner scheinen ein einnehmendes Wesen zu haben. Vielleicht ist der Freund der Apothekerin ja deswegen nicht mehr nach Deutschland zurückgekehrt. Von meinem Reiseplan habe ich Argentinien vorsorglich mal gestrichen.

TEIL II

PAULUS

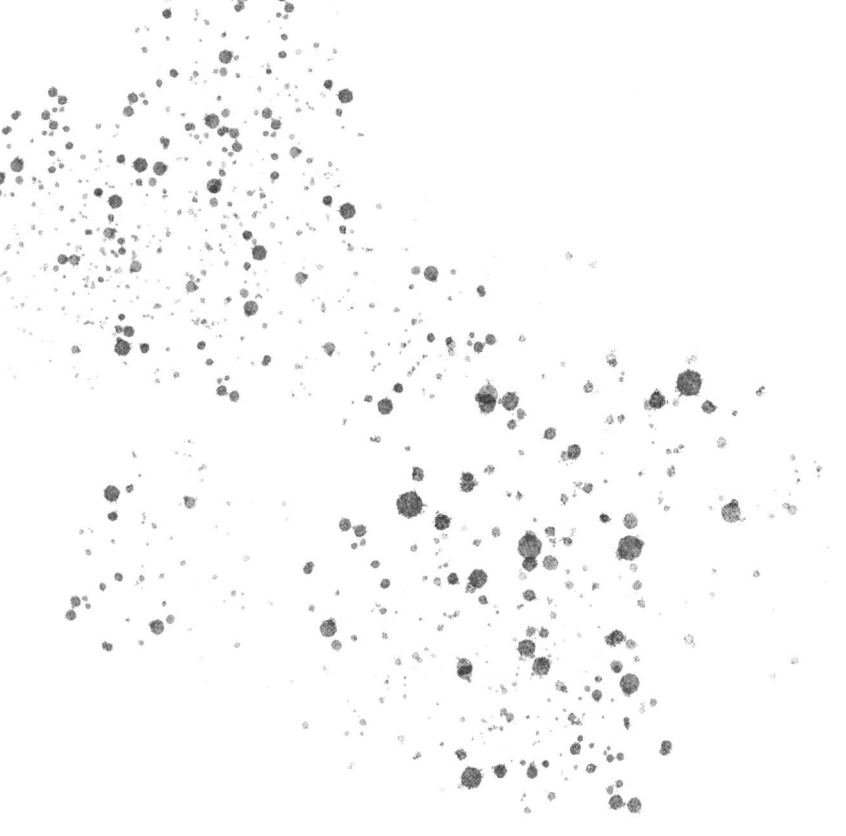

Nach einem halben Jahr als Airbnb-Host hatte ich eigentlich gedacht, ich hätte die SmG bereits erlebt, die »schlimmstmöglichen Gäste«. Alle waren sie schon da gewesen: die Nervensägen und Nörgler, die Lauten und die Launischen. Und natürlich die Chaoten, die es schafften, eine Wohnung in drei Tagen nach fünf Jahren Messi-Missbrauch aussehen zu lassen. Sie waren anstrengend, definitiv, aber irgendwie doch erträglich. Zudem machten die vielen netten Bekanntschaften die wenigen schlechten wieder wett. So redete ich mir die Vermietung zumindest schön.

Noch scherzten die Nachbarn, aber der Unterton vibrierte bereits in h-Moll, der »schwarzen Tonart«, wie Beethoven sie genannt hatte, düster und bedrohlich. »Na, da hast du ja wieder lustige Leute in deiner Wohnung«, sagten meine Nachbarn dann und fanden den Lärm vom Vorabend alles andere als lustig. Oder sie fragten, Interesse heuchelnd, nach der Herkunft der Gäste: »Sicherlich Südeuropa, oder? Bei dem Temperament.« Die Frage war aber nichts anderes als eine in Watte gepackte Anklage. Nicht selten kam in den kurzen Treppenhausgesprächen auch ein anderes Thema zur Sprache. »Du machst sicherlich eine Menge Geld mit der Wohnung?«, fragten sie dann. Jedes Wort schrie mir »Kapitalist!« ins Gesicht.

Das Dumme war: Meine Nachbarn hatten ja recht. Sie mussten unter dem ständigen Bettenwechsel leiden, während ich Kasse machte. Selbst ohne Hauspartys sind Touristen in Urlaubslaune meist lauter als die Bewohner in ihrem tristen Alltag. Logisch. Meine Gäste sind in der Regel aufgekratzt und gut gelaunt. Es wird gelacht und geredet, geschlemmt und getrunken. Und spät abends noch das Haus verlassen. Lachen im Treppenhaus, Stimmen im Hof. Sie haben schließlich Urlaub. Und auch ich war oft in Feierlaune. Dann, wenn auf meinem Konto immer neue Zahlungen eingingen. Mal waren es 160 Euro, mal 320 Euro, mal 740 Euro. Vierstellig kam ebenso vor. Die Vermietung der Wohnung war wie ein zweites Gehalt. In der Hochsaison machte ich das Drei- bis Vierfache gegenüber den Einkünften, die ich bei einer normalen Vermietung hätte erwirtschaften können. Wer wäre da nicht schwach geworden? Und eine Stadt wie Berlin – zumal ein Szenekiez wie Friedrichshain – kennt keine Nebensaison. Die Hauptsaison endet nie. Sie beginnt Anfang Januar und findet ihre Höhepunkt Ende Dezember zu Silvester. So hätte es ewig weitergehen können. Ging es aber nicht. Die Strafe kam. An diesem besagten Dienstag nach Ostern, als ich durch die regennassen Straßen Berlins renne. Fluchend, auf der Flucht vor den Finnen.

NIKO UND DIE STARKEN MÄNNER

Alle zwei Wochen nehme ich im Frühjahr die Strapazen der langen Autofahrt auf mich, um an der Nordseeküste in Sankt Peter-Ording meinem Hobby nachzugehen: Strandsegeln. Eine ungewöhnliche Sportart, die nur ein paar Spinner betreiben, die bei Kälte, Regen und Sturm in ihren Rennboliden auf drei Reifen über den nassen Strand brettern – mit Geschwindigkeiten, wie sie sonst nur auf Autobahnen erlaubt sind. Das Dumme am Strandsegeln ist, dass es an die Gezeiten gebunden ist. Denn nur bei Ebbe ist der Strand befahrbar. Hart wie Beton muss die Sandbank sein, im weichen Sand versinken die Wagen. Aber die Tide richtet sich leider nicht nach meinen Schlafgewohnheiten. Und so beginnen die Regatten meist zu Zeiten, an denen ich werktags noch schlafe. Hinzu kommt nach den Rennen ein unglaublicher Brand von der salzigen Seeluft, der gemeinschaftlich gelöscht wird. Erholsam im eigentlichen Sinne sind die Regattawochenenden daher nicht. Auch wenn es eine wohltuende Auszeit vom Alltag ist.

Meine sportlichen Erfolge sind eher mittelprächtig, immerhin reichten sie aber in der Vergangenheit für die Qualifikation zu einigen Europa- und Weltmeisterschaften – was allerdings hauptsächlich an der zahlenmäßig sehr geringen Konkurrenz liegt. Bei den internationalen Wettkämpfen blieb mir dann meist nicht mehr, als das Feld erbarmungslos vor mir her zu treiben. Medialer Höhepunkt meiner Karriere als »Pilot«, so werden die Strandsegler genannt, war ein großes Foto in der internationalen Ausgabe von *Sailing Anarchy*. Eigentlich war auch gar nicht ich zu sehen, sondern vielmehr mein Segelwagen, versenkt in einem großen Priel irgendwo auf der Sandbank von Sankt Peter-Ording. Ich war bereits fluchend durch das eiskalte und hüfttiefe Wasser an Land gewatet. »That sinking feeling« stand über dem Artikel.

Und genauso fühle ich mich auch, als ich nach Ostern wieder erschöpft in Berlin ankomme. Kaum ein Körperteil, das nicht von Blessuren gezeichnet ist. Blaue Flecken an Armen, Beinen und Schultern. Die Augen sind rot unterlaufen. Bei den Rennen gräbt sich feiner Sand zwischen Augapfel und Lid, scheuert und brennt noch Tage später. Wenn man es sich recht überlegt, ist Strandsegeln eigentlich ein bescheuerter Sport. Vor allem, wenn man für die Tortur mal eben tausend Kilometer am Wochenende im Auto sitzt – und dann noch einmal eine halbe bis ganze Stunde einen Parkplatz suchen muss.

Das Schicksal meint es diesmal gut mit mir. Nur wenige Meter vom Haus entfernt trollt sich ein großer schwarzer SUV. Nach zwei, drei Versuchen hat er auch schon ausgeparkt, schleicht sich über das Kopfsteinpflaster wie ein Panzer auf Patrouille durch einen Vorort von Bagdad.

Nur noch vier Stockwerke trennen mich von der heißen Wanne, die ich meinen geschundenen Knochen schuldig bin. Und dann werde ich todmüde ins Bett fallen. Den Schlaf der Gerechten schlafen, um am nächsten Morgen wieder fit bei der Arbeit zu sein. Zum Glück ist es nur eine Vier-Tage-Woche. Im Kofferraum stapeln sich meine Klamotten, die Hälfte von ihnen klitschnass von den Rennen am Vormittag. Da ich zu faul bin, mehrmals die Treppen zu meiner Wohnung zu erklimmen, entscheide ich mich für die Muli-Variante, um meine Plünnen in die Wohnung zu wuchten. Den riesigen Seesack hänge ich über die eine Schulter. Frakta, das blaue Tragewunder von Ikea, über die andere. Aus dem Kofferraum wuchte ich die Plastikbox mit meinem durchweichten Segelanzug und der verschwitzten Thermowäsche, der Visierhelm, aus dem salziges Wasser tropft, baumelt am Unterarm. Aus der Kiste riecht es nach Küste. Aber nicht nach frischer Brise, sondern eher nach totem Fisch.

Unter der Last watschele ich wie eine angeschossene Ente zum Haus. Immer wieder muss ich die Kiste abstellen, um die Gurte auf meinen Schultern zu richten. Als ich endlich im Innenhof stehe, wandert mein Blick die Fassade des Hinterhauses empor, bis unter das Dach. Ich mache unwillkürlich dicke Backen, als wenn ich überrascht wäre, dass ich im vierten Stock wohne. Langsam entströmt die heiße Luft aus meinem Mund wie aus einem defekten Luftballon. Was würde ich jetzt für einen Fahrstuhl geben?

Im Ferienapartment brennt Licht. Meine Gäste scheinen also da zu sein. Ich bin erleichtert, dass die Schlüsselübergabe in meiner Abwesenheit offensichtlich geklappt hat. Ein Stockwerk darüber ist alles dunkel. Kein Wunder, da wohne ich. Vor der Tür der Ferienwohnung muss ich ein letztes Mal verschnaufen. Nur noch ein Stockwerk, dann habe ich es geschafft. Ich setze die Kiste kurz ab, richte ein letztes Mal die Gurte über den Schultern, die Scheuerstreifen groß wie kleine Straßen in meine Haut gerieben haben. Die Schweißperlen, die auf meiner Stirn stehen, fritzeln wie Salzsäure auf meiner sonnenverbrannten Stirn. Ich wische sie unbeholfen mit dem rechten Ärmel aus meinem Gesicht. Der Film aus feinstem Nordseesand, den ich somit im Gesicht verteile, fühlt sich an wie Schleifpapier. Bei der Gelegenheit lausche ich so zufällig wie möglich an der Tür. Nichts zu hören. Ein zufriedenes Lächeln huscht über mein Gesicht. Wenn sich die gute Hanna da mal nicht getäuscht hat.

Ich habe Hanna nie kennengelernt. Leider. Ich weiß nur, dass sie in Stockholm wohnt und das hübscheste Profilfoto auf Airbnb hat, was ich je gesehen habe. Ein Traum in Schwarz-Weiß. Auf dem Bild sitzt eine junge Frau auf einer Wiese, romantisch weichgezeichnet, und schaut melancholisch in die Kamera. Hanna lächelt nicht, trotzdem strahlt die Aufnahme. Obwohl das Foto keine Farben hat, sehe ich brünette lange Haare, braune Rehaugen und einen bezaubernden roten Mund. Ich habe Schmetterlinge im Bauch.

Hanna will mit drei Freundinnen meine Ferienwohnung für eine Woche buchen. »We love your apartment«, schreibt sie kurz und knapp. Vier junge Schwedinnen. Jackpot! Rosamunde-Pilcher-Filme könnten so beginnen. Happy End inbegriffen. Ein Blick auf das angefragte Buchungsdatum beendet aber alle meine Tagträumereien. Ein bisschen ist es so, als hätte die Lottofee endlich meine sechs Zahlen gezogen, aber ausgerechnet dieses Mal habe ich vergessen, den Schein abzugeben.

Erst einen Tag zuvor hatte mich Niko angeschrieben, ein dreißigjähriger Student aus Finnland, der ebenfalls mit Freun-

den über Ostern Berlin besuchen will. Neun Tage will er bleiben. Ich habe ihm zugesagt, die Wohnung für ihn zu reservie-
ren, da weder er noch seine Freunde im Besitz einer Kreditkarte
sind, um die Buchung abzuschließen. Niko verspricht, das Geld
an Airbnb zu überweisen, was aber ein paar Tage Bearbeitungs-
zeit in Anspruch nähme. Bis das Geld in Kalifornien eingegan-
gen ist, ist der Buchungsprozess offiziell nicht abgeschlossen,
weshalb die Wohnung weiterhin auf der Website als verfügbar
angezeigt wird. Irgendwo in Stockholm sehen vier junge Frauen
das Angebot und schreiben mich an.

Ich hätte die Wohnung also problemlos an Hanna vermieten können. Im Nachhinein: sogar müssen. Insgeheim hoffte
ich, dass Niko das Geld doch nicht überweisen wird. Schon
einmal hatte ich Gästen auf deren Bitten hin die Wohnung
ohne abgeschlossene Buchung freigehalten – und sie haben
sich nie wieder gemeldet. Also besteht noch Hoffnung. Ich
erkläre Hanna, dass ich die Wohnung bereits ein paar Finnen
versprochen habe und ich mich gegenüber dem Versprechen
verpflichtet fühle. Aber ich versichere ihr, mich zu melden,
sobald ich Klarheit darüber habe, ob die Finnen wirklich buchen. Hanna bedankt sich und beendet die E-Mail mit einem
Satz, der wie eine Warnung klingt: »Think about it: Swedes are
better than Finns ;)«

Zwei Tage später muss ich Hanna leider endgültig absagen. Die Finnen haben bezahlt, die Buchung ist nicht mehr
rückgängig zu machen. Statt Hanna und ihren drei Freundinnen aus Stockholm erwarte ich nun Niko aus Tampere mit seinen drei Kumpels. Finde den Fehler!

Freunde lachen mich aus, dass ich Niko die Wohnung freigehalten habe. Hohn und Spott prasseln auf mich ein, erst recht,
als ich die Fotos von ihm und Hanna aus den Airbnb-Profilen in

einem Anflug von Masochismus und Selbstkasteiung gegenüberstelle. Hannas Foto könnte auch das Cover der *Vogue* zieren, oder zumindest das der *Landlust*. Nikos Bild könnte der Polizeicomputer von Tampere ausspucken, wenn man ihn mit dem Begriff »Kleinkrimineller« oder »Dealer« füttert. Der Finne steht vor einer besprühten Wand mit dem Schriftzug »Lazy Bastard« und zieht lässig an einer gedrehten Zigarette. Nichts, was einen besonders charmanten Eindruck hinterlässt. Wäre da nicht das St.-Pauli-Shirt, das er trägt. Zehn Jahre habe ich wenige hundert Meter entfernt vom Millerntor-Stadion in Hamburg gewohnt, habe etliche Mal auf der Gegengeraden mitgefiebert, in der ersten, zweiten und dritten Liga, und jeweils vier, fünf oder sechs Biere dabei getrunken. Manchmal mehr. Mein Freundeskreis bestand fast ausschließlich aus Dauerkartenbesitzern. Spätestens als die meisten am Wochenende das Stadion gegen den Kinderspielplatz tauschen mussten, war immer eine Karte frei. Auch wenn ich mir jedes Mal den Vorwurf anhören musste, ein klassischer Event-Fan zu sein, nur weil ich nicht auf Anhieb wusste, wer in der Saison 1988/1989 im Tor stand oder am vorletzten Spieltag irgendeiner Saison in der zweiten Minute der Verlängerung noch den Ausgleich geschossen hatte. Trotzdem fühlte ich eine starke Verbundenheit zu dem Kiez-Klub – selbst wenn der Klebstoff unserer Beziehung nur Astra gewesen war.

Ich fand es jedenfalls sympathisch, dass Niko nicht wie manch anderer vorgab, die Museen der Hauptstadt mit seinen Freunden erkunden zu wollen, sondern sich »Berlin anschauen, ein paar Bier trinken und in den Parks abhängen« wolle. Ein kleiner »Spring Break«, schrieb er. Immerhin ehrlich. Trotzdem, oder gerade deshalb, blieb ein gewisses Unbehagen. Vor allem, weil ich Niko und seine Freunde nicht persönlich in Empfang nehmen konnte.

Niko reiste am Ostersonntag an, als ich noch an der Nordsee weilte. Wegen der Schulferien hatten halb Berlin und mein kompletter Freundeskreis die Stadt verlassen. Ich konnte niemanden finden, der den Schlüssel hätte übergeben können. Also fragte ich in Meleks Späti um Hilfe, tütete den Schlüssel mit ein paar netten Begrüßungsfloskeln ein, bezahlte für einen Sixpack Bier, den der freundliche Späti-Mitarbeiter, der damals die Nachtschicht übernommen hatte, den Finnen als Willkommenstrunk mitgeben sollte. Niko teilte ich per E-Mail mit, dass es mir sehr leid täte, aber ich die Wohnung nicht persönlich übergeben könne. Für Niko war das kein Problem. »Don't worry«, schrieb er in gewohnt unkomplizierter Art.

Nachdem ich Hanna abgesagt hatte, waren die Schmetterlinge im Bauch schnell gestorben. Hinterlassen hatten sie ein grummelndes Gefühl im Magen. Am Sonntagabend kontrollierte ich immer wieder mein Handy. Keine neuen Nachrichten. Ich hatte erwartet, dass sich Niko nach der Schlüsselübergabe einmal meldet, oder sich wenigstens für den Sixpack bedankt. Andererseits sind keine Nachrichten meistens gute Nachrichten. Hätte die Schlüsselübergabe nicht geklappt, wäre das Telefon sicher nicht stumm geblieben. Ein wenig skeptisch war ich ob des Späti-Mitarbeiters schon, den ich eigentlich gar nicht kannte. Nicht einmal seinen Namen wusste ich, geschweige denn seine Telefonnummer. Was, wenn er den Brief für Niko verloren oder vergessen hätte, ihn mit zur Arbeit zu nehmen, nachdem er das Sixpack genüsslich in der S-Bahn nach Köpenick ausgetrunken hatte. Dass er ganz im Osten der Stadt wohnt, hatte er einmal beiläufig erwähnt, als es um Union Berlin ging. Aber wäre irgendetwas schiefgelaufen, hätte Niko sich sicherlich sofort gemeldet.

Am Montagmorgen fragte ich mich, ob Leute, die keine Kreditkarte haben, vielleicht auch kein Handy besitzen. Immer noch hatte ich keine Nachricht erhalten. Weder von Niko noch von meinen Nachbarn. Was wiederum ein gutes Zeichen war. Es gab also keine Beschwerden wegen des angekündigten »kleinen Spring-Breaks« der Finnen. Dummerweise hatte ich zunächst an harmlose Frühlingsferien gedacht, nicht an die exzessiven Orgien amerikanischer Studenten, die halb Mexiko oder Florida verwüsten. Nachdem ich bemerkt hatte, dass die Stimmung im Haus langsam zu kippen drohte, hatte ich die Nachbarn gebeten, mir sofort mitzuteilen, wenn sie sich auch nur im Geringsten durch die Ferienwohnung gestört fühlen, damit gar nicht erst Frust aufkommt, der später in blanken Hass umschlagen könnte. Und so wie ich einige Nachbarn einschätzte, würden sie keine Sekunde zögern, sich zu beschweren.

◆ ◆ ◆

Als ich es endlich mit meinem gesamten Gepäck in den vierten Stock geschafft habe, lasse ich erschöpft den Seesack von meiner Schulter in den Flur neben Frakta plumpsen. Die Plastikbox mit den klammen Klamotten poltert vor der Waschmaschine in der Küche auf den Dielenboden. Kurz überlege ich, die von Salzwasser getränkten Textilien noch in die Trommel zu stopfen, entscheide mich aber dagegen. Stattdessen gehe ich ins Badezimmer und lasse mir eine heiße Wanne ein. Waschmaschine laufen lassen und gleichzeitig baden schließen sich leider aus. Zusammen mit einem Freund hatte ich die Waschmaschine dummerweise an die Warmwasserleitung angeschlossen. Läuft also die Waschmaschine, kommen nur ein paar warme Tropfen im Badezimmer an. Als

wir den Pfusch bemerkt hatten, waren wir zu faul, den Faux-
pas zu beheben – und redeten ihn uns lieber schön. Wahrscheinlich würde ich sogar Strom sparen, da die Maschine das
Wasser nicht mehr erhitzen müsse, war unsere These. Spätestens als ich das erste Mal einen Pullover aus Merinowolle im
vermeintlichen Kaltwaschgang wusch und seine noch damp-
fende Miniaturversion aus der Trommel holte, war klar, dass
ich die Anschlüsse dringend umbauen muss. Seitdem nehme
ich mir das wöchentlich vor.

Während sich auf der Wanne ein großer Schaumberg bil-
det, schmiere ich mir eine Stulle. Auf dem Toilettendeckel po-
sitioniere ich den Laptop auf zwei Klopapierrollen, um beim
Baden einige Folgen irgendeiner Netflix-Serie anzuschauen.
Das Glas Rotwein stelle ich auf dem Beckenrand ab, die Flasche zum Nachfüllen in Reichweite.

Bei der Wohlfühlvorbereitung halte ich immer wieder
inne, um zu lauschen, ob ich etwas aus der Ferienwohnung
höre. Nichts. Zufrieden gleite ich in die viel zu warme Wanne.
Unterhalb der Wasserlinie läuft die Haut rot an wie ein Hum-
mer, kalkweiß ragt der obere Bauch wie Rügen mit seinen Krei-
defelsen aus dem Wasser. Aber die Hitze tut dem geschundenen Rücken gut. Erst als der Kreislauf Karussell fährt, lasse
ich kaltes Wasser nachlaufen. Der perfekte Ausklang eines an-
strengenden Wochenendes. Gegen elf wanke ich beseelt von
eineinhalb Gläsern Wein und am ganzen Körper so verschrum-
pelt wie die Hände eines Tellerwäschers ins Bett. Acht Stunden
Schlaf. Herrlich!

Um halb eins werde ich aus meinen Träumen gerissen. So-
nore Stimmen dringen wie das Hämmern eines Schlagbohrers
durch das Mauerwerk. Wortfetzen wechseln sich ab mit tiefen
Grunzern und grölendem Lachen. Die Finnen!, schießt es mir

durch den Kopf. Dass ich sie jetzt so laut und deutlich höre, als säßen sie alle auf meiner Bettkante, kann nur einen Grund haben: Sie waren den Abend über gar nicht zu Hause gewesen, sondern hatten schlicht vergessen, das Licht zu löschen.

Im Halbschlaf knete ich das Kissen um meinen Kopf. Aber es hilft nichts. Im Dunkeln tappe ich nach der Packung mit Ohropax, die auf dem Stuhl neben meinem Bett liegt, rolle und zwirbele die Pfropfen zwischen meinen Fingern, ehe ich sie in meine Gehörgänge presse. Ich spüre, wie sie sich wieder ausdehnen und die Muscheln wie Silikon abdichten. Aber auch das hilft nichts. Die Stimmen sind immer noch da. Unruhig wälze ich mich im Bett hin und her. Ich merke, wie der Ärger sich in Aggression verwandelt. Ich versuche mich zu beruhigen: Wahrscheinlich nehmen die Jungs nur noch einen kleinen Absacker und fallen dann todmüde ins Bett. Kennt man ja. Meistens bleibt die Hälfte des Scheidebechers im Glas.

Trotzdem muss ich morgen mit Niko reden. Für die späte Stunde sind sie definitiv zu laut. Und leider auch viel zu munter, wie ich ganz im Gegenteil zu meinen Gästen ernüchtert feststelle. Müde klingen die Stimmen keinesfalls. Im Gegenteil, sie werden immer lauter, wie bei einer Party, die gerade Fahrt aufnimmt. Mein Kopf dröhnt. Ich höre Hannas mahnende Worte: »Think about it. Swedes are better than Finns.«

Auch nach einer halben Stunde wird es nicht ruhiger. Es ist längst ein Uhr vorbei. Aus Unruhe wird Unwohlsein. Meine Schläfen fühlen sich an, als ob jemand sie in einen Schraubstock gezwängt hätte. Ich massiere meine Stirn mit Daumen und Zeigefinger in kreisenden Bewegungen. Hilft alles nichts. Der Schädel ist wie ein Meer aus Watte. Taub und dumpf. Nur hin und wieder zischt ein schmerzhafter Blitz durch den Kopf. Ich merke, wie die Finnen mich in Rage bringen. Wie kann man nur so rücksichtslos sein, frage ich mich, so unverfroren? Das ganze Haus liegt in tiefem Schlaf versunken oder sehnt sich zumindest danach. Gerade als Gast in einer Privatwohnung sollte man das doch respektieren? »Live like a local«, lautet das Motto von Airbnb und nicht »Party hard«.

Ich quäle mich aus dem warmen Bett, schlüpfe in die alte Jogginghose und den grauen Kapuzenpulli, die auf einem Berg Wäsche auf dem Sofa im Schlafzimmer liegen, stapfe wutentbrannt die Stufen durch das kalte Treppenhaus hinab und drücke immer wieder im Halbdunkel auf die Klingel, neben der mein Name steht. Die Kälte umklammert meine nackten Knöchel, die Arme halte ich vor meinem Oberkörper verschränkt. Ich bin müde, trotz Adrenalin. Ich koche, obwohl ich friere. Und jetzt ist auch noch diese blöde Lampe im dritten Stock des Treppenhauses mal wieder durchgebrannt. Morgen muss ich dem neuen Hausmeister Bescheid geben, der zwar angeblich einmal in der Woche nach dem Rechten schaut – das zumindest in Rechnung stellt –, aber sich anscheinend niemals die Treppenhäuser hochquält.

Ungeduldig tippele ich von einem Bein aufs andere. Noch einmal drücke ich auf die Klingel. Doch das Läuten kommt nicht gegen das Lachen an, das von drinnen nach draußen dringt. Bässe pumpen Schallwellen ins Treppenhaus. Mein Puls hat den Beat angenommen. Das Klingeln bleibt ungehört. Erst als das Geschrammel aus dem Lautsprecher kurz aussetzt und ich mit der Faust gegen die Tür hämmere, höre ich, dass sich jemand nähert. Ein großer Mann mit strähnigen Haaren und wildem Bart öffnet mir. Ein bisschen erinnert er mich an Sven aus *Wickie und die starken Männer*. An den schrecklichen Sven. Ich frage mich, ob er wohl hinter seinem Rücken die mit Dornen gespickte Eisenkugel versteckt hält. Erstaunt schaut mich

»Sven« an, ich starre ihn an. Er hat wohl jemanden anderes erwartet. Ich auch. Nämlich den schmächtigen jungen Mann von dem Foto. Und keinen Zwei-Meter-Hünen. Trotzdem frage ich schüchtern: »Niko?« Der Berg schüttelt sich und grunzt etwas in Richtung Wohnzimmer, aus dem lautes Palaver dröhnt. Bei genauem Hinhören könnten die gutturalen Laute »Niko« bedeuten. Als er ein zweites Mal den Namen ruft, ist es wie ein bissiges Brüllen. Aber jetzt bin ich mir sicher, er leitet meine Frage weiter: »N'KOOO.«

Auf wackeligen Beinen erscheint ein Typ, der aussieht wie der »Lazy Bastard« von dem Bild. Zwar ohne Pauli-Shirt, dafür wieder mit Kappe auf dem Kopf und Kippe im Mund, die nicht unbedingt nach American Blend, sondern eher nach Hindukusch riecht. Kurz überlege ich, was er wohl an dem Rauchverbot in der Wohnung nicht verstanden hat. Aber das soll mein kleinstes Problem sein.

»Niko?«, frage ich erneut. Er nickt und lächelt debil. Möglichst unaufgeregt versuche ich ihm zu erklären, dass ich sein Vermieter bin. Ich tippe auf das Handgelenk, wo sonst meine Uhr tickt, und deute an, dass es mittlerweile mitten in der Nacht sei und die Leute im Haus – einschließlich meiner Wenigkeit – gerne schlafen würden, was aber nicht möglich sei, weil er und seine Kumpels viel zu laut sind. Niko nickt und lächelt und reicht mir die Hand zum Gruß.

Reflexartig ergreife ich sie. Die Hand fühlt sich an wie ein labbriger alter Schwamm. Alles, was er sagt, ist: »Hi!«

Langsam dämmert mir, dass Niko nicht nur betrunken und bekifft, sondern komplett dicht ist. Abgeschossen in andere Sphären. Also versuche ich mich einfacher auszudrücken, meine Botschaft auf zwei wesentliche Worte zu reduzieren: »No party!«

Niko nickt. »Sorry«, sagt er jetzt und wiederholt sich, als täte es ihm wirklich leid. »Sorry.«

In dem Moment zähle ich im Hinterkopf die Stimmen im Wohnzimmer durch. Ich komme auf mindestens vier, wenn nicht fünf. Plus Niko, der wankend und wackelnd vor mir steht und wie eine hängende Schallplatte immer wieder »Sorry« sagt. Gerade will ich an Niko vorbei in die Wohnung stürmen, als mich ein Scheppern unten im Treppenhaus von dem Plan ablenkt. Ich vernehme lautes Lachen, untermalt vom Poltern schwerer Stiefel. Dazu ein Kauderwelsch, das Finnisch sein könnte. Jedenfalls eine Sprache, die ich in unserem Treppenhaus zuvor noch nicht gehört habe. Ich trete zwei, drei Schritte zurück und schaue irritiert die Stufen hinab. Zwei Typen, die aussehen wie aus einem Video der finnischen Hard-Rock-Band Lordi entsprungen, schleppen sich und jeweils zwei weiße Plastiktüten vom Späti die Treppe hinauf. An den Wölbungen ist unschwer der Inhalt zu erahnen: Flaschen. Es sind aber keine Wasserflaschen, es ist auch kein Bier. Ich erkenne billigen Fusel mit hohen Drehzahlen, Wodka und Korn.

In Mathe war ich nie gut, aber das kriege ich noch hin: zwei Typen im Treppenhaus, Niko vor mir, das macht drei. Entweder ist der vierte Finne im Wohnzimmer ein begnadeter Stimmenimitator, oder aber es bedröhnen sich noch weitere vier bis fünf Leute in der Wohnung. Die zweite Variante kommt mir deutlich plausibler vor.

»Wie viele Leute seid ihr da drin?«, will ich von Niko wissen. »Die Wohnung ist nur für vier Personen«, sage ich weiter und bemühe mich weiterhin um einen sachlichen Ton, den ich aber immer schwerer halten kann.

»Sorry«, fängt die Platte mit Sprung wieder an zu leiern.

Niko versteht mich nicht. Oder er will es nicht. »Wie viele Personen?«, frage ich noch mal.

»Ah«, sagt Niko, als wäre endlich der Groschen gefallen. »Vier!«

Jetzt platzt mir der Kragen: »Verarsch mich nicht!«

Niko versucht sich zu rechtfertigen und bringt tatsächlich einen ganzen Satz zustande, wenn auch einen kurzen. »Wir haben Besuch«, lallt er. »Bisschen chillen.«

Chillen bei 105 Dezibel? »Der Besuch haut sofort ab. Musik aus. Ruhe«, brülle ich. Gerade will ich mich aufplustern, als mir erst ein Zeigefinger von hinten an die Schulter tippt und sich dann, nachdem ich mich umgedreht habe, in die Brust bohrt. Einer der beiden Tütenträger steht direkt vor mir.

Mir wird schwarz vor Augen. Ich starre auf langes, schwarzes Leder einer abgewetzten Kutte über einem dunklen T-Shirt mit irgendwelchen Schriftzeichen, die an Runen erinnern. Die Brusttasche des Mantels befindet sich in Höhe meiner Augen. Der Mann ist noch größer als der Typ, der mir die Tür geöffnet hat. Mein Blick wandert höher, immer noch über glattes Leder. Dann wird es struppiger. Das ungepflegte Geflecht bewegt sich zu Worten. Im Takt dazu spüre ich, wie sich der Zeigefinger in meine Brust bohrt. Jedes Wort ist wie ein Nadelstich: »We – pay – rent! We – can – do – what – we – want!«

Ich bin überrascht. Überrascht ob der Dreistigkeit des Bärtigen, andererseits über mich. Ich schreie ihn an. »Nein! Das ist meine Wohnung. Jetzt ist Ruhe.« Sollen die Nachbarn doch ruhig hören, dass ich mein Bestes gebe, ich mich wagemutig der Invasion der Wikinger entgegenstelle. »Die Party ist vorbei«, brülle ich in Richtung der Tür, die sich gerade hinter den drei Gestalten und vor meiner Nase schließt. Die Typen haben mich doch tatsächlich einfach im Hausflur stehen lassen.

Passend zur Situation geht jetzt auch auf den anderen Stockwerken im Treppenhaus das Licht aus. Ich stehe allein im Dunkeln. Aber ich meine, dass die Musik tatsächlich etwas leiser geworden ist. Ich stapfe zurück in meine Wohnung und beschließe für mich, meine Intervention zumindest als Teilerfolg zu verbuchen. Allerdings erscheinen jetzt die Stimmen, da die Musik leiser ist, noch lauter. Ich streife die Jogginghose ab und lege mich wieder hin. Doch sobald ich die Augen schließe, höre ich mein Blut im Ohr rauschen. Deutet sich so ein Nervenzusammenbruch an?

An Schlaf ist nicht zu denken, zu aufgewühlt bin ich. Stilles Liegen wird zur Qual, das Adrenalin bittet zum Tanz. Ich versuche es mit Rauchen. In der Küche zünde ich mir erst eine Kippe an. Dann eine zweite. Unruhig gehe ich über den knarzenden Dielen auf und ab, stapfe mit meiner Ferse meinen Protest auf den Boden, fluche vor mich hin. Im Badezimmer gurgele ich mit Mundwasser, um den Zigarettengeschmack loszuwerden. Aus dem Spiegel schaut mich ein müder Mann an.

Als ich wieder im Bett liege, glaube ich, dass es unten ruhiger geworden ist. Aber ich täusche mich. Der Lautstärkepegel mäandert durch die Nacht wie der Kemijoki durch Lappland. Mal nimmt er Fahrt auf, mal plätschert er vor sich hin. Die Stimmen bilden einen tiefen, andauernden Grundton, das laute Gelächter schallt so unbarmherzig wie das Signalhorn eines Schiffs in einer nebeligen Nacht.

Ich starre an die Decke über meinem Bett. Und entdecke mehrere dünne Risse im Putz. Kurz überlege ich, ob die Schallwellen der Finnen vielleicht langsam das Gebäude zum Einsturz bringen. Wenn es hier oben schon so laut ist, wie muss es dann erst in der Wohnung unter dem Ferienapartment sein? Die Finnen in ihren schweren Stiefeln sehen nicht gerade so

JENS'

AIRBNB-

GUIDE

DIE AUSTATTUNG:
LIVE LIKE A LOCAL

BASICS

✔ Kaffeemaschine, idealerweise mit Kaffee-Flatrate

✔ Grundzutaten in der Küche: Salz, Pfeffer, Zucker, Gewürze, Tee ...

✔ 1 bis 2 Flaschen Wasser im Kühlschrank – gegen den Durst nach einer langen Anreise

✔ Weil der erste Eindruck zählt: frische Blumen

✔ Und das Wichtigste: funktionierendes Internet!

NICHT AM FALSCHEN
ENDE SPAREN

✔ Genügend Schlafmöglichkeiten,
  aber kein Bettenlager

✔ Gute Matratzen, denn schlechter Schlaf
  = schlechte Bewertung

✔ Individualität statt Massenware

EINZELNE EYECATCHER

✔ Telefon mit Wählscheibe

✔ Koffer als Wohnzimmertisch

✔ Alte Musiktruhe.
Aber Vorsicht bei zu guten
Lautsprechern: Sie verleiten
zu lauter Musik!

KLEINE EXTRAS BLEIBEN IN ERINNERUNG

✔ Gemütlicher Kamin und ausreichend Holzscheite

✔ Balkongrill

WIE BEKOMME ICH GUTE BEWERTUNGEN?

✔ Schnelle Beantwortung der Buchungsanfragen

✔ Ausführliche Kommunikation im Vorfeld

✔ Hilfestellung bei Anreise, zum Beispiel Tipps für Parkmöglichkeiten, Infos zum Transfer vom Flughafen oder zum Ticketkauf bei ÖPNV

✔ Persönliche Begrüßung und Schlüsselübergabe

✔ Kleines Begrüßungspräsent: Bier bei Männergruppen, Sekt bei Pärchen, Kekse bei Familien

DAS SOLLTEN GÄSTE BEACHTEN:

✔ Das Wichtigste: Sich bewusst sein, dass man in einer privaten Unterkunft wohnt, und sich dementsprechend verhalten. Airbnb ist kein Hotel, es gibt keinen Rezeptionisten und auch keinen 24-Stunden-Service

✔ Sich bei Anfrage kurz vorstellen und erwähnen, wer mit einem reist

✔ Zeitpunkt zur Schlüsselübergabe angeben und bei Verspätung den Gastgeber rechtzeitig informieren

✔ Bei der Schlüsselübergabe zuhören. Nichts ist unhöflicher, als gleich nach dem WLAN-Code zu fragen und dann am Smartphone zu spielen

✔ Mit dem Gastgeber abklären, ob es okay ist, wenn vorübergehend Besuch kommt, zum Beispiel zum Essen

✔ Hausordnung vor der Buchung anschauen

✔ Sich so benehmen wie in der eigenen Wohnung

✔ Keine Partys!

✔ Die Wohnung besenrein übergeben und in dem Zustand verlassen, wie man sie vorgefunden hat

✔ Schwund ist immer: Aber das Malheur im wahrsten Sinne des Wortes bitte nicht unter den Teppich kehren, sondern dazu stehen

DIE SCHATTENSEITEN DER SHARED ECONOMY

Nicht jeder freut sich über Airbnbs, das zeigt sich unter anderem an Berliner Hausfassaden. Auch für mich hieß es zum Schluss:

aus, als ob sie elfengleich über die Dielen schweben. Und das Schlimme ist, Niko und seine starken Männer haben noch für eine ganze Woche gebucht. Das kann ich mir und meinen Nachbarn unmöglich antun. Das hält keiner aus. Und wie wird wohl die Wohnung nach der Invasion aussehen? Bilder kommen mir in den Sinn, aus den *Was-ist-Was*-Büchern, die ich als Kind verschlungen habe. Von Wikingern, die brandschatzend und plündernd ganze Dörfer überfallen und keinen Stein auf dem anderen gelassen haben. Die Mauern des Altbaus in Ost-Berlin haben zwar zwei Weltkriege und die DDR überlebt, aber den Finnen scheinen sie nicht gewachsen.

Kurz überlege ich, die Polizei zu rufen. Ich befürchte aber, dass sich die Finnen davon nur wenig beeindrucken lassen und ich als Vermieter zur Rechenschaft oder zur Kasse für den Einsatz gebeten werde. Beides scheint mir keine allzu gute Option zu sein. Also suche ich auf der Airbnb-Website nach Antworten oder zumindest einer Hotline für Notfälle. Vergeblich. Alles, was ich finde, ist ein E-Mail-Kontakt. Und das vorgeschlagene Prozedere erscheint mir etwas unzureichend. Dort heißt es, man solle den Vorfall melden und schildern, was genau passiert sei. Airbnb würde dann die Gäste mit der Beschwerde konfrontieren und sich wieder melden. Ich zweifle daran, dass die Finnen auf eine solche Beschwerde überhaupt reagieren, allein schon deshalb, weil sie in ihrem Zustand die nächsten Tage nicht in der Lage sein werden, eine Mail zu lesen.

Niko und seine Kumpels sind zähe Burschen. Die Hoffnung, die Unmenge an Alkohol, die sie wahrscheinlich schon den ganzen Tag in ihre Kehlen gekippt haben, würde sie irgendwann einmal schachmatt setzen, verfliegt nach und nach. Das Besäufnis nimmt kein Ende. Eine Stunde, nachdem ich mich erstmals beschwert habe, stehe ich wieder im kalten Treppenhaus.

Nach mehrmaligem Klingeln öffnet Niko schwungvoll die Tür. Zu diesem Zeitpunkt hat er bereits die komplette Kontrolle verloren. Nicht nur über sein Sprachzentrum, auch über seine Motorik. Als er die Wohnungstür aufreißt, fegt ihn sein eigener Schwung von den Beinen. Unter dem Gelächter der anderen fällt er in den Flur. Niko liegt auf dem Rücken, lacht und lallt. Die halb leere Flasche Wodka in seiner Hand balanciert er dabei aber so geschickt, dass er nicht einen einzigen Tropfen verschüttet. Ich bin beeindruckt.

Noch im Liegen stammelt er wieder »Sorry, sorry«. Dann rappelt er sich langsam auf, muss sich aber an der Tür festkrallen, um nicht wieder umzukippen. Erst jetzt sehe ich die weißen Mundwinkel unter den leeren, wirren Augen. Niko hat Schaum vor dem Mund. Oder Speichel. Weißer Schmadder hat sich um seine spröden Lippen und in den Mundwinkeln abgesetzt. Erschrocken starre ich in sein Gesicht. Dann engt sich mein Blickfeld ein. Die Tür fällt wieder ins Schloss. Niko sperrt mich ein zweites Mal aus.

Durch den kleiner werdenden Spalt brülle ich noch: »Morgen fliegt ihr raus!«

»Yes, yes« ist das Letzte, was ich höre. Dann wird drinnen gegrölt.

Ich bin ratlos. Und rastlos. Ich muss die Finnen loswerden. Nur wie? Während ich oben in der Küche wieder auf und ab gehe und paffe, verlagert sich die Party auf den Balkon. Die Stimmen hallen durch den Innenhof. Ich beobachte, wie im Vorderhaus Lichter an- und wieder ausgehen, sich dunkle Schatten hinter den Fenstern bewegen. Ich selbst beschimpfe die Finnen von meinem Balkon aus, dann flehe ich, sie mögen endlich ruhig sein. Die einzige Antwort ist Gelächter. Und ein Stinkefinger, der sich von unten meinem Gesicht entgegenstreckt.

Mittlerweile ist es fünf Uhr. Mein Handy leuchtet auf, Nachbarn regen sich auf, schreiben SMS und E-Mails: »Was zur Hölle geht da in deiner Wohnung vor?« Ich schildere die Situation, meine Hilflosigkeit, bitte um Entschuldigung. Und versichere, dass ich die Finnen am nächsten Tag rauswerfen werde. Nur wie? Die schnellste Möglichkeit: Ich gebe ihnen die gezahlte Miete in bar zurück.

Auch wenn es sinnlos ist, aber um mich abzureagieren, schreibe ich Niko, dass er sich melden soll, sobald er wach ist. Dass sie die Wohnung sofort verlassen müssen. Dass sie ihr Geld zurückbekommen. Dass ich ihretwegen eine Menge Ärger habe. Ich schreibe mich in Rage und bekomme gar nicht mit, dass es unten endlich ruhig geworden ist. An Schlafen ist aber nicht mehr zu denken, auch wenn ich es versuche. Es brodelt in mir. Gegen sieben ziehe ich mich an und gehe zum Geldautomaten. Im Innenhof sammele ich zwei zerbrochene Bierflaschen auf, die wahrscheinlich vom Balkon aus in die Tiefe geschleudert wurden.

Als ich vom Geldautomaten zurückkomme, klingele ich bei Niko. Keine Reaktion. Die Finnen liegen wahrscheinlich komatös in der Wohnung. Mit meinem Reserveschlüssel will ich aber nicht in die Wohnung eindringen. Nicht dass mir der liebe Besuch noch Hausfriedensbruch vorwirft. Oder mich vermöbelt. Ich schreibe meinem Chef, dass ich erst gegen Mittag in der Redaktion erscheinen werde. Ich müsse erst noch meine Ferienwohnung von Besetzern räumen.

Es ist acht, als ich unten die Klospülung höre. Jemand muss also wach sein. Ich renne sofort die Treppe hinab. Und tatsächlich öffnet mir schlaftrunken einer der Finnen, die ich bislang noch nicht wahrgenommen hatte. Augenblicklich stürme ich in die Wohnung. Im Wohnzimmer liegen vier Männer, zwei auf dem Sofa, das in einer anderen Ecke steht als üblich, zwei auf dem Boden. Einer davon ist Niko. Weitere vier lümmeln im Schlafzimmer.

Die Luft stinkt nach Sprit und kaltem Qualm, nach schlechtem Atem, Dope und Männerschweiß. Überall stehen leere Schnapsflaschen, der Aschenbecher quillt über. Der Wohnzimmertisch gleicht einer Sumpflandschaft. In den verschütteten Pfützen quellen Tabakkrümel auf. Niko quält sich auf das neue Sofa im vollgequalmten Nichtraucherwohnzimmer. Mit nacktem Oberkörper sitzt er da, seine ausgemergelten Ärmchen auf der Rückenlehne ausgebreitet. Reglos, wie an ein Kreuz genagelt. Seine Augenlider flattern, er nickt nach jedem Satz von mir. Aber ich bin mir sicher, er erkennt mich nicht. Schon gar nicht versteht er, was ich von ihm und seinen Kumpels will. Dass ich sie gerade aus der Wohnung werfe, nimmt er nicht wahr. Erst denke ich, er reagiert auf den Rausschmiss gelassen. Aber bei genauerer Betrachtung stelle ich fest, dass er gar nicht reagiert, sondern nur unbewusst zuckt.

Dann kommt der Brustbohrer aus dem Schlafzimmer gewankt, reibt sich die kleinen Augen, die wie trübe Tümpel in schwarzen Moorlandschaften liegen. Selten habe ich solche Augenringe gesehen, denke ich noch und spüre sofort einen Phantomschmerz an der Stelle über meiner linken Brust, in die der bärtige Hüne vor wenigen Stunden seinen Finger pikste, als er mir in wenigen Worten klarmachen wollte, dass sie tun könnten, was immer sie wollten. Ein übel riechender Singsang an Vokalen und Umlauten prasselt jetzt in mein Gesicht. Der Brustbohrer steht direkt vor mir. »Mitä tyttö haluaa täällä?« Es könnte ganz niedlich klingen, wenn er nicht so brüllen würde. Es heißt wohl so etwas wie: »Was will der Typ hier?« Ich bin viel zu aufgeregt, um Angst zu verspüren. Deshalb schreie ich zurück, schreie meine angestaute Wut in die von Alkohol gezeichneten Gesichter. Schreie, dass sie in spätestens zwei Stunden die Wohnung verlassen haben, ansonsten käme die Polizei.

Niko kann dem Gespräch nicht wirklich folgen. Er grunzt mehr, als dass er antwortet. Sein Blick flackert. Zwei der Finnen sind aber erstaunlich aufnahmefähig. Und einsichtig. Meinen ganzen Zorn lasse ich an ihnen aus. Sie entschuldigen sich, und es hat fast den Anschein, sie meinen es ernst. Ich erkläre ihnen, wie problematisch das Vermieten von Ferienwohnungen in Berlin sei – gerade wegen Gästen wie ihnen. Ich verschanze mich hinter den Nachbarn, die sich, vollkommen zu Recht, aufgeregt hätten. Erwähne die Polizei, die zwar nicht erschienen ist, aber irgendwie gut in die Dramatik passt. Ich gebe den Finnen zwei Stunden Zeit, die Wohnung zu verlassen. Wenn sie mir den Schlüssel bringen, erhalten sie ihr Geld zurück.

Der Brustbohrer legt ein Veto ein. »Ei!« »Ei!«, sagt er immer wieder. Was so viel heißt wie »Nein«, zumindest lässt seine Körpersprache das vermuten. Er lehnt einen Auszug ab. Ihr Rückflug sei erst in einer Woche. Und Hotels seien zu teuer, erklären mir die beiden halbwegs Ansprechbaren. Ich raste aus: Natürlich seien Hotels teurer, als mit acht Leuten in einer Wohnung für vier zu wohnen. Aber das sei mir scheißegal. Entweder sie sind in zwei Stunden weg oder die Polizei kommt. Die beiden halbwegs fitten Finnen reden auf das Monster ein. Ich verstehe nichts. Aber mein Kopf wandert wie beim Tennis hin und her, je nachdem, wer wen gerade anbrüllt. Dann sagt der Brustbohrer auf Englisch: »Okay. Aber das Geld kriegen wir in bar.«

In den kommenden zwei Stunden triumphiere ich. Auch wenn es ärgerlich ist, dass neben all dem Zoff auch noch die Einnahmen für eine Woche flöten gehen. Ich versuche es wieder mal – wie schon bei Nadav – als Lehrgeld zu verbuchen. Nie wieder werde ich an Finnen vermieten, beschließe ich. Und nie wieder an reine Männergruppen. Ich nutze die Zeit, bis die Finnen den Rückzug antreten, und schreibe einen Brief an alle Personen, die in den nächsten Wochen die Wohnung gemietet haben. Ich erzähle, was gerade passiert ist.

Hallo!
Diese Mail ist zur allgemeinen Information. Ich sende sie an alle, die in den kommenden Wochen mein Apartment in Berlin gebucht haben.
Letzte Nacht hatte ich massive Probleme mit einigen Gästen. Statt vier Personen schliefen dort plötzlich acht – und feierten lautstark Party. Für die Nachbarn – und auch für mich (ich wohne, wie beschrieben, direkt über der Ferienwohnung) – ist das eine Zumutung. Ich habe mich mehrere Mal beschwert, aber es half alles nichts. Erst am Morgen kehrte Ruhe ein. Jetzt habe ich die Gäste aus der Wohnung geworfen, obwohl sie noch für weitere sechs Tage gebucht hatten. Die Wohnung sieht aus wie ein Schlachtfeld. Um ehrlich zu sein, ich möchte eine solche Erfahrung nicht noch einmal machen. Jeder ist willkommen, aber ich bitte darum, die Hausregeln einzuhalten. Wer dagegen verstößt, wird vor die Tür gesetzt.
Das bin ich meinen Nachbarn schuldig. Wie gesagt, diese Mail ist eine allgemeine Info an alle kommenden Gäste und nicht persönlich gemeint.

Friedrichshain ist eine tolle Gegend, um Party zu
machen. Aber die Party findet nicht in der Wohnung
statt! Die Nachbarn haben Kinder, sie müssen
am nächsten Morgen zur Arbeit und zur Schule und
brauchen ihren Schlaf.
Die Wohnung liegt in einem sehr ruhigen Hinterhaus. Und das sollte es auch bleiben. Wenn ihr also
vorhabt, euch in der Wohnung auszutoben, bitte bucht
eine andere Unterkunft.

Ich lese mir die E-Mail noch einmal durch, überlege kurz, ob
sie vielleicht etwas zu harsch formuliert ist, verwerfe den Gedanken aber wieder und drücke auf »Senden«. Mein Frust ist
rausposaunt in die Welt. Und schlagartig geht es mir besser.

Überraschend pünktlich klingelt es an meiner Tür. Die
beiden »netten« Finnen stehen im Treppenhaus, zusammen
mit dem Brustbohrer. Niko selbst hat anscheinend nicht die
Eier, aufzutauchen. Oder er kann noch nicht stehen. Alle drei
haben schon wieder ein geöffnetes Bier in der Hand. Sie geben
mir die Schlüssel, ich ihnen das Geld, das mir der Lordi-
Verschnitt aus der Hand reißt und sorgfältig nachzählt, so wie
man es aus Mafia-Filmen kennt. Ich halte ihm eine Quittung
hin, auf der er bestätigen soll, das Geld erhalten zu haben.
Grummelnd nimmt er Zettel und Stift – und unterschreibt.
Ich bin sie los. Endlich.

Ich warte, bis das Stimmenwirrwarr im Innenhof sich gelegt hat, dann inspiziere ich die Wohnung. Sie sieht aus wie
nach einem Erdbeben. Natürlich haben Niko und seine Gang
kein Stück aufgeräumt. Das hatte ich auch nicht erwartet. Aber
wenigstens hätten sie die Fenster öffnen können. Immer noch
klebt ein widerlicher Gestank an den Wänden, der jeden

Moschusochsen neidisch werden lässt. Die Möbel im Wohnzimmer sind wüst im Raum verteilt, die Metallfüße des Sofas haben beim Verrücken lange Striemen in den Holzboden geschnitzt. Im Flur rinnt eine Spur roter Flüssigkeit die Wand hinab, jetzt ist sie festgetrocknet. Ich hoffe, dass der Grieche aus dem Erdgeschoss nicht seine Katze vermisst.

Die weiße Tapete im Flur ziert Profile von Sohlen schwerer Stiefel. Jemand muss sich entspannt mit dem Rücken an die Wand gelehnt und sich dabei wie ein Cowboy mit dem Fuß abgestützt haben. Der Flur muss gestrichen werden. Keine Frage. Aber ansonsten scheint nichts kaputt gegangen zu sein. Der Fernseher hängt noch an der Wand, sogar die transportable Bluetooth-Box, die ich dummerweise vergessen hatte wegzustellen, haben die Finnen nicht mitgehen lassen.

Die Küche wäre für jeden Messi ein Kaiserreich. Sie gleicht dem Inhalt eines Altglascontainers. Dutzende Bier- und Weinflaschen stehen überall im Raum. Dazu etliche Flaschen Billigwodka und Schnaps vom Discounter. Dafür nicht eine einzige Wasserflasche, nicht einmal Cola oder andere alkoholfreie Getränke.

Ich beginne aufzuräumen. Das Altglas füllt drei große Tragetaschen. Ohne das Leergut wirkt die Küche fast aufgeräumt. Ich packe ein paar Gläser in die Spülmaschine, dazu eine Handvoll Gabeln. Das ist alles. Hunger hatten die Wikinger wohl nicht. Selbst der Kühlschrank ist leer, wahrscheinlich hatten sie ihn nur mit Alk gefüllt – und den natürlich mitgenommen. Ein Blick in den Mülleimer zeigt, wovon sie sich neben Hochprozentigem ernährt haben: Er ist voll mit leeren Dosen, die mal mit Hering in Tomatensoße gefüllt waren.

Ich entsorge den Müll, schleppe die schweren und klimpernden Taschen zum Altglascontainer, der zum Glück an der nächsten Straßenecke steht. Zu mehr bin ich nicht in der Lage. Jetzt, wo das Adrenalin aus dem Körper weicht, macht sich die schlaflose Nacht bemerkbar. Aufräumen und streichen verschiebe ich auf die nächsten Tage, die Wohnung steht ohnehin eine Woche leer. Neben dem Stress, dem Aufwand, dem finanziellen Ausfall habe ich es mir auch mit meinen Nachbarn verscherzt.

Ich fahre zur Arbeit. Etwas Ablenkung kann nicht schaden. Auf dem Weg durchs Treppenhaus stelle ich vor der Tür unter der Ferienwohnung eine Flasche Wein mit einem kleinen Zettel. Ich zitiere Niko: »Sorry!«

Am Abend bin ich wie gerädert. Als ich den Wagen vor dem Haus parke, stelle ich fest, dass ich noch Kippen kaufen muss. Auf dem Weg zu meinem Späti wundere ich mich über die Horde Obdachloser in dem kleinen Park am Ende der Straße, die um einen Einkaufswagen voll mit Flaschen stehen und saufen. Und das im Regen. Einer trägt nur ein T-Shirt, dabei liegt die Temperatur nur knapp über dem Gefrierpunkt. Erst dann sehe ich die Rucksäcke und erkenne in der Meute meine Finnen, als einer von ihnen auch mich erspäht und auf mich zeigt. Ich glaube, es ist Niko. Er grölt irgendwas in meine Richtung und zeigt den Stinkefinger.

Als der Mob auf mich zustürmt, laufe ich panisch los. Über die Straßenbahnschienen, das rutschige Pflaster, vorbei an Melek mit dem blauen Zahnfleisch. Erst an der Ecke zum Boxhagener Platz bemerke ich, dass die Finnen mir gar nicht mehr folgen. Wahrscheinlich sind die Jungs bereits wieder viel zu voll, um auch nur einen Fuß vor den anderen zu setzen. Weit haben sie es in den vergangenen acht Stunden jedenfalls nicht geschafft.

Ich kaufe Zigaretten in einem anderen Späti und nehme einen großen Umweg in Kauf, um mich von der anderen Seite meiner Wohnung zu nähern. Mein Herz schlägt im Hals, und ich hoffe, heil zurück in die Wohnung zu gelangen. Als ich ungesehen die Haustür erreiche, atme ich auf. Doch sie ist, wie so oft bei nasskaltem Wetter, nicht ins Schloss gefallen. Was ist, wenn die Finnen im Innenhof oder im Treppenhaus warten? Tausend Gedanken schießen mir durch den Kopf. Bei keinem komme ich ungeschoren davon.

Vermutlich haben meine Ex-Gäste keine andere Übernachtungsmöglichkeit gefunden (oder sich auch gar nicht gekümmert) und den ganzen Tag mit Trinken verbracht. Keine hundert Meter von meiner Wohnung entfernt. Ich male mir aus, wie aggressiv sie werden in Anbetracht der kalten Nacht und enthemmt vom Alkohol. Und wie sie sich ihre Wohnung zurückerobern oder zumindest dem Typen, der sie vor die Tür gesetzt hat, auf die Fresse hauen.

Langsam wage ich mich durch den Innenhof ins Treppenhaus. Alles still. Die Paranoia scheint unbegründet. Als ich endlich in meiner Wohnung bin, verriegele ich die Tür. Um ganz sicherzugehen, schiebe ich unter die Klinke der Tür zum Wohnzimmer eine Kommode, auf die ich ein dickes Buch lege. So kann die Klinke nicht heruntergedrückt werden. Sollten die Finnen in meine Wohnung einbrechen, würde sie das zumindest so lange aufhalten, dass ich noch die Polizei rufen kann. Die würde dann zumindest zeitnah meinen pürierten Körper finden. Aus dem Kaminholz krame ich ein Scheit, das ich als Prügel benutzen kann. Ich lege es auf den Stuhl neben dem Bett, gleich neben die Packung mit Ohropax. Erst am späten Abend finde ich in einen leichten Schlaf, aber bei jedem noch so kleinen Geräusch schrecke ich auf. Natürlich passiert nichts.

Als ich am nächsten Morgen zur Arbeit aufbreche, fahre ich langsam an dem kleinen Park vorbei. Von den Finnen ist nichts zu sehen. Ich atme auf.

Erst zwei Tage später beginne ich, die Wohnung aufzuräumen. Erleichtert stelle ich fest, dass es ausreicht, die dreckigen Stellen von den Fußabdrücken und mit der roten Flüssigkeit, die wahrscheinlich Rotwein aus dem Tetra Pack ist, an den Wänden zu überstreichen. Eine komplette Renovierung ist also unnötig. Kurz überlege ich, die Bettwäsche zu entsorgen, entscheide mich dann aber dafür, dass ein Kochwaschgang mit einer halben Flasche Hygienespüler reichen muss.

Als ich den Boden in der Küche wische, bemerke ich einen beißenden Gestank, immer dann, wenn ich in die Nähe der Vitrine mit dem sauberen Geschirr komme. Ich schaue durch die Glastüren, kann aber nichts als die Quelle des Gestanks ausmachen. Alles sauber, kein Müll. Als ich aber die Türen der Vitrine öffne, schlägt mir ein ekelhafter Geruch entgegen. Ich räume die Stapel mit den Tellern aus. Nichts. Ich schaue unter dem Schrank nach, ob dort eventuell die tote Katze des Griechen verwest, und die roten Spuren doch kein Wein waren. Auch nichts. Erst als ich die Teller wieder zurückräumen will, bemerke ich, dass ein Stapel besonders stinkt. Teller für Teller inspiziere ich das Porzellan. Beim vorletzten Teller dreht sich mir fast der Magen um. Darauf gammeln die Überreste von einem Hering in Tomatensauce vor sich hin. Ein letzter Abschiedsgruß der Finnen. Ach, Hanna! Hätte ich nur auf dich gehört.

MATRIX

Das Leben ist wie eine Schachtel Pralinen. Das wusste schon Forrest Gump. Man weiß nie, was man bekommt. Das Vermieten einer Ferienwohnung ist dagegen wie ein Überraschungsei. In jedem siebten steckt eine Überraschung. Leider ist es selten eine gute. Nadav und seine Freunde hatte ich verflucht, weil sie die Wohnung in einem unverschämten Zustand hinterlassen hatten. Auch waren sie mit ihrem ständigen Türenschlagen und Gepolter für meinen Geschmack zu laut und zu wenig rücksichtsvoll. Aber immerhin hatten sie sich nach ersten Beschwerden bemüht, leiser zu sein, und sich für das Chaos, das sie angerichtet hatten, später entschuldigt. So viel Anstand hatten sie immerhin. Denke ich an Wolfgang, höre ich flinke Kinderfüße bis nach Mitternacht über die Dielen flitzen. Und bei Niko, dem Säufer aus dem hohen Norden, rieche ich immer noch gammeligen Fisch in Tomatensoße.

Nach dem Finnen-Debakel war ich kurz davor, mein Inserat bei Airbnb zu löschen. Allerdings standen ja noch einige

Besuche an. Einfach kündigen? Das wollte ich den Gästen nicht antun. Und ehrlich gesagt auch nicht meinem Portemonnaie. Immerhin hatte mich Niko gut 800 Euro gekostet, da ich mich von ihm freikaufen musste und die Wohnung nicht anderweitig vermieten konnte. Nicht mit eingerechnet der Aufwand für die Reinigung und das Streichen von Teilen der Wohnung. Ganz zu schweigen von den Nerven, die mich die Finnen gekostet haben, und das verlorene Vertrauen meiner Nachbarn.

Ich fragte mich, wie die Quote der »faulen Eier« unter den Gästen wohl in Wohnungen ausfällt, bei denen der Vermieter nicht gleich nebenan wohnt. Ich war davon ausgegangen, dass meine Anwesenheit im unmittelbaren Umfeld Chaos-Touristen abschreckt. Doch mittlerweile bin ich mir sicher, dass weder Nadav noch Niko das Profil nur ansatzweise gelesen haben – wie wahrscheinlich viele andere auch nicht. Und im Falle von Niko bin ich überzeugt, hätte er es gelesen, es wäre ihm ziemlich egal gewesen. Ich meine sogar, ich hätte ihm extra geschrieben, dass ich über ihnen wohnen würde, was ihn nicht davon abgehalten hat, mit acht statt vier Leuten die Wohnung zu belagern.

Fest steht: Noch ein Niko und ich bin reif für die Mühle. Oder die Nachbarn knüpfen mich am Ahorn im Innenhof auf. Immerhin würde dann mein letzter Blick in die Schwedinnen-WG fallen. Dennoch erscheinen mir beide Alternativen wenig reizvoll. Also muss ich im Vorfeld die Gäste besser auswählen, was zunächst heißt, ich muss mich von dem Impuls verabschieden, jede Buchungsanfrage anzunehmen. Zum Glück ist die Wohnung mittlerweile gut nachgefragt, sodass ich wählerischer sein kann, was die Anfragen anbelangt. Beziehungsweise: sein muss. Bei Niko hatte mein eingebautes Katastrophenradar ja sogar funktioniert. Das latent schlechte Bauchgefühl, das ich bei ihm hatte, wurde noch bestärkt, weil ich zu dämlich war, ihn durch Hanna auszutauschen.

Um auf andere Gedanken zu kommen, besinne ich mich auf die vielen angenehmen Erfahrungen, die ich neben den wenigen katastrophalen gesammelt habe. Wer waren gute Gäste?, frage ich mich. Und wer schlechte? Gibt es da vielleicht ein Muster? Ich erstelle eine Liste mit Alter, Herkunft, Geschlecht, Konstellation, bisherigen Bewertungen, Buchungsdauer, Kommunikation sowie Details aus dem Airbnb-Profil. Es wird meine kleine, ganz private Rasterfahndung.

Bislang habe ich alle Anfragen angenommen, von Pärchen über Vierergruppen bis Familien. Einschließlich Shopping-Queens und Sightseeing-Hopper, die in zwei Tagen mehr von Berlin gesehen haben, als ich es jemals möchte, nicht zu vergessen Sauftouristen. Viel zu wenig habe ich bislang auf Bewertungen geachtet, beziehungsweise darauf, dass einige Gäste noch gar keine Bewertungen hatten. Bei Nadav war das so. Und auch bei Niko. Deren Profile waren jungfräulich. Beides waren Reinfälle. Angeblich hatten sie sich gerade neu bei Airbnb angemeldet. Möglich. Aber möglich wäre ebenso, dass sie sich einfach ein neues Profil angelegt haben, weil die Bewertungen bei ihrem alten entlarvend waren. Auch Profile ohne Foto wecken nun meine Skepsis.

Ich versuche, eine Matrix zu entwickeln. Aus den wenigen Informationen, die ich habe, versuche ich die Person zu analysieren, der ich meine Wohnung anvertrauen soll. Dazu verteile ich in den verschiedenen Kategorien Minus- und Pluspunkte. Ab zwei Minuszeichen werde ich skeptisch, bei dreien lehne ich definitiv ab. Ein Minus vergebe ich beispielsweise an Gruppen ab drei Männern. Nach einem Besuch von vier jungen Frauen, die hörbar begeistert waren von Elektromusik, leiste ich meinen Beitrag zur Gleichberechtigung und versehe auch reine Frauengruppen mit einem Minus. Der stundenlang stampfende Bass (laut genug, um zu nerven, aber leider leise genug, um sich nicht beschweren zu können – zumindest tagsüber) war dabei der Beat zu den spitzen Schreien und dem Gegacker der angetüterten Prosecco-Lerchen, das anscheinend Mauern noch müheloser durchdringen kann als grummelnde Männerstimmen.

Einzelpersonen hinterlassen die Wohnung in einem tadellosen Zustand. Ganz klar ein Plus. Das gilt auch für Paare. Entweder sind sie ein eingespieltes Team, das das bisschen Haushalt gemeinsam erledigt, oder die Rollen sind verteilt. Zudem sind Paare leise. Sie kommen und gehen, als wären sie nie da gewesen. Es ist, als hätten sie sich nichts mehr zu sagen. Jegliche Euphorie und Ekstase, die andere im Urlaub versprühen, scheinen meist verflogen. Schade für das Paar, Glück für den Vermieter. Bei schwulen Paaren ist die Wohnung nachher sogar sauberer als vorher. Bei lesbischen Paaren ist der Balkon übersät von losem Drehtabak. Bei zwei Paaren wird es schon schwieriger, zumindest was das Reinigen der Wohnung anbelangt. Wahrscheinlich hat niemand Bock, den Dreck der anderen zu beseitigen, oder fühlt sich nicht zuständig. Weshalb es am Ende keiner macht. Trotzdem gibt es immer noch ein Plus. Immerhin sind zwei Paare selten laut.

Ähnlich wie einst Hugo Egon Balder verteile ich zudem Länderpunkte. Allerdings ist mein Vergabesystem recht simpel, ganz im Gegensatz zu dem von *Tutti Frutti*, jener legendären Fernsehshow Anfang der Neunzigerjahre, deren Konzept bis heute kein Mensch verstanden hat. Außer natürlich, dass die Früchtchen blankgezogen haben.

Mein System orientiert sich schlicht und einfach an Erfahrungswerten. Dank Niko und Nadav nehme ich deren Landsleute zunächst einmal allesamt in Sippenhaft, zumindest so lange, bis andere Gäste aus den jeweiligen Ländern mich vom Gegenteil überzeugen. Ebenfalls ein Minus bekommen sämtliche Nationen, in denen Alkohol sündhaft teuer ist. Was entweder für einen klassischen Sauftourismus spricht oder zumindest dafür, dass der Umgang mit Alkohol relativ ungeübt ist. Und folgenschwer enden kann. Ich vermute mal, dass der junge Norweger, der vom Balkon der Ferienwohnung in den Innenhof gekotzt hat, nicht plötzlich vom Norovirus befallen worden war. Bei der Einteilung der Nationen scheue ich auch nicht davor zurück, mich der billigsten Klischees zu bedienen. Erschrocken stelle ich fest, dass die meisten gar nicht mal so unbegründet sind. Im Positiven wie im Negativen. Auf einer Party lernte ich einmal einen Typen kennen, der mehrere Airbnb-Wohnungen professionell in London vermietet. Frappierend war, wie ähnlich unsere Erfahrungen mit den jeweiligen Nationalitäten waren.

Sicher, kein Mensch lässt sich gerne in Schubladen stecken. Schon gar nicht in eine mit einer kleinen Nationalflagge darauf. Schließlich läuft auch nicht jeder Deutsche im Urlaub mit Tennissocken in Sandalen umher oder reserviert seine Lieblingsliege bereits in den frühen Morgenstunden mit einem Handtuch. Obwohl? Irgendwas wird schon dran sein. Ich erinnere mich an eine Nilkreuzfahrt, die ich vor langer Zeit einmal mit meiner damaligen Freundin gebucht hatte. Es war ein Boot voller Deutscher. Und in der Tat waren die Liegen an Deck bereits vor dem Frühstück mit Handtüchern belegt. Zu unserer großen Freude machte sich ein kleiner Junge, der einzige an Bord, aus purer Langeweile einen Jux daraus, eines Morgens sämtliche Handtücher auszutauschen. Das Chaos war gigantisch. Beinahe kam es zu Handgreiflichkeiten unter den irritierten Liegen-Reservierern, auf alle Fälle aber zu lautstarken Auseinandersetzungen. Der Junge tat uns leid, als der Vater ihn dazu verdonnerte, sich bei allen betroffenen Mitreisenden zu entschuldigen. Am Abend aber lachten wir zusammen mit dem Vater bei einem Bier über die gelungene Aktion. Und auch die ägyptische Crew war durchaus angetan, denn der Personenkreis der Liegen-Reservierer deckte sich zu 100 Prozent mit den Meckerern am Buffet, das eine große Auswahl an regionalen Spezialitäten präsentierte. Zu meinem Leidwesen schienen mir einige Gerichte etwas zu eingedeutscht. Vielen anderen Touristen waren sie aber viel zu arabisch. Die vorherrschende Meinung an unserem Achtertisch: Wenn nur Deutsche an Bord sind, warum bieten die dann verdammt noch mal kein deutsches Essen an?

Aber was ist schon typisch deutsch? Die saufenden Horden am Ballermann? Die nörgelnden Touristen im Restaurant? Die Weißbiertrinker im Türkeiurlaub? Die Schweinshaxen-Verputzer unter gleißender Sonne? Die Überpünktlichen? Die ewigen Kenn-ich-Weiß-ich-War-ich-schon-Besserwisser? Oder einfach die Spießer? Für einen Vermieter wiederum sind die Spießer die besten Gäste. Wenn auch die langweiligsten. Trotzdem freute ich mich jedes Mal über Gäste aus Deutschland, denn Konsens scheint hierzulande zu sein, dass eine Wohnung ähnlich hinterlassen wird, wie sie vorgefunden wurde. Ganz eindeutig: ein Plus-Zeichen.

Mit Südeuropäern wird es nie langweilig. Sie sind quirlig, lebensfroh, voller Energie. Allerdings hinterlassen sie die Wohnung eher in einem schlechteren Zustand, als es Nordlichter tun. Ein kleines Minus. Nur Osteuropäer toppen das Chaos noch. Besonders Russen. Ein dickes Minus. Russische Männer trinken viel, sind laut und sich zu fein, die Spülmaschine selbst einzuräumen. Oder schlicht unfähig dazu, weil sie es noch nie gemacht haben. Meiner Erfahrung nach dürfte es im Russischen keine Übersetzung für das Wort »besenrein« geben. So wurden einmal Kochtöpfe mit angebrannten Resten einfach auf dem Balkon entsorgt, der Müll quoll über – und warum abwaschen, solange noch Geschirr und Gläser im Schrank stehen?

Russische Frauen können durchaus anstrengend sein. Der Stressfaktor, das ergaben meine kleinen Studien am lebenden Objekt, steigt proportional zur Größe des Beauty-Case. Wenn das Koffergröße annimmt, hagelt es Sonderwünsche und Beschwerden. Das Waschbecken ist zu klein. Im Badezimmer gibt es nicht genügend Abstellfläche für Kosmetika. Die Handtücher sind ohne Weichspüler gewaschen. Der Wasserdruck in der Dusche ist zu lasch. Dritter Stock ohne Fahrstuhl – eine Frechheit! Und wieso überhaupt sind die vier Bettdecken alle unterschiedlich dick? Alles Beschwerden, gesammelt binnen weniger Stunden an einem Tag. Dickes Minus! Eine Ausnahme bilden aber auch hier: einzelne Paare aus Russland.

Um Ausgleich im Kalten Krieg bemüht, müssen ebenso die US-Amerikaner genauer beäugt werden. In klirrenden Wintern rutschen sie auf die Minus-Liste, da sie einen etwas laxen Umgang mit Energie pflegen. Bei Außentemperaturen von unter dem Gefrierpunkt laufen sie gerne noch in Shorts und T-Shirts durch die Wohnung, natürlich bei geöffnetem Fenster, und knallen das Thermostat auf die maximal möglichen 28 Grad hoch, damit es trotzdem schön warm in der Bude ist.

Führend im Nationen-Ranking, im positiven Sinn, waren zu diesem Zeitpunkt unsere Nachbarn aus Frankreich. Allesamt höfliche Gäste, umgänglich und zufrieden. Mal stand auf dem Wohnzimmertisch ein kleiner Blumenstrauß, den zwei

Pärchen samt einem Dankschreiben für die schöne Zeit hinterlassen hatten. Mal bekam ich ein Bilderbuch mit einer Kindergeschichte, das mir ein rühriges älteres Paar aus Paris schenkte, wohl wissend, dass ich nicht ein Wort verstehen würde. Die beiden, so erzählten sie mir mit Händen und Füßen und in einem rudimentären Englisch, hätten einen kleinen Kinderbuchverlag. Das Buch war ein Gemeinschaftswerk. Sie schrieb die Geschichte, er illustrierte das Buch. Beide Male habe ich mich über die Geste sehr gefreut. Genauso wie über die Nachricht, in der ein Paar sich noch einmal für die tolle Zeit bedankte und wehleidig anmerkte, dass ihnen nach der Rückkehr ihre Wohnung in Paris jetzt so klein vorkäme.

Die Gäste aus Frankreich waren eigentlich immer vorbildliche Mieter, die sehr auf die Wohnung achteten. Standen bei ihrer Anreise zwei Klopapierrollen im Badezimmer, waren es nach der Abreise oft vier oder sechs. Die Wohnung war tipptopp aufgeräumt, meist gesaugt und in einigen Fällen sogar gewischt. Selbst die gläserne Duschwand war meist streifenfrei, was an sich ein Kunststück ist. Das kalkhaltige Leitungswasser in Berlin vermag es schon nach einer Dusche, Kristallglas in Milchglas zu verwandeln.

Ein Plus bekommen auch Schweden und Dänen (trotz der hohen Alkoholpreise bei ihnen), denn Erstere sind ja mittlerweile nachweislich »better than Finns« und Letztere bringen immer ein bisschen »hygge« mit in das ruppige Berlin. »Hygge« ist so etwas wie die dänische Lebenseinstellung. Eine gemütliche, herzliche Atmosphäre, in der man das Gute des Lebens zusammen mit netten Leuten genießt. Das warme Licht der Kerzen ist »hygge«. Freunde und Familie gehören auch dazu. Und nicht zu vergessen Essen und Trinken – das heißt für Dänen, am liebsten mehrere Stunden am Tisch zu plaudern und sich gemeinsam mit den größeren und kleineren Dingen des Lebens auseinanderzusetzen. Vielleicht erklärt das Phänomen »hygge«, wieso die Dänen oft als eines der glücklichsten Völker der Welt betrachtet werden.

Lovisa ist so eine Dänin. Zusammen mit ihren Eltern und ihrem Bruder will sie ihre Schwester besuchen, die in Berlin studiert. Die Absprache im Vorfeld ist erfrischend leicht, witzig und unkompliziert. Ich freue mich auf Lovisa (und ihre Familie), was unter anderem an ihrem Profilbild liegt, auf dem – ganz Klischee – eine hübsche junge Frau mit langen blonden Haaren in die Kamera strahlt. Allerdings stört ein wenig der Typ, der sie im Arm hält. Wahrscheinlich ist es ihr Bruder, versuche ich mir die relativ eindeutige Pose schönzureden.

Da ich ein Sixpack mit Bier als Willkommensgruß für eine Familie etwas plump finde, stelle ich eine Flasche Rotwein auf den Tisch. Schließlich zählt ja der erste Eindruck. Besonders bei den potenziellen zukünftigen Schwiegereltern. Als es klingelt, bin ich tatsächlich etwas aufgeregt. Und dann enttäuscht. Nicht Lovisa steht vor der Tür, sondern ihr Bruder, wie der Teenager mir erklärt. Viel schlimmer aber noch ist, dass er nicht der Typ auf dem Foto ist und sich der Verdacht aufdrängt, Lovisa könnte einen Freund haben, wodurch meinem Luftschlösschen ein wenig die Puste ausgeht.

Während die Eltern noch einen Parkplatz suchen, zeige ich dem jungen Mann schon mal die Wohnung. Nicht ungewöhnlich für das Alter, ist sein Interesse an der Küche relativ gering, dafür umso größer an dem WLAN-Passwort. Als die Eltern eintreffen, hat sich der Filius schon auf das Sofa gefläzt und daddelt im Netz. Die Eltern, Typ sympathische Saab-Fahrer, sind Skandinavier wie aus der Ikea-Reklame entsprungen. Natürlich haben sie gemütliche Wollpullis an. Sie freuen sich über die Wohnung, den Schwedenofen, den sie natürlich bedienen können, und mehr noch über die Flasche Wein. Sie bestellen Grüße von Lovisa, die sie bei ihrer Schwester abgesetzt hätten. Sie haben Lebensmittel mitgebracht, weil sie kochen wollen. Von der Küche sind sie begeistert. Ob es in Ordnung sei, wenn auch die »Berliner« Tochter samt Freund zum Essen käme? Allein die Tatsache, dass nachgefragt wird, macht die Familie sofort sympathisch.

Eine Stunde später bekomme ich mit, wie die Töchter eintreffen. Es wird laut in der Wohnung, der Vater mit der tiefen Stimme begrüßt wohl die verlorene Tochter. Es wird viel gelacht und erzählt und später lebhaft geschlemmt. Kochtöpfe klappern, Gläser klirren. Skål!

Es ist schön zu hören, wie die Familie ihr Wiedersehen feiert – und offensichtlich genießt. Plötzlich erscheinen mir Familienfeste, wie sie oft in Deutschland gefeiert werden, als so gar nicht »hygge«, sondern eher krampfhaft. In meinem Bekanntenkreis kenne ich kaum jemanden, der Weihnachten als Fest der Liebe sieht, vielmehr als Stress, Krampf und Kampf in überfüllten Innenstädten. Spätestens ab Oktober, wenn Wham! die Geschichte vom letzten Weihnachtsfest trällert, wobei kaum einer darüber nachdenkt, dass es in dem Lied eigentlich darum geht, dass jeder jeden an diesem heiligen Fest betrogen hat, beginnt die Suche nach einer akzeptablen Ausrede, um das kommende Weihnachten zu schwänzen: Wieder einmal muss mindestens der zweite Feiertag für die Arbeit geopfert werden. Das traurige Los aller Kinderlosen, die sich in Wahrheit darum reißen. Oder der Partner hat als Überraschung eine Flugreise auf die Kanaren gebucht. Da kann man ja schlecht absagen. Und wenn gar nichts mehr geht, liegt die Hoffnung auf dem plötzlichen Wintereinbruch mit Eisregen und Schneefall, der die Anreise einfach unmöglich macht. Zumal mit Sommerreifen am Wagen. Alle Jahre wieder beginnen die Dramen unter dem Weihnachtsbaum in deutschen Wohnzimmern mit der Zubereitung der Gans und der steten Drohung, dass es im kommenden Jahr keine Gans mehr geben wird, weil der Aufwand zu groß und die Wertschätzung zu gering ist. Auf dem Stressbarometer ist ein erster, zaghafter Ausschlag zu erkennen, der spätestens am Nachmittag getoppt wird, wenn dem Christbaum sein unschuldiges Grün von glänzenden Kugeln und glitzerndem Lametta genommen wird. Entweder ist der Baum zu groß oder zu klein, mindestens aber schief. Der Schmuck ist zu opulent oder zu mickrig. Und so verfliegen die Stunden bis zur Bescherung in Streit, Schmollen und Anspannung. Erst wenn Bing Crosby »White Christmas« schmettert und der Tisch reich gedeckt ist, kehrt ein wenig Besinnung ein, beseelt von gutem Wein.

Es ist die Stunde des Waffenstillstands. Außer der Nachwuchs terrorisiert und boykottiert das gediegene Mahl, weil ihm das Essen nicht schnell genug geht – schließlich warten ja noch die Geschenke unter dem Baum. Und so wird gezappelt und gequengelt, und es ist nur eine Frage der Zeit, bis sich das erste Glas Rotwein wie eine Blutlache über den weiß gedeckten Tisch ergießt und die Stunde der Waffenruhe abgelaufen ist. Die Eltern meckern mit dem Zappelphilipp, die Großeltern mit den Eltern, sie sollen doch bitte mit dem Enkel nicht so schimpfen. Es sei doch schließlich Weihnachten. Über den festlich gedeckten Tisch zieht plötzlich ein atmosphärisches Tiefdruckgebiet. Und die arktischen Ausläufer halten sich über den ganzen Abend. Bei der Bescherung begeht ein Sechsjähriger unter dem Weihnachtsbaum ein Massaker an einem Berg liebevoll eingepackter Geschenke und quittiert die stundenlangen Mühen und Strapazen mit kurzen, knappen Kommentaren wie »Toll«, »Aha« oder »Was ist das?«. Dabei kreist er hektisch auf allen vieren um die Tanne, um Paket um Paket aufzureißen und dann das Geschenk unbeachtet liegen zu lassen.

Nachdem das Kind sich ausgetobt hat, beginnt der Teil des Abends, der die Stimmung endgültig tötet, und er wird alle Jahre wieder mit den Worten eingeleitet: »Wir wollten uns doch nichts schenken!« Natürlich hält sich niemand daran. Oder fast niemand. Derjenige, der allerdings im Vorfeld all die guten Argumente, warum man sich nichts schenken sollte, für bare Münze genommen hat, steht an diesem Abend plötzlich ziemlich blöd und mit Schuldkomplexen da. Genauso wie der, der zu viel geschenkt hat. Die Geste der Wertschätzung verkehrt sich ins Gegenteil. Der Beschenkte freut sich nicht, sondern fühlt sich schlecht, weil er, wie vereinbart, eben kein Geschenk besorgt hat. Statt sich zu bedanken und zu freuen, reagiert der Beschenkte, indem er den Schenkenden unflätig beschimpft (»So ein Schwachsinn, wir wollen uns doch nichts schenken/Dass du dich nicht an die Absprachen halten kannst/ Das nehme ich nicht an). Am Ende haben alle schlechte Laune. So sehen Familienfeste oft in Deutschland aus. Hysterie statt Hygge.

Lovisas Familie ist dagegen wie eine Stunde Yoga. Herrlich entspannt und unkompliziert. Am nächsten Morgen erhalte ich eine E-Mail von ihr. Es gebe ein Problem mit der Kaffeemaschine. Ob ich mir das mal bei Gelegenheit anschauen könnte, falls ich Zeit hätte. Aber nur kein Stress, schreibt sie, die Espressomaschine funktioniere perfekt. Da ich gerade bei der Arbeit bin, kann ich mich erst am frühen Abend um die Kaffeemaschine kümmern. Leider ist die

Familie noch ausgeflogen, um Berlin zu erkunden, weshalb ich Lovisa erneut verpasse. Die Reparatur ist schnell erledigt, lediglich das Filtersieb ist verstopft. Erst bei der Abreise lerne ich die Dänin dann doch noch kennen. Ich hatte, wie meist, angeboten, den Schlüssel einfach in den Briefkasten zu werfen. Die meisten Gäste nehmen das Angebot dankend an. Sie scheuen das Treppensteigen, wohl aber nicht wegen der Stufen, sondern weil sie wahrscheinlich eine penible Übergabe befürchten. Bei denen, die mir den Schlüssel persönlich übergeben, war niemals etwas zu beanstanden. Das ist wahrscheinlich so wie in einem Gangsterfilm bei der Geldübergabe. Wer seinem Gegenüber anbietet, das Geld im Koffer zu zählen, hat nichts zu verbergen.

Lovisa jedenfalls bringt den Schlüssel persönlich vorbei. Auch um sich zu bedanken. Für die Wohnung, die Flasche Wein, die Reparatur der Kaffeemaschine. Dann dreht sie sich um – und geht. Wahrscheinlich zurück zu dem Typen, der sie auf dem Foto im Arm hält. Trotzdem bekommen Dänen in der Länderwertung ein Plus.

Ein weiteres Kriterium, das Einfluss auf meine Vorauswahl nimmt, ist das Alter der Gäste, was allerdings nur in Kombination mit anderen Faktoren eine Rolle spielt. An vier finnische Senioren würde ich nach wie vor vermieten, so viel Porzellan hätte Niko gar nicht zerschlagen beziehungsweise mit Fischresten versiffen können. Junge Leute um die zwanzig kommen hauptsächlich wegen des Nachtlebens nach Berlin. Mittdreißiger, um shoppen zu gehen, allen über Mitte vierzig kann man getrost glauben, dass sie wirklich wegen der Museen die Reise antreten. Markus aus Bochum, Anfang zwanzig, konnte ich das jedoch nicht glauben. Auch wenn mich von dem Profilfoto ein adretter junger Mann anlächelte, der aussah, als hätte Mutti ihm den Scheitel mit einem Spuckedaumen eben noch geradegezogen, um sich bei der örtlichen Sparkasse für eine Lehrstelle als Bankkaufmann zu bewerben. Dazu passte Marcus' Anschreiben, er und seine Freunde wollen sich auf »der Museumsinsel von Museum zu Museum treiben lassen«. Ein Blick auf sein Facebook-Profil, das für alle öffentlich ist, entlarvt Museumsfreund Marcus aber eher als Muse des Müßiggangs. Auf jedem zweiten Bild prostet er in die Kamera, seine Augen sind dabei auffallend trübe oder die Pupillen verdächtig groß.

Die sozialen Medien bieten ohnehin ein hervorragendes Spionage-Tool. Überraschend, wie viel manche Menschen von sich preisgeben, entlarvend die Bilder und leichtsinnig die Sicherheitseinstellungen. Für Marcus kann ich nur hoffen, dass er bereits einen Job hat. Sollte sich ein Personalchef sein Profil anschauen, wird es im Bewerbungsgespräch viel Redebedarf geben.

Ich mache es mir nun zur Aufgabe, jeden potenziellen Gast so gut es geht durchzuchecken. Dazu erinnere ich mich an meine alten Online-Dating-Zeiten. In den Bildern suchte ich damals nach kleinen Details, um einen Aufhänger für eine Konversation zu finden. So kopierte ich zunächst das Foto aus dem jeweiligen Profil, öffnete es in einem Bildprogramm, um es anschließend zu vergrößern und unscharfen Details Schärfe zu verleihen. Mal war es ein Foto im Hintergrund an der Wand, mal ein Bauwerk, das meine Aufmerksamkeit erregte. Die Wohnung konnte einen Messi entlarven oder einen Putzfimmel offenbaren. Gerahmte Fotos im Hintergrund vermochten etwas über den verheimlichten Beziehungsstatus verraten oder über eine noch nicht überwundene Trennung.

Statt jede Anfrage gleich mit Dollarzeichen in den Augen zu bestätigen, lasse ich über die Gäste also erst einmal meine kleine Rasterfahndung laufen. Und was soll ich sagen: Es macht sogar Spaß. Mit jeder neuen Buchung verfeinere ich die Methodik. Je mehr Gäste, desto genauer wird meine Einschätzung. Glaube ich zumindest. Chaoten meine ich im Vorfeld auszusortieren. Ob sie sich wirklich als solche entpuppt hätten, erfahre ich natürlich nie. Meine Matrix gaukelt mir aber Sicherheit vor. Eines kann sie aber nicht: Nervensägen frühzeitig identifizieren.

BESUCH DER ALTEN DAMEN

Irgendetwas rumpelt. Ich schlage die Augen auf, aber alles ist schwarz. Regen trommelt an das Fenster. Dicke fette Tropfen. Viele Tropfen. Im Halbschlaf hören sie sich an wie die hämmernden Drums des Safri-Duos, zu deren Beats in den Neunzigern verschwitzte Teenies in Vorstadtdiscos im Sperrfeuer der Stroboskopblitze zappelten. Ich schüttele die Bilder aus meinem Kopf. Wo zum Teufel bin ich?

Jedenfalls nicht zu Hause. Durch einen Schlitz im Vorhang fällt das fahle Licht einer einsam schwingenden Straßenlaterne. Nur langsam gewöhnen sich meine Augen an die Dunkelheit, schemenhaft tauchen aus dem Schwarz Umrisse auf. Jetzt erkenne ich: Der kleine rote Punkt, der mich anstarrt, ist gar nicht das Auge eines Aliens. Er gehört zu einem Fernseher, der an der Wand klebt, darunter erahne ich eine Kommode in heller Holzoptik mit Minibar, an deren einer Ecke das hauchdünne Furnier bereits abblättert. Entfernt nehme ich eine Polizeisirene wahr. Aber sie klingt irgendwie anders. Nicht nach Berlin. Eher nach den Straßen von San Francisco. Ich sehe den knollennasigen Karl Malden mit dem jungen Michael Douglas, wie sie über die Golden Gate Bridge rasen auf der Jagd nach Verbrechern. Verbrecher? Golden Gate Bridge? Plötzlich bin ich hellwach – und weiß wieder, wo ich bin. Ich bin wirklich in den USA. Aber leider nicht im sonnigen San Francisco, stattdessen in einem tristen Motel neben dem Highway 24 am Rande von Chattanooga, einer Kleinstadt irgendwo in Tennessee. Und hinter mir liegen ziemlich anstrengende achtundvierzig Stunden.

Tennessee, das hörte sich in meiner Vorstellung nach Klavierspieler im Saloon an, schmeckte wie Bourbon aus dem Eichenfass, und die Männer mussten so verwegen sein wie der Marlboro-Mann, bevor das Rauchen ihn dahinraffte. Die Realität sieht aber nach Dippoldiswalde kurz nach dem Mauerfall aus. Ost-Tristesse statt Wild-West-Romantik.

Aber das kann mir egal sein. Ich bin nicht zum Vergnügen hier. Sondern zum Arbeiten. Meine Redaktion hat mich hierhergeschickt, um eine Reportage für das Wirtschaftsmagazin *Capital* über den VW-Diesel-Skandal zu schreiben. Und außerdem bin ich auf der Flucht. Hier, jenseits des Atlantiks, fühle ich mich sicher. Diesmal nicht vor einer Horde betrunkener Finnen, sondern vor Esther und Maude, zwei rüstigen Seniorinnen. Während ich nun in diesem Hotel in den USA liege und mich frage, was mich aus dem Schlaf gerissen hat, vergnügen sich die beiden betagten Damen aus Boston zehn Tage lang in Berlin. Sie haben Quartier bezogen in meiner Ferienwohnung.

Zwei Seniorinnen, das klang nach den perfekten Gästen. Mein Matrix-Check hatte als Ergebnis lauter Pluszeichen – auch wenn die Social-Media-Analyse keine Treffer ergab. Aber das hatte ich nicht anders erwartet. Von Partys, wilden Besäufnissen oder lautstarkem Sex ging ich trotzdem nicht aus. Ebenso nicht davon, dass die beiden heimlich noch weitere Seniorinnen einer Reisegruppe im Schlepptau hätten, die sich auf Luftmatratzen auf dem Boden fläzten, um Geld zu sparen. Der Besuch der alten Damen hatte vor allem eines versprochen: eine angenehme Zeit ohne Ärger und Stress. Aber da kannte ich Esther und Maude noch nicht.

Maude hatte die Ferienwohnung bereits ein Vierteljahr vor ihrem Urlaub gebucht. Ein sympathisches Foto zierte ihr Profil, auf dem sie Arm in Arm mit ihrem Mann Joe an einem wilden Strand in die Kamera lächelt. Maude reist gerne, verriet sie. »Wir lieben die Natur, Aufrichtigkeit, gute Gespräche und Freundschaft. Wir haben bereits positive Erfahrungen mit Airbnb gemacht und freuen uns auf viele weitere.« Maudes Bewertungen lasen sich wie ein Poesiealbum. Von einem liebevollen Paar war die Rede, von der Freude, sie zu beherbergen, von einem Geschenk für jeden Gastgeber. Davon, dass sie stets die Wohnung in einem tadellosen Zustand verlassen hätten. Ein Traum für jeden Vermieter.

Maudes Kontaktaufnahme ist kurz und sachlich: »Hi, ich suche nach einem Platz in Berlin, reise mit meiner Freundin Esther. Danke!« Ebenso kurz antworte ich: »Hi! Das Apartment ist frei. Willkommen in Berlin.«

Zehn Tage wollen die beiden bleiben. Ein perfekter Deal, eingetütet mit wenigen Worten. Doch die Worte, die Maude gespart hat, scheint sie ihrer Freundin Esther überlassen zu haben. Es dauert nicht lange, da erreicht mich eine E-Mail von ihr. Esther breitet ihr ganzes Leben vor mir aus wie ein Teppichhändler seine Ware in einem türkischen Basar. Sie spricht Deutsch, etwas holprig, aber eigentlich ziemlich gut. Und erklärt natürlich auch gleich, warum. Sie wurde in Bielefeld geboren, musste aber während des Krieges mit ihrer Familie vor den

Nazis fliehen. Sie wanderten in die USA aus. Aber sie hege keinen Groll gegen Deutschland. Ihr Vater habe sich zeit seines Lebens für eine Aussöhnung mit Deutschland ausgesprochen und sei dafür sogar mit dem Bundesverdienstkreuz ausgezeichnet worden. All das – und noch viel mehr – schreibt Esther mir in ihren ersten Mails, garniert mit Zeitungsartikeln über ihren Vater und Abrissen aus ihrer eigenen Biografie.

Ich bin überrascht. Esther scheint eine interessante Person zu sein, aber mir erschließt sich nicht ganz, warum sie mir so viel von sich preisgibt. Will sie sich nur vorstellen? Oder hat sie Langeweile? Ich bedanke mich für die netten E-Mails, antworte, dass ich mich auf ihren Besuch freue, und wenn sie noch irgendwelche Fragen habe, könne sie mich jederzeit erreichen. Ich ahne nicht, dass sie das wörtlich nehmen wird. Sehr wörtlich. Denn Esther hat Fragen. Und nicht gerade wenige. Sie scheint sich auf die Reise zu freuen und ist aufgeregt. Immer wenn ihr irgendetwas durch den Kopf geht, lässt sie mich daran teilhaben: »Können wir zwei Schlüssel haben? Wir werden wahrscheinlich nicht alle Besichtigungen zusammen machen.«

So beginnt die Fragerunde. Natürlich sei das kein Problem, antworte ich. Ich erwähne nochmals, dass ich direkt über der Ferienwohnung wohne, ich also auch während des Aufenthalts erreichbar bin. Damit scheint die Büchse der Pandora geöffnet: »Wenn Sie in dem Haus wohnen, können wir das Telefon in Ihrer Wohnung benutzen? Nur im Notfall. Nicht oft, nur hin und wieder mal?«

Ich frage mich, mit wie vielen Notfällen Esther wohl in zehn Tagen rechnet. »Hin und wieder« klingt bedrohlich. Aber wer kann einer netten alten Dame schon etwas abschlagen? Trotzdem bekomme ich ein ungutes Gefühl. Ich sehe plötzlich Esther und Maude permanent in meiner Wohnung sitzen.

Also schreibe ich ihr, dass die Ferienwohnung sogar einen eigenen Anschluss habe und ich ein Telefon besorgen werde. Aber bitte keine Ferngespräche! Postwendend kommt die Antwort: »Selbstverständlich nicht. Keine Ferngespräche.«

Fast täglich meldet sich Esther mittlerweile. Mit immer kruderen Fragen. »Gibt es eigentlich öffentliche Toiletten in Berlin, auf die auch Touristen gehen können? Und wenn ja, wie sind die gekennzeichnet?« Ich bin irritiert. Sollte es tatsächlich einen Ort auf der Welt geben, an dem öffentliche Toiletten nur von Einheimischen genutzt werden dürfen? Wie kommt man auf so eine Idee? Vorsichtshalber schaue ich aber noch einmal im Netz nach und bin beruhigt. Guten Gewissens kann ich gegenüber Esther die Existenz öffentlicher Toiletten in Berlin bejahen und die frohe Kunde überbringen, dass sogar Touristen sie nutzen dürfen. Meine Antwort kröne ich mit einem Link zu der offiziellen Berlin-Website, auf der tatsächlich die öffentlichen Pinkelstellen der Stadt verzeichnet sind. Auch versuche ich zu recherchieren, ob es vielleicht in Berlin spezielle Kennzeichnungen von Toiletten gibt, mir das aber als Zugezogener nur noch nicht bekannt ist.

Langsam habe ich den Verdacht, Esther sieht in mir eher einen Brieffreund als einen Vermieter. Und sie muss ziemliche Langeweile haben. Denn wie um alles in der Welt kommt man nur darauf, dass die Kennzeichnung von Toiletten so absurd sein kann, dass man sie als solche nicht erkennt? Ich erkläre Esther, dass die Berliner Toiletten mit den üblichen Symbolen, wie man sie beispielsweise von Flughäfen kennt, ausgestattet seien, mit den weltweit benutzten Emblemen für Männer und Frauen.

Esther scheint erleichtert, dass sich das Erleichtern in Berlin als kein großes Problem herausstellen dürfte. Dafür bin ich jetzt besorgt. Wahrscheinlich hat sie ein ernsthaftes Blasenproblem. Ich frage mich, ob sie Bettnässerin ist und was das für meine Matratze bedeutet, die ich erst unlängst gekauft habe. Hektisch tippe ich »Urin + Matratze + Unterlage« in die Suchmaschine und bestelle »Suprima 3066«, ein Spannbetttuch aus »anschmiegsamem PVC«, das laut Eigenwerbung »optimalen Schutz vor Flüssigkeiten und Verschmutzungen« verspricht. Problem erkannt, Problem gebannt. Da nehme ich es auch in Kauf, dass mir fortan Werbung für Treppenlifte zugeschickt wird.

Jedes Mal, wenn mir ein Pop-up-Fenster am unteren rechten Bildrand des Monitors mitteilt, dass ich eine neue Mail habe, zucke ich zusammen, aus Angst, Esther hätte noch weitere unangenehme Fragen. Mein Kollege, mit dem ich mir ein Büro teile, lacht mich aus. Er amüsiert sich köstlich über die beiden alten Schachteln auf Weltreise, vielleicht, weil er selbst kaum jünger ist. Und er sagt einen leichtfertigen Satz: »Die würde ich ja gerne mal kennenlernen.«

Es dauert nicht lange, da wird sein Wunsch erhört. Esther hat die nächste Frage. Nach der absurden Toilettendiskussion klingt ihr erster Satz verstörend: »Jetzt habe ich mal eine ungewöhnliche Frage.« Ich bekomme Gänsehaut. »Wenn Sie in Friedrichshain wohnen, kennen Sie zufälligerweise jemand, der in der ehemaligen DDR gelebt hat? Wer könnte bereit sein, ein wenig mit mir zu sprechen? Ich bin daran sehr interessiert. Und ich möchte dessen Gedanken und Gefühle hören – wie war das Leben unter diesem politischen System?«, erkundigt sich Esther.

»Und?«, fragt mein sensationshaschender Kollege. »Was will sie diesmal?«

Ich zeige mit dem Finger auf ihn. »Dich! Sie will dich kennenlernen. Einen Ossi!«

Mein Kollege hat in der DDR gelebt, damals für das Ost-Fernsehen gearbeitet. Einen besseren Zeitzeugen gibt es nicht. Man muss ihn nur anstupsen und die Anekdoten purzeln aus ihm heraus. Erst versucht er sich noch zu wehren, gibt dann aber seiner Neugier und meinem Betteln nach. Er willigt ein, die beiden zum Mittagessen zu treffen. Aber er stellt zwei Bedingungen: Ich muss natürlich mit. Und eine Toilette muss auch in der Nähe sein.

Esther ist ganz aus dem Häuschen, als ich ihr schreibe, dass mein Kollege sich sehr freut, sie zu treffen, um über das Leben in der DDR zu sprechen. Aber Esther wäre nicht Esther, wenn ihr das schon reichen würde.

»Wenn Sie einige Zeit für ein bisschen Spaß haben, ich lade Sie ein, unserer Tourguide zu sein.« Wahrscheinlich ist es eine Generationsfrage, aber ich vermute, dass Esther und ich unterschiedliche Auffassungen von »ein bisschen Spaß« haben. Ich ordne sie eher der Fraktion von Roberto Blanco zu. Ein Mittagessen mit meinem Kollegen und den beiden – das ist okay. Aber dann muss auch mal gut sein. Also wiegele ich ab. Ich bedanke mich für das nette Angebot, das ich sehr zu schätzen wisse, befürchte aber, dass ich keine Zeit haben werde, sie als Tourguide zu begleiten. Ich müsse ja schließlich arbeiten.

Esther denkt natürlich weiter: »Vielleicht klappt es ja doch. Oder müssen Sie auch am Wochenende arbeiten? Ist der 3. Oktober nicht ein Feiertag bei Ihnen? Das ist doch der Tag der Deutschen Einheit, da feiern doch alle Deutschen? Gibt es da eine Feier, vielleicht am Brandenburger Tor? Da würde ich gerne hin.«

Wie war das noch mit dem kleinen Finger und der ganzen Hand? Langsam wird Esther anstrengend. Aber welche Wahl bleibt mir? Ich suche im Netz nach dem Programm für die Feierlichkeiten am 3. Oktober und kopiere es in die Mail. Aber ich werde deutlich wortkarger. Kurz, knapp und sachlich reagiere ich. Und ich lasse mir mit der Beantwortung der immer neuen Fragen immer mehr Zeit. Beunruhigt habe ich festgestellt, dass Esther in ihren Mails immer öfter von *wir* spricht, davon, was *wir* alles in Berlin machen müssen. Ich befürchte, mit *wir* meint sie nicht nur sich selbst und Maude, sondern auch mich. Meinen Einwand, nicht als Tourguide zur Verfügung zu stehen, hat sie einfach ignoriert. Das macht mir ein bisschen Angst. Denn ich weiß, wie das enden wird. Ich bin ein furchtbar schlechter Neinsager. Wahrscheinlich werde ich mich beugen, weil ich es nicht übers Herz bringe, den beiden einen Korb zu geben. Schon gar nicht, wenn sie vor meiner Tür stehen. Wie bei einem Hund, der mit seinen dunklen Knopfaugen winselnd vor dem Esstisch sitzt und traurig guckt, so lange, bis die Scheibe Wurst doch heimlich vom Teller direkt vor dem gierigen Maul landet.

Ich sehe mich, Esther links, Maude rechts unter meinen Armen eingehakt, wie wir durch die Hackeschen Höfe schlendern, die beiden mit wehender grauer Mähne im offenen Doppeldeckerbus sitzen, wir Käsekuchen mampfend auf einem Ausflugsdampfer bei einem Kännchen Kaffee Hag sitzen, am Checkpoint Charlie lustige Fotos mit den Schauspielern in US-Uniformen machen, am Alexanderplatz den Fernsehturm erklimmen und an der East Side Gallery den Bruderkuss nachstellen. Zu viel Kopfkino. Und der Film gefällt mir gar nicht. Ich muss Esther definitiv enttäuschen.

◆ ◆ ◆

Zwei Wochen bevor das Duo Infernale anrückt, bin ich eine Woche in Belgien bei der Europameisterschaft der Strandsegler. Zwar habe ich mit der Qualifikation bereits mein persönliches Saisonziel erreicht, doch ich kämpfe um jeden Platz im

Klassement, ist er auch noch so weit hinten. Ein bisschen Ehrgeiz muss schon sein. Und damit einer geht eine gewisse Anspannung. Esther hat sich schon seit ein paar Tagen nicht mehr gemeldet. Fast mache ich mir Sorgen. Ich kann mir nicht vorstellen, dass meine Warnung, die nächsten Tage sei ich nur schwer zu erreichen, sie irgendwie beeindruckt haben könnte. Aber vielleicht ist ja alles gesagt. Alles?

Wann kommen die beiden eigentlich am Montag an? Darüber haben wir noch gar nicht gesprochen. Es widerstrebt mir, Esther anzuschreiben, aus Furcht, ein erneutes E-Mail-Bombardement auszulösen, aber es hilft nichts. Schließlich ist der Montag mein erster Arbeitstag nach dem Urlaub, ein Tag mit Meetings und Absprachen, den ich unmöglich im Homeoffice verbringen kann, nur um vor Ort sein, wenn es den Ladys beliebt anzureisen. Also schreibe ich an Esther, bewusst kurz und sachlich. Die Antwort lässt nicht lange auf sich warten.

»Am Montag? Wir kommen doch erst am Dienstag an. Wir fliegen am Montag zwar los, haben aber einen Zwischenstopp auf Island.« Kein Problem, denke ich noch, auch wenn Esther nicht gesagt hat, wann am Dienstag sie in Berlin landen werden. Doch es ist ein Problem. Für Esther. Denn erst jetzt haben die beiden Damen bemerkt, dass sie einen Tag zu viel gebucht haben. Sicherlich ärgerlich so ein Fehler, aber nicht tragisch. Sollte man zumindest meinen. Dann kommt die nächste Mail: »Ich sprach gerade mit meiner Freundin Maude. Der Fehler ist ihr peinlich. Ihr Denken war durcheinander. Wenn es die Möglichkeit noch gibt, für einen Tag weniger umzubuchen, wären wir sehr dankbar dafür. Idealerweise möchten wir dieses Geld für nichts nicht ausgeben.«

Meine Stirn legt sich in Falten, tief wie der Priel, an dessen Kante ich mich am Vormittag überschlagen habe. Der Mast war dabei gebrochen wie ein Mikado-Stäbchen. Als ich mich zur Rettung aus dem Cockpit über das Segel abrollen wollte, stellte ich mich so ungeschickt an, dass auch das Tuch zerriss. Direkt vor den Fotografen, die genüsslich auf den Typen zielten, der ungelenk aus seinem umgekippten Segelwagen kletterte, immer noch verdattert, wie es zu dem Fehler kommen konnte. Es war mein bestes Rennen bisher gewesen. Gerade erst hatte ich nach vielen Versuchen den Belgier vor mir überholt – und einige andere Teilnehmer bereits hinter mir gelassen. Während ich noch mit meinem Fahrfehler haderte, zogen die Konkurrenten wie eine Karawane an mir vorbei. Selbst mein Lieblingsgegner aus Cambridge, der fröhlich winkte, als er mich passierte.

Entsprechend ist am Abend meine Laune. Kurz überlege ich, die einwöchige Meisterschaft abzubrechen, entscheide mich aber dann dagegen und für den Kauf eines neuen Mastes und eines dazu passenden Segels. Ein bisschen kommt es mir so vor, wie am Strand zu stehen und nach und nach Hunderteuroscheine in den Wind zu werfen.

Und jetzt will Esther auch noch Geld zurückhaben. Ich kann sie verstehen, es ist ärgerlich, wenn man sich verbucht. Aber das Geld haben die beiden längst an Airbnb überwiesen und ich kann die Wohnung in der Kürze der Zeit nicht anderweitig vermieten. Schon gar nicht für einen Tag. In höflichen Worten teile ich Esther mein Bedauern mit und versuche meine Sicht darzustellen. Aber auf Einsicht hoffe ich vergebens. »Da muss es doch eine Möglichkeit geben«, schreibt Esther mit einem empörten Unterton. Ich entschließe mich, erst einmal nicht zu antworten. Aber jedes Mal, wenn ich abends Empfang habe, schaue ich auf mein Handy. Und immer hat Esther geschrieben. Sie lässt nicht locker. »Wie machen wir das jetzt?«, will sie wissen.

Irgendwie sind die beiden mir in ihrer schrulligen Art sogar ans Herz gewachsen. Aber mehr noch befürchte ich, dass ich die ewigen Mails nicht ignorieren kann. Aus Mitgefühl für Esther und aus Sorge um meine Nerven versuche ich die Buchungsdauer zu verkürzen. Vergeblich. Da die Gäste bereits bei der Buchung bezahlen, kann der Gastgeber im Nachhinein die Aufenthaltsdauer nicht mehr ändern. Zudem erhebt Airbnb auf die Übernachtungskosten ja eine Provision, und der Gastgeber erhält über den Betrag die Abrechnung – nicht zuletzt für die Steuer. Nach dem gescheiterten Versuch, ihre Ankunft zu verschieben, versuche ich Esther das Problem zu erklären. Esther sieht ein, dass mir bei der Änderung der Buchungsdaten die Hände gebunden sind. Und liefert auch gleich eine einfache Lösung. »Dann ist es doch am einfachsten, Sie geben uns das Geld bei unserer Ankunft.« Sie hätten da vollstes Vertrauen in mich.

Langsam bin ich genervt. Wie kann es sein, dass ich Stunde um Stunde meines Urlaubs damit verbringen muss, den Fehler anderer auszubügeln, zumal zu meinem Nachteil – und mich gleichzeitig auch noch schuldig fühle, zwei Omas über den Tisch zu ziehen? Ich kann – und will – den beiden aber das Geld nicht in bar geben, da ich die verbuchte Summe versteuern muss. Nochmal erwähne ich in möglichst sanften Worten gegenüber Esther, dass der Fehler schließlich nicht mein Verschulden sei und sie das Missgeschick, hätte ich nicht explizit nach ihrer Ankunftszeit am *Montag* gefragt, nicht einmal bemerkt hätten. Immerhin hätte ich versucht, ihren Fehler auszumerzen. Zudem würde mir durch den ungenutzten Tag der Wohnung ein finanzieller Ausfall entstehen. Ich winke mit so vielen Zaunpfählen, dass in Belgien sämtliche Kuhherden wild über die beleuchteten Autobahnen flitzen müssten. An Esther perlen meine Worte jedoch ab wie das Seewasser an meinem Trockenanzug.

»Das kann nicht sein, dass man im Nachhinein die Buchungsdauer nicht mehr ändern kann«, schreibt sie. Ich wäge nochmals ab: Was kostet mich die eine Nacht? Und was die Nerven? Die Nerven, entscheide ich, sind unbezahlbar. Nach ein paar Stunden scheint es, als habe ich die Lösung gefunden. Maude, so erkläre ich Esther, müsse die Buchung stornieren, dann erneut buchen, aber diesmal bitte mit den richtigen Daten. Ich muss der Kündigung zustimmen, würde dies selbstverständlich tun und die Wohnung auch nicht anderweitig vermieten, bis sie wieder gebucht hätten. Kosten würden nicht anfallen, da ich die Stornierungsfristen sehr gästefreundlich gehalten habe. Aber Esther und Maude sind technisch überfordert. Und ich langsam technisch k. o. – ausgeknockt von zwei alten Damen.

In immer neuen Mails wollen sie eine genaue Anleitung, was zu tun sei. Nur: Ich kann es nicht erklären. Ich habe nur Zugriff auf mein Smartphone, und die App ist anders aufgebaut als die Website. Das versuche ich zu erklären. Sie müssten sich andere Hilfe suchen, rate ich. Am besten Airbnb kontaktieren. Ein Tag vergeht, ohne eine weitere Nachricht. Fast denke ich, dass die beiden ihren Fehler eingesehen haben und es bei der ursprünglichen Buchung belassen. Da hatte ich aber Esther unterschätzt. »Wir haben es jetzt hinbekommen!«, frohlockt sie.

»Toll«, antwortete ich und bin sogar wirklich erleichtert, ob des teuer erkauften Endes der Dauerdiskussion um ein paar Euro. Doch »toll« ist es immer noch nicht. Die nächste E-Mail kommt nur Minuten später. »Wenn wir jetzt neun Tage buchen, ist es aber teurer als vorher die zehn. Das geht nicht!!!«

Ich schließe die Augen und lausche dem Blut, wie es in meinen Ohren rauscht. Es klingt ein bisschen wie die Brandung an der Nordsee. Dummerweise haben die beiden recht. In der Tat sind neun Tage teurer als zehn. Ich hatte irgendwann nach ihrer Buchung den Preis pro Nacht um zehn Euro erhöht. Also versuche ich die Voreinstellungen zu ändern, was sogar nach einigen Mühen gelingt. Hauptsache, die beiden Damen geben Ruhe.

Als ich die freudige Botschaft übermittele, ist Esther in Feierlaune angesichts der Ersparnis. »Danke. Jetzt kann ich in Berlin auf Döner Kebabs protzen«, schreibt sie. Dazu ein dicker, adipöser Smiley. »Auf Döner protzen?« Den Ausdruck muss ich mir merken. Esther scheint wie ausgewechselt. Sie fragt sogar, ob es irgendetwas gibt, das sie mir aus den USA mitbringen sollen. Ich bin fast ein wenig gerührt, lehne aber dankend ab. Die Ruhe, die ich nun hoffentlich vor ihnen haben werde, ist schon Geschenk genug.

• • •

Und dann sind sie da. Drei rüstige Rentnerinnen im Wohnzimmer meiner Ferienwohnung. Und ich mittendrin. Maude ist müde, die Reise hat sie erschöpft. Vielleicht lag es aber auch an Esther, die wahrscheinlich den ganzen langen Flug aufgekratzt auf Maude eingeredet hat. Wortkarg setzt Maude sich aufs Sofa, während Esther wie das Duracell-Häschen durch die Wohnung hüpft. Kurze curlige Haare, in Ehren ergraut, dazu ein weißes T-Shirt mit ein paar Steinresten darauf und dem Schriftzug »I climbed Masada«. Nippes aus dem Heiligen Land, den viele Touristen kaufen, die mit der Seilbahn die alte Festung am Toten Meer hochgefahren sind. Für ihren zierlichen

Körper ist das T-Shirt mindestens eine Nummer zu groß. Und dann ist da noch – ja wer eigentlich? »Ich dachte, ihr kommt zu zweit?«, frage ich etwas irritiert. Die dritte Dame hebt abwehrend die Hände, als wolle sie nicht mit den beiden anderen in einen Topf geworfen werden: »Ich habe die beiden nur vom Flughafen abgeholt. Ich bin eine Freundin von Esther. Ich wohne hier in Berlin, am Prenzlauer Berg.«

Ich nicke. »Ach so« ist alles, was mir einfällt, ehe es mir plötzlich durch den Kopf schießt: Warum in aller Welt hat Esther dann nicht ihre Freundin nach den öffentlichen Toiletten gefragt und all den anderen skurrilen Dingen? Ist Prenzlauer Berg nicht genauso Osten wie Friedrichshain? Kann die Freundin die beiden nicht am 3. Oktober ans Brandenburger Tor begleiten?

Maude fallen immer wieder die Augen zu. Das ist die Gelegenheit, mich höflich nach der Wohnungseinweisung zu verabschieden. Ich zeige noch schnell das Schlafzimmer am Ende der Wohnung mit dem großen Doppelbett, so groß, dass die beiden auch bequem quer darin liegen könnten. Den Pinkelschutz, das Spannbetttuch »Suprima 3066« aus »anschmiegsamem PVC«, habe ich unter einem normalen Laken versteckt.

»Schön«, sagt Esther zu mir. Und dann an Maude gewandt: »Hier kannst du dann schlafen. Ich nehme das Sofa im Wohnzimmer. Das sieht bequem aus.«

Verdammt! Mit aufgerissenen Augen schaue ich Esther an. Meine Pupillen sind wahrscheinlich größer als schwarze Löcher, in denen gerade meine ganze sorgfältige Pinkelschutzplanung wie in einem Strudel verschwindet. An das Sofa hatte ich gar nicht gedacht. Irgendwie war ich davon ausgegangen, dass die beiden sich das Schlafzimmer teilen. Das Sofa ist in der Tat sehr bequem. Es war auch teuer. Viel zu teuer für eine Ferienwohnung, sodass ich zwischenzeitlich überlegte, es in meine

Wohnung zu bringen, wenn ich dort nicht schon ein ähnliches Sofa hätte. Mehrere Gäste hatten mich bereits nach dem Hersteller gefragt, weil sie sich spontan in das Möbelstück verliebt hatten. Und jetzt würde Inkontinenzia das Sofa wahrscheinlich fluten. Natürlich hatte ich nicht daran gedacht, auch für das Sofa einen Schutzbezug zu kaufen.

Mit dem Mut der Verzweiflung demonstriere ich bewusst umständlich, wie aus dem Sofa ein Bett wird. Ich ächze hier, stöhne da, während ich die Stützen aus den Reißverschlüssen in den Lehnen befreie, den Klappmechanismus vorführe. Skeptisch beäuge ich das Werk. »Ganz schön niedrig«, stelle ich möglichst überrascht fest. »Wenn man da einmal liegt, kommt man nur schwer wieder hoch«, sage ich wie zu mir selbst und halte beim langsamen Aufstehen aus der Hocke eine Hand an meine Wirbelsäule. Ich seufze dabei ein bisschen und lege eine schmerzverzerrte Miene auf. Meine Hoffnung, dass Maude ein Einsehen hat und Esther die Hälfte des großen Betts im Schlafzimmer anbietet, verpufft. Maude, die sich ermattet auf das jetzt ausgeklappte Sofa gesetzt hat, bleibt stumm. Und Esther winkt ab: »Ach, das ist kein Problem.«

Auch mein letzter psychologischer Trick zieht nicht. »Das sieht jetzt sehr kompliziert aus«, sage ich. »Aber wenn man das ein paar Mal gemacht hat, geht es eigentlich ganz einfach mit dem Ausklappen.«

Esther schaut mich an. »Wir lassen das Bett einfach so, oder, Maude? Das Sofa brauchen wir doch nicht.« Maude nickt stumm.

Für mich ist es Zeit, geschlagen den Rückzug anzutreten. Ich will mich verabschieden. Aber Esther legt ein Veto ein: Sie hätte da noch ein paar Fragen. Natürlich. Schließlich würde ich am kommenden Morgen Berlin ja verlassen. Der vorwurfsvolle

Unterton ist nicht zu überhören. Ich kann mir ein sanftes Lächeln nicht verkneifen.

Es war ein Wink des Schicksals. Noch in Belgien kontaktierte mich die Redaktion. Nach meiner Rückkehr sollte ich möglichst schnell für eine Reportage in die USA fliegen. Nach Tennessee. Ob ich das einrichten könnte? Ich konnte nicht nur. Ich wollte. Unbedingt! Das war die Gelegenheit, Esther und Maude aus dem Weg zu gehen. Ich würde ihnen die Wohnung zeigen, dann selbst in die USA verschwinden und erst wiederkommen, wenn die beiden kurz vor der Abreise standen. Kein gemeinsames Sightseeing, kein gemeinsamer 3. Oktober, kein Tourguide und auch kein Essen mit meinem Kollegen und Gespräche über seine Ossi-Vergangenheit. Keine nervigen Fragen mehr. Ich musste nur noch die Wohnung verlassen.

»Wo ist denn hier der nächste DDR-Supermarkt?«, will Esther wissen.

»Äh, die DDR gibt es seit über einem Vierteljahrhundert nicht mehr«, entgegne ich etwas irritiert. »Und die Supermärkte auch nicht.«

Sie lässt das nicht gelten und wischt unwirsch meine Antwort mit einem Wink aus dem Raum. Nein, sie habe gehört, dass es die noch gibt.

Meint sie etwa die Ostalgie-Geschäfte mit all dem Touri-Kram?

Natürlich nicht, gibt Esther entrüstet zurück.

Mein Blick fällt hilfesuchend auf ihre Berliner Freundin. Aber die zuckt nur entschuldigend mit den Schultern. Auch sie kenne solche Läden nicht, sagt sie dann.

Esther wirkt wie ein trotziges Kind. Schon frech, da kommt sie extra aus Boston ein Vierteljahrhundert nach der Wende nach Berlin und schwuppdiwupp sind die alten Läden weg. Das darf doch nicht wahr sein. Die Enttäuschung verschwindet aber schnell aus ihrem Gesicht. Verschwörerisch öffnet sie ihren Koffer auf dem Wohnzimmertisch und zaubert das Bundesverdienstkreuz ihres Vaters hervor. Ich bin erstaunt. Warum schleppt sie das schwere Ding über den großen Teich? Ehe ich mich versehe, hat sie es sich um den Hals gelegt und posiert stolz damit im Wohnzimmer.

»Oh, toll«, sage ich. Etwas anderes fällt mir nicht ein. »Sie haben das extra mitgebracht, um es mir zu zeigen?«, frage ich Esther.

Sie winkt ab. Sie wolle es tragen, wenn sie durch die Straßen Berlins geht, erklärt sie. »So komme ich doch bestimmt ganz schnell mit den Leuten ins Gespräch.«

Ich überlege kurz. Nein! Entweder wird sie für eine verrückte Alte gehalten oder aber jemand reißt ihr das Kreuz vom Hals, noch ehe sie die erste U-Bahn betreten hat.

»Ich glaube, das ist keine so gute Idee«, versuche ich ihr möglichst schonend beizubringen und ringe um die richtigen Worte. Ich kann ja schlecht sagen, dass die hohe Auszeichnung, auf die sie so stolz ist, eigentlich kein Mensch in Deutschland erkennen wird. Neun von zehn Berlinern würden wahrscheinlich denken, Esther hat sich ein Eisernes Kreuz um den Hals gehängt. Und das käme wohl nicht so gut in einem alternativ geprägten Stadtteil. Ich schüttele zaghaft den Kopf. »Das würde ich nicht machen. Stellen Sie sich vor, Sie verlieren das Kreuz in der Menschenmenge, oder – schlimmer noch – jemand klaut es. Das wäre doch schade.«

Das wiederum leuchtet Esther ein. Enttäuscht legt sie das Kreuz zurück in den Koffer und entdeckt dabei einen Klumpen Alufolie. Gedankenverloren entblättert sie daraus ein Butterbrot mit runzeligen Salamischeiben. Sie muss die Stulle bereits tags zuvor in Boston geschmiert haben. Das Brot sieht ziemlich so aus, wie Maude sich anscheinend fühlt. Gezeichnet von den Strapazen einer langen Reise, erschöpft und mitgenommen. Esther beißt beherzt hinein. Mit jedem Happen bröseln immer mehr Brotkrumen auf die frisch gewischten Dielen – und sie macht keine Anstalten, sie irgendwie aufzufangen.

»Wahrscheinlich ist das mit dem Orden dann keine gute Idee«, schmatzt sie mit vollem Mund vor sich hin. Mit jedem Wort fallen Krumen aus ihrem Mund.

Fassungslos starre ich sie an. Dann hole ich aus der Küche einen kleinen Frühstücksteller, reiche ihn ihr. Ein Wink mit dem Zaunpfahl. Natürlich habe ich vergessen, dass Esther mit Zaunpfählen nicht so viel anzufangen weiß. Sie wiegelt ab. »Danke, geht schon.«

Nachdem sie das Brot zu einer Hälfte verputzt und zur anderen auf dem Boden verteilt hat, entdeckt sie ihr Maniküre-Set im Koffer. Ein skeptischer Blick auf ihre Fingernägel verrät ihr, dass wohl jetzt der beste Zeitpunkt gekommen sei, sie zu bearbeiten. »Tack, tack, tack« macht der Nagelknipser, während Esther mitten im Wohnzimmer steht und voller Energie Anekdoten erzählt und immer noch mehr Fragen stellt. Einem Kind hätte man jetzt gehörig die Leviten gelesen und es zur Maniküre ins Badezimmer verbannt. Aber darf man das bei einer Seniorin? Die Frage stelle ich mir wirklich. Was soll man sagen? Dass es etwas ungewöhnlich und unhöflich ist, sich mitten im Wohnzimmer die Nägel zu schneiden? Zumal die Nagelsplitter sich einfach zu den Krümeln auf dem Boden gesellen. Ich bin überfordert. Ich muss raus hier.

Ich entschuldige mich, ich müsse ja noch packen für meine Reise in die USA. Ich wünsche den beiden einen schönen Aufenthalt in Berlin. Esthers Freundin aus dem Prenzlauer

Berg nutzt die Gelegenheit, um sich ebenfalls vom Acker zu machen. Aber kaum wähne ich mich in meiner Wohnung in Sicherheit, erreicht mich eine Nachricht. Aus der Wohnung unter mir. Ob ich noch mal runterkommen könne?, fragt Esther. Sie hätte ein Problem mit ihrem Handy.

Also schlurfe ich wieder die Stufen hinab in den dritten Stock. Das Handy, erklärt sie, habe sie von einer früheren Reise aus den Niederlanden. Die Prepaid-Karte hätte noch Guthaben.

Das Telefon scheint sie im Museum geklaut zu haben, ein uraltes Nokia, für Sammler sicherlich reizvoll. Nach mehrmaligen Versuchen kann ich ihr nur bestätigen, dass es nicht funktioniert. Helfen kann ich nicht. Komisch, sagt sie, das muss doch hier funktionieren. Ist doch alles EU. Dass Guthaben von Prepaid-Karten meist in einem bestimmten Zeitraum abtelefoniert werden müssen, versuche ich erst gar nicht zu erklären. Ansonsten muss ich noch einen Beschwerdeanruf bei dem holländischen Provider tätigen. Ich tippe auf meine Armbanduhr. »Ich muss jetzt wirklich packen«, sage ich.

Gerade habe ich mir den noch immer leeren Koffer in meinem Schlafzimmer zurechtgelegt, hat Esther das nächste Problem. Sie kommt aber nicht hoch, sondern schickt wieder eine Nachricht. Ich fühle mich wie ein Butler, der beim Klingeln der Glocke der Dame springen muss. Sie fragt, ob ich ein Ladekabel für ein Smartphone hätte, das ich ihnen leihen könne. Maude hätte ihres vergessen.

»iPhone oder Android?«, frage ich per Mail.

»Macht das einen Unterschied?«

Ich gebe auf. Am liebsten hätte ich geschrieben: »NATÜRLICH! Sonst hätte ich wohl nicht gefragt.« Aber ich spare mir ein Nachhaken. Ich greife in die Schublade mit diversen Kabeln, wie es sie wohl in jedem Haushalt gibt. Eines wird schon passen. Und so ist es auch. Als das Ladesymbol auf Maudes Handy leuchtet, ist sie happy.

Esther zeigt weiterhin keine Anzeichen von Müdigkeit und will gerade wieder zu einer Anekdote ansetzen. Abermals tippe ich auf mein linkes Handgelenk, obwohl ich die Uhr längst abgelegt habe, und trete wortlos den Rückzug an. Esther schnaubt enttäuscht.

Aber ein Ass hat sie noch im Ärmel. Wahrscheinlich kann sie sich nicht alleine beschäftigten und ihr wird schon nach wenigen Minuten langweilig, denn Maude hat sich bereits ins Schlafzimmer zurückgezogen, als ich das nächste Mal die Wohnung betrete. Esther hat sogar mehrere Bekannte in Berlin, wie sich herausstellt. Und die will sie jetzt anrufen. Doch muss sie die Ortsvorwahl mitwählen oder nicht? Sie ist da sehr genau und fragt lieber nach. Per Mail. Aber anstatt ihr Vorwahlproblem zu schildern, schrieb sie lediglich von einem Problem mit dem Festnetztelefon und fragte höflich, ob ich noch einmal vorbeischauen könne.

Mittlerweile ist mein Gesicht rot vor Zorn. Das hätte sie ja nun wirklich auch per Mail fragen können, sage ich. Oder kurz zu mir hochkommen, um zu fragen. Sie tätschelt mir großmütterlich die Hand. Sie habe halt nichts falsch machen wollen. Esther spielt die Klaviatur der hilflosen Seniorin hervorragend, das muss man ihr lassen. Aber das Lächeln fällt mir immer schwerer. Nur noch der Gedanke daran, dass ich am nächsten Morgen im Flieger sitze, der mich viele tausend Kilometer entfernt in Sicherheit bringen wird, hält mich bei Laune.

Esther wünscht mir eine angenehme Reise, nicht ohne zu bedauern, dass es wirklich sehr schade sei, dass unsere Ausflüge dann wohl ausfielen. Wir hätten wirklich viel Spaß gehabt, versichert sie. Ich nicke. »Aber«, ruft sie mir wie zum Trost hinterher, »wenn Sie wiederkommen, haben wir ja noch zwei Tage in Berlin.«

• • •

Ich bin todmüde, als ich in Chattanooga ankomme. Schon tags zuvor, auf dem Flug von Amsterdam nach Atlanta, habe ich nicht geschlafen. Auf Kurzstreckenflügen nicke ich meist schon ein, bevor die Maschine abhebt, und werde erst wieder wach, wenn der Bordservice gerade an mir vorbeigezogen ist. Auf Langstreckenflügen bekomme ich dagegen kein Auge zu. Vielleicht liegt es an der Nervosität, vielleicht am Nikotinentzug. Oder aber am Bordprogramm. Wie fast auf jedem Flug sind auch Manni, Sid und Diego wieder dabei: das Mammut, das Riesenfaultier und der Säbelzahntiger. Nie im Leben würde ich mir *Ice Age* auf dem Boden anschauen, zum Fliegen gehören die Filme aber wie Tomatensaft mit Salz und Pfeffer.

Die Sonne ist schon lange untergegangen, als ich in Atlanta lande. Das Navi im Leihwagen kündigt meine Ankunft am Hotel, in dem ich die erste Nacht verbringen will, für kurz nach Mitternacht an. Ich starte den Motor und breche auf in die dunkle Nacht Richtung heller Stadt, links der gigantische Flughafen, voraus das Lichtermeer der Hauptstadt von Coca-Cola. Vierzig Minuten soll die Fahrt zu meinem Hotel in Downtown Atlanta dauern. Downtown, das klingt für mich nach Stadtmitte, nach pulsierendem Leben. Nach schicken Bars und netten Restaurants. Ich überlege, ob ich mich gleich hinlegen soll oder noch ein Bier trinken gehe. Oder einen Burger essen. Oh ja, ein Burger, das wäre es jetzt. Mit jeder Kreuzung, die ich dem Hotel näherkomme, wird es dunkler. In jeder Beziehung. Gangs lümmeln am Straßenrand, beäugen skeptisch jedes Auto, das mit laufendem Motor an einer Ampel hält. Bars sehe ich keine. Auch keine Burger-Brater. Die wenigen Geschäfte sind mit schweren Gittern verrammelt. Reflexartig verriegele ich die Autotüren. Als ich endlich den Parkplatz vor dem Hotel erreiche, atme ich erleichtert auf.

Es ist eines dieser gesichtslosen Motels in einer verrotteten Gegend. Vor dem Eingang zünde ich mir erst einmal eine Zigarette an. Die habe ich mir verdient. Kaum ist die Flamme des Feuerzeugs erloschen, stehen zwei Jungs neben mir, so dunkel wie die Nacht, die geradewegs aus einem Hip-Hop-Video entsprungen zu sein scheinen, mit Käppis und Kettchen und zu großen Hosen. Sie fragen – oder vielmehr fordern – Kippen. Spätestens jetzt ist klar: Die Suche nach einer netten Bar in der Nachbarschaft werde ich verschieben.

Das Hotel ist eine abgerockte Hölle, die Luft muffig, der Empfang frostig. Über einen trostlosen Tresen reicht mir ein grummeliger Nachtportier den Schlüssel. Der tiefe Teppich schmatzt bei jedem Schritt unter meinen Sohlen. Der Aufzug ist winzig, kaum größer als ein aufgestellter Sarg. Die beschmierten Wände vibrieren, als er mich ruckelnd und quietschend in den zweiten Stock fährt. Auf dem Boden liegt ein angebissener Burger. Na toll! Jetzt habe ich wieder Hunger.

Fast alle Türen auf dem langen Gang haben Dellen, sind zerkratzt oder weisen sonst welche Spuren auf, die allesamt auf Gewaltverbrechen hinweisen könnten. Oder sie zeugen davon, dass einige Gäste vielleicht nicht mit der Lautstärke des Fernsehers im Nebenzimmer einverstanden waren. Hinter einer Tür muss ein Schwerhöriger abgestiegen sein, ich hoffe zumindest, dass die Maschinengewehrsalven, Detonationen und Schreie aus einem Film stammen. In einem anderen Zimmer zofft sich ein Paar.

Ich habe die Nummer 228. Das stickige Zimmer liegt am Ende des Gangs. Aber es ist immerhin erstaunlich groß. Allerdings muss ich es mir auch mit zwei Kakerlaken teilen, die über den Teppich ins Badezimmer huschen, als ich die blanke Birne in der Fassung anknipse. Ich verfluche unsere Spesenordnung. Die Schwüle des Spätsommers hat sich in dem Zimmer festgesetzt, der Versuch, die Fenster zu öffnen, scheitert. Sie sind verriegelt. Die halbe Nacht liege ich wach und kämpfe mit den Tücken der Klimaanlage, die nur zwei Stufen kennt: volle Pulle oder Aus. Aus ist definitiv zu warm, volle Pulle zu kalt. Aber wenn man jede halbe Stunde zwischen den Einstellungen wechselt, geht es eigentlich. Nur der Schlaf fehlt dann eben.

Um sieben Uhr morgens beende ich mein Siechtum in dem schweißfeuchten Laken, dusche mit Ernie und Bert, so habe ich die Kakerlaken getauft, und gehe mit meinem Koffer in der Hand die Stufen zur Rezeption herab. Die Mühen scheinen es mir wert, noch einmal will ich den altersschwachen Fahrstuhl nicht herausfordern. Als ich die Tür vom Treppenhaus zur Rezeption öffne, bleibt mein Blick an einer »Dame« in Hotpants hängen, die sich über den Tresen lehnt und offensichtlich mit dem Nachtportier im Clinch liegt. Als der Hotelangestellte mich sieht, blafft er die Gute unhöflich an, greift in die Kasse und gibt ihr ein paar Dollarnoten. Als sie sich umdreht, schaue ich in das geschminkte Gesicht eines jungen Mannes. Er stöckelt unbeholfen auf lackroten High Heels zu der Sitzgruppe, in der zwei weitere »Schwestern« gelangweilt auf den tonlosen Fernseher starren, auf dem ein Baseballspiel läuft. Ich werde den Verdacht nicht los, dass das Hotel auch stundenweise zu buchen ist.

Das Wetter passt sich meiner Stimmung an. Es will nicht hell werden an diesem Tag. An der Ostküste wütet ein Orkan und treibt schwarze Wolken bis ins Hinterland, die sich unwetterartig entladen. Zwei Stunden dauert die Fahrt, bis ich in dem Ort ankomme, der in den Vierzigerjahren durch Glenn Miller schlagartig bekannt wurde. Der »Chattanooga Choo Choo« machte die Stadt weltweit bekannt. Das Lied ging in die Musikgeschichte ein, als erste Goldene Schallplatte. Udo Lindenberg bediente sich viele Jahrzehnte später der Melodie für seinen »Sonderzug nach Pankow«. Das waren aber auch schon die Fun Facts über die Stadt. In den Sechzigern war der Glanz von Chattanooga verflogen. Die Montanindustrie kleidete die Stadt in schwarzen Rauch. Chattanooga galt als die dreckigste Industriestadt der USA. Irgendwie passend, dass sich Volkswagen ausgerechnet hier ansiedelte, um seine Schummel-Diesel auf den US-Markt zu bringen.

Als ich vom Highway 24 abfahre, sehe ich bereits mein Hotel für die nächsten Tage. Erst halte ich es für ein Déjàvu, aber es ist tatsächlich die gleiche Kette wie das Hotel in Atlanta. Wieder bin ich auf den Begriff »Downtown« reingefallen. Ich hatte mich bei der Buchung blenden lassen. Von den Fotos mit dem Pool. Von der lächelnden Blondine, die lässig ihre Beine im Becken baumeln lässt. Und von dem Namen: »The Stadium Inn Downtown Chattanooga«. Klingt irgendwie mondän. So gut, dass ich nicht über die »2,5 Sterne« stolperte. Und auch nicht über eine der vernichtenden 269 Bewertungen, die ich erst las, als ich bereits eingecheckt hatte. Hätte ich mal auf Lawanna Knight gehört, die es in ihrer Kritik auf den Punkt bringt: »Simply put, the Stadium Inn sucks!« Oder auf Ritch Hale, der davor warnt, sich nicht von den Fotos blenden zu lassen. »Direkt als wir ankamen, wurden wir auf dem Parkplatz von einem ›Crackhead‹ angequatscht«, schreibt er.

Der »Crackhead« hatte sich wahrscheinlich nur in der Haustür geirrt. Die ganze Umgebung besteht aus Autowerkstätten, die an Schrottplätze erinnern, und tristen Häusern, die ihre Farbe abwerfen wie Bäume ihr welkes Laub im Herbst. In den Vorgärten stapelt sich Müll neben rostigen Grills, hier und da versteckt sich ein Bewohner unter der Veranda vor dem Regen und zieht an seiner Crackpfeife. Ob es wirklich Crackpfeifen sind, weiß ich natürlich nicht. Aber ich stelle es mir so vor. Der Tag ist noch jung, aber ich fühle mich jetzt schon sehr alt.

Nach dem Einchecken stelle ich entsetzt fest, dass ich den Adapter für die US-Steckdosen in Berlin vergessen habe. Ich verfluche einmal mehr Esther, die mit ihren ständigen Fragen und Wünschen meine Kofferpackroutine immer wieder unterbrochen hat. Die Akkuanzeige von meinem Laptop ist bereits rot angelaufen, der Saft reicht gerade noch, um ein paar Anfragen für die nächsten Tage zu verschicken. Dann fällt der Computer in einen komatösen Schlaf. Immerhin schaffe ich es, mit der Nagelschere die Steckdose im Badezimmer so weit aufzubohren, dass wenigstens der Stecker vom iPhone passt. Das Netzteil vom Laptop ist leider etwas dicker.

Die nächsten Stunden verbringe ich damit, einen Adapter aufzutreiben. Erst in der Innenstadt. Aber da gibt es keine Geschäfte mehr. Nur Banken und Versicherungen und ein paar Burger-Restaurants. Ich klappere drei Malls in der Umgebung ab. Fehlanzeige. Kein Adapter. Am Ende muss ich bei einem Apple-Händler ein neues Netzteil kaufen. Tschüss, 80 Dollar.

Zurück im Hotel wecke ich den Computer aus seinem Schlaf. Tatsächlich habe ich einige Antworten auf meine Anfragen bekommen. Allerdings alles Absagen! Niemand möchte mit mir sprechen. Frustriert suche ich nach dem Restaurant im Hotel. Aber es gibt keines. Ich fahre zurück in die Stadt, esse endlich meinen Burger und stürze zwei Bier hinunter. Der erste Tag ist verloren. Haken dahinter, Schlafen gehen. Ausruhen und morgen voller Power ans Werk. Das ist der Plan. Aber daraus wird nichts.

Mitten in der Nacht sitze ich senkrecht im Bett und starre fassungslos auf mein Handy. Trotz der Müdigkeit hat es Stunden gedauert, um endlich in den Schlaf zu finden. Von links nach rechts habe ich mich gewälzt, den Fernseher an- und wieder ausgestellt, ein Buch genommen und wieder weggelegt. Und irgendwann ist es dann wohl doch passiert: Ich bin eingenickt. Bis – ja, was hat mich eigentlich geweckt? Da rumpelt es wieder. Direkt neben mir. Das Smartphone erinnert mich daran, dass ich vor zwei Minuten eine Nachricht bekommen habe. Das Licht des Displays schmerzt in meinen Augen, als ich erkennen will, wer mir denn etwas mitteilen will. Und noch viel mehr schmerzt die Zeitangabe. Es ist kurz nach zwei. Ich habe da so eine böse Vorahnung, wer der Störenfried sein kann. Doch ich liege mit meiner Vermutung daneben. Wenn auch nur knapp. Es ist nicht Esther. Diesmal ist es Maude: »Hallo Jens, wir hoffen, du bist gut gelandet. Wir haben ein Problem mit dem Internet. Es funktioniert nicht. Was müssen wir machen? Maude und Esther.«

Schlagartig ist mein Kopf taub. Es gibt einfach kein Entkommen vor Maude und Esther, das ist die bittere Erkenntnis. Nicht mal hier, am anderen Ende der Welt. Ich ergebe mich meinem Schicksal. »Hallo Maude, hallo Esther«, schreibe ich mit zusammengebissenen Zähnen. »Gestern ging das Internet noch. Ich kann mir nicht erklären, warum es heute nicht mehr funktionieren sollte. Das ist noch nie passiert. Übrigens, hier ist es mitten in der Nacht.« Dann drücke ich auf »Senden«.

Ich gehe auf den Balkon, zünde mir eine Zigarette unter dem Schild »Smoking prohibited« an. Auf dem Pool im Garten tanzen Regentropfen, am Ende der Straße sehe ich unter dem riesigen gelben »M« von McDonald's mehrere Streifenwagen mit rotierenden Leuchten. Nach der zweiten Zigarette lege ich mich wieder hin. Kurz darauf rumpelt das Smartphone neben mir erneut: »Wir haben den Stecker gezogen, und jetzt geht das Internet nicht mehr.«

Ich sehe wieder Michael Douglas vor mir, aber nicht mehr als Kollegen von Karl Malden, sondern in dem Film *Falling Down*, als ihm die Sicherung durchbrennt und er zum Psychopathen wird. In genau diesem Moment kann ich ihn so gut nachvollziehen. Ich gehe erneut auf den Balkon. Das Flackern meines Feuerzeugs mischt sich mit den Leuchten der Polizei. Zurück am Bett schreibe ich: »Wieso zieht ihr auch den Stecker? Eigentlich sollte der Router wieder automatisch hochfahren. Wenn nicht, braucht man eine PIN. Die habe ich aber nicht hier, die ist in Berlin. Hier ist es mitten in der Nacht!!!« Senden.

Keine Antwort. Im Fernsehen läuft *How I Met Your Mother*. Als der Timer den Fernseher ausknipst, werde ich kurz wieder wach. Es ist jetzt 2:54 Uhr. »Du musst schlafen«, rede ich auf mich ein. Morgen wird ein stressiger Tag. Und trotzdem mache ich mir Vorwürfe. War die letzte E-Mail vielleicht zu schroff? Die beiden alten Ladys tun mir irgendwie leid. Dann döse ich abermals ein. Bis wieder irgendetwas rumpelt.

Ich schlage die Augen auf und weiß sofort, wo ich bin. Der Regen prasselt immer noch an das Fenster, das Licht der einsamen Laterne blinzelt weiterhin durch den Schlitz im Vorhang vor dem Fenster, aber ich höre keine Polizeisirene mehr. Ich

muss gar nicht schauen, wer mir etwas mitteilen will. Ich weiß
es. Die Uhr im Display zeigt 3:49 Uhr. Diesmal schreibt Esther:
»Wir waren gerade frühstücken. In dem Café am Ende der Straße. Maude hatte sehr leckeren Schinken und Käse. Ich habe
nur ein Croissant mit Marmelade gegessen. Aber sehr lecker.
Der Kaffee war auch sehr gut. Glauben Sie, dass das Café das
Brot selbst backt? Dann könnte ich mal nach dem Rezept fragen. Danke jedenfalls für den Tipp. Das Internet läuft wieder.«

Ich überlege, ob ich noch eine Zigarette rauchen soll, entscheide mich erst dagegen, stehe dann aber doch auf. Ich kann
jetzt sowieso nicht einschlafen. Es regnet nach wie vor. Bei
McDonald's ist es inzwischen ruhig. Ich bin es nicht. Aus dem
Kühlschrank nehme ich eine kleine Flasche Whiskey und hole
mir an dem Automaten auf dem Flur mit einem lauten Rumpeln
Eiswürfel. Ich liege gerade wieder im Bett, als Esther mich wissen lässt, dass sie übrigens sehr gut geschlafen habe. Die Wohnung sei so schön ruhig. Und sie hat – natürlich – noch eine Frage: »Würden Sie mir die Bettdecke verkaufen? Novitesse heißt
sie. Sie ist wirklich schön und soft. Was würde sie kosten?«

Es ist vier Uhr morgens. Sie weiß, dass ich in den USA bin,
dass es hier mitten in der Nacht ist. Und diese blöde Bettdecke
ist von Aldi – oder Lidl. Sie kostet 9,99 Euro. Sie ist weder
schön noch soft. Sie ist aus Kunststoff. »Gibt es in Boston etwa
keine Bettdecken?«, schimpfe ich vor mich hin. Esther wird
mir immer unheimlicher. Sie feilscht bis zum Gehtnichtmehr
um den einen Tag, um den sie sich verbucht haben. Sie terrorisiert meinen Urlaub mit ihren ewigen Fragen, die sie auch ihrer
Freundin in Berlin hätte stellen können, und jetzt raubt sie mir
den Schlaf. Mit einer Frage nach einer Bettdecke vom Discounter, die sie wahrscheinlich als Sperrgepäck mit in die USA
nehmen will. Die Gebühren dafür dürften deutlich höher sein

als der Wert der Decke. Warum protzt sie nicht einfach auf Döner und lässt mich endlich in Ruhe?

Am liebsten hätte ich geschrieben, dass ich die billige Bettdecke nur gekauft habe, weil ich Angst hatte, sie sei eine Bettnässerin. Sie könne sie gerne mitnehmen. Stattdessen entscheide ich mich für eine Notlüge: »Sorry, Esther, aber die Bettdecke ist ein Erbstück. Da hängen sehr viele Emotionen dran. Leider kann ich sie deshalb nicht verkaufen. Aber es freut mich, dass du so gut darin geschlafen hast. Es ist jetzt bald halb fünf, langsam gehe ich auch ins Bett. Genießt Berlin!« Ich öffne die Einstellungen am iPhone und aktiviere den Flugmodus. Warum ich nicht eher darauf gekommen bin, ist mir ein Rätsel. Endlich Ruhe. Am nächsten Morgen sehe ich, dass Esther noch einmal geantwortet hat: »Wir haben eine großartige Zeit.«

ABORT DES GRAUENS

Unmittelbar nach meiner Rückkehr aus den USA verbringe ich die nächsten Tage sehr viel Zeit im Büro. Zum einen naht der Redaktionsschluss für die Chattanooga-Reportage, andererseits lege ich keinen gesteigerten Wert darauf, von Esther und Maude in Beschlag genommen zu werden. Fast bin ich enttäuscht, als ich bemerke, dass die beiden anscheinend auch ihrerseits das Interesse daran verloren haben, mich in ihre Aktivitäten einzubinden. Vielleicht verübelt Esther mir, dass ich ihr nicht die Bettdecke verkaufen wollte. Oder sie haben den Pippi-Schutz entdeckt. Ich werde es nie erfahren.

Als sie die Wohnung verlassen, bin ich bei der Arbeit. Den Schlüssel werfen sie, wie vereinbart, in den Briefkasten. Esther hat sich nie wieder gemeldet. Das letzte Lebenszeichen der beiden ist die Bewertung bei Airbnb. Sie sind also heil angekommen in den USA. Maude lobt das »wirklich fantastische Apartment« und den »exzellenten Gastgeber, der immer zur Verfügung stand, auch bei jedem noch so kleinen Problem«.

Nachdem ihre Berliner Freundin die zwei Frauen wieder eingesammelt und sicher zum Flughafen gebracht hat, wage ich am Abend einen Blick in die Wohnung. Irgendwie hatte ich erwartet, sie würde blitzen und blinken, aber da habe ich mich getäuscht. Krümel liegen überall auf den Dielen im Wohnzimmer. Es müssen auch die vom Tag des Einzugs dabei sein. Zumindest entdecke ich abgeknipste Fingernägel. Kaffeeflecken auf dem Küchenboden deuten auf einen leichten Tatterich bei randvollen Tassen hin. Das Haarsieb in der Wanne hat sich in ein kleines pelziges Tier verwandelt. Aber alles halb so wild. Da habe ich schon Schlimmeres gesehen.

♦ ♦ ♦

Neben der Sorge um die Lautstärke beschäftigt mich vor allem eine Frage: Wie hinterlassen die Gäste meine Wohnung? Besonders dann, wenn zwischen Abreise und der nächsten Anreise nur ein oder zwei Stunden liegen. Eine Stunde zum Reinigen ist sehr sportlich kalkuliert, selbst bei vorbildlichen Gästen, aber meist machbar. In der Regel müssen vier Betten frisch bezogen, die Wohnung gesaugt, Handtücher ausgetauscht und die Standardutensilien wie Klopapier, Seife und Kaffee aufgefüllt werden. Zumindest das Badezimmer muss gewischt, die Wanne geschrubbt, die Glaswände der Dusche vom Kalk befreit und die Toilette desinfiziert werden. Kühlschrank und Herd sollten strahlen und die Spülmaschine ausgeräumt sein. Aber manchmal reichen nicht einmal drei Stunden, um die Wohnung wieder auf Vordermann zu bringen, obwohl die Gäste gerade mal zwei Tage zu Besuch waren. Es ist erstaunlich, wie eine Wohnung in wenigen Tagen abgerockt werden kann. Und ich frage mich, was an »besenrein« nicht zu kapieren ist.

Die sachten Hinweise auf den Staubsauger in der Kammer verpuffen oft ungehört, auch die Farbenlehre der Mülltonnen scheint eher als lustiges Spiel aufgefasst zu werden, an das sich aber niemand traut. Und so stehen dann oft noch die Mülltüten in der Küche, ein buntes Potpourri aus Glas, Plastik, Essensresten und Papier. Schlimmer noch ist es aber, wenn die Gäste vor dem deutschen Trennsystem kapitulieren (obwohl eine Beschreibung, was in welche Tonne gehört, feierlich bei der Wohnungsübergabe überreicht wird) und den kompletten Abfall entweder in die gelbe Tonne oder die blaue für Papier kloppen. Für die Müllmänner ist das ein willkommener Anlass, die Tonnen nicht zu leeren, was eine Kettenreaktion auslöst. Der Container wird von den Bewohnern des Hauses in der Regel dann so lange vollgestopft, bis er überquillt. Weitere Mülltüten werden neben den Tonnen abgestellt, was wiederum Ratten anzieht, die die Tüten zerfetzen und den kompletten Unrat im Innenhof verteilen. Die Folge: Noch mehr Ratten, die obendrein den gesamten Innenhof mit ihren unterirdischen Gängen unterhöhlen, weshalb das Pflaster an etlichen Stellen gefährlich absackt, was wiederum mangels ausreichender Beleuchtung schnell einmal zu einem umgeknickten Fußgelenk führen kann.

Angesichts des entstandenen Tohuwabohus werfen die Müllmänner in der folgenden Woche nur einen müden Blick in den Hof und ziehen dann weiter. Schließlich ist es nicht ihre Aufgabe, den gesamten Innenhof vom Unrat zu reinigen. Die Hausverwaltung muss eine Sonderleerung beantragen, die, wie der Name schon verrät, auch gesondert berechnet wird. Im schlimmsten Fall muss der Kammerjäger gerufen werden, wenn die possierlichen Nager, die teilweise Dackelgröße erreichen, ihre Revierkämpfe lautstark in der Nacht ausfechten.

Verständlich also der Ärger der Hausgemeinschaft, wenn die Mülltonnen falsch befüllt werden.

Hinzu kommt das Chaos, das manche Gäste in der Wohnung hinterlassen. Manchmal ist das Geschirr nicht gespült, beziehungsweise nicht einmal in die Spülmaschine eingeräumt. Der Kühlschrank ist noch halb voll mit angeknabberten Essensresten. In der Senseo-Maschine stecken alte Pads, die Düse der Espressomaschine ist von Milchresten verklebt und der Herd verrät, was in den vergangenen Tagen auf ihm zubereitet wurde. Mitten im Wohnzimmer steht das Schlafsofa, verrückt von der Wand, an der es einst lehnte. Und natürlich ist es noch ausgeklappt. Der Kamin gleicht einem Scheiterhaufen, der nicht brennen wollte. Die schwarz verrußte Glasscheibe zeugt von der Unfähigkeit, mit der manuellen Luftzufuhr den Brennvorgang zu regulieren.

Der blanke Horror wartet aber meist hinter der Badezimmertür. Das stille Örtchen würde lauthals um Hilfe schreien, wenn es denn könnte. Nicht selten ist es zum Abort des Grauens mutiert. Auf den Fliesen um das WC stehen kleine Seen, angelegt von Stehpinklern mit Zielschwäche. Die Kacheln sind gelb gesprenkelt und erinnern an Ölgemälde von Rapsfeldern. Die Klobrille hat ein Winterkleid aus Schamhaaren angelegt. Das Innere der Porzellanschlüssel sieht aus wie eine Autobahn nach einem Auffahrunfall. Überall Bremsspuren. Wie zum Hohn grüßt jungfräulich die WC-Bürste.

Im Ekelfaktor steht die Wanne der Toilette bisweilen in nichts nach und offenbart eine menschliche Schwäche: Haarausfall! Sekundenlang starrte ich einmal voller Entsetzen auf die dicke, fette Vogelspinne, die bedrohlich auf dem Wannenrand kauerte. Sie hatte sich zurückgezogen in die hinterste Ecke, eingeengt zwischen Kacheln und der gläsernen Duschwand. Reglos saß sie da, bereit zum tödlichen Sprung. So schien es. Erst bei näherem Hinsehen erkannte ich in der Vogelspinne das Sieb vom Siphon aus der Wanne, in dessen Poren sich Haare verschiedener Couleur, Dicke und Länge gefressen hatten. Es war der Moment, in dem ich Haare verabscheute. Das Haarsieb hatte ich besorgt, nachdem der Abfluss im Badezimmer mal wieder verstopft war. In Ermangelung ätzender Chemikalien setzte ich auf mühsame Handarbeit. Mit einer kleinen Pinzette versuchte ich zunächst, modernde Haarsträhnen von beachtlicher Länge aus dem Rohr zu fischen. Der Erfolg hielt sich in Grenzen. Also schraubte ich den Abfluss auf und zog das Innenleben samt verrottender Strähnen aus dem Rohr. Eine bestialisch stinkende Konsistenz tropfte sämig die halbe Wanne voll.

Ein Haarsieb aus Edelstahl versprach die Lösung. Das Gitter sollte fortan den Orkus vor allem Fremden schützen. Und tat das auch. Bis die Frauengruppe aus England Einzug hielt. Mutig hatte das Haarsieb den Eingang zur Unterwelt verteidigt, Haare, wirklich viele Haare, abgefangen, damit aber den reibungslosen Abfluss des Wassers in der Dusche verhindert. Das störte den Besuch allem Anschein nach. Doch statt, wie vermutlich jeder normale Mensch, das Sieb einfach mit einem Stück Klopapier zu reinigen und weiterhin dem Duschvergnügen zu frönen, gab es natürlich auch noch eine weitere, eine noch einfachere Lösung. Nämlich das behaarte Ungetüm einfach auf den Beckenrand zu stellen. Und dort zu belassen. In Sherlock-Holmes'scher Manier analysierte ich den Haarausfall und kam zu dem Schluss, dass das verkleidete Sieb nicht erst seit dem Morgen an den Wannenrand verbannt worden war. Zu trocken erschien mir das struppige Geflecht, das ich mit spitzen Fingern zum Mülleimer trug und komplett entsorgte. Zum Glück hatte es für 2,95 Euro das Haarsieb im Doppelpack gegeben.

Duftend. Weich. Sinnlich. Der perfekte Rahmen für ein hübsches Gesicht. Das waren bislang meine Assoziationen mit Haaren. Jetzt lernte ich, dass Haare selten wie aus der Drei-Wetter-Taft-Werbung sind. Sie sind ein Abfallprodukt des Daseins, abgeworfen und hinterlassen an den unmöglichsten Orten. Egal ob brünett oder blond, schwarz oder rot. Egal ob lang oder kurz, geringelt oder glatt, weich oder borstig. Besonders aber die borstigen, leicht gekrümmten, die Fliesen befallen und sich am Wannenrand festsetzen, machten mir zu schaffen.

Sobald die Keratinauswüchse ihre angestammte Heimat an Kopf, Armen und Intimbereich verlassen, werden sie zum Problem. In diesem Fall: zu meinem Problem. Nichts ist ekliger als eine Unterkunft zu mieten, in der hinterlassene Haare Geschichten von den Vormietern erzählen, die wirklich niemand hören will. Ich ertappte mich sogar dabei, wie ich bei Buchungsanfragen zunächst die Fotos studierte und mich fragte, ob die Haarpracht wohl auch fest am Kopf angewachsen ist. Besonders langhaarige Männer, das ist ein Ergebnis meiner geheimen Studien, verteilen ihre Haare in der Wohnung wie ein Bobtail sein Winterfell im Frühjahr. Im Waschbecken, in der Wanne, im Bett. Sogar unter den Schonbezug finden Haare ihren Weg, krallen sich in das Gewebe der Matratze, verbeißen sich, winden sich, um dem Sog des Staubsaugers zu widerstehen. Meistens schaffen sie es.

Ich habe Haare an den merkwürdigsten Orten gefunden. Selbst im Kühlschrank. Noch nie zuvor hatte ich ein einzelnes Schamhaar, festgefroren an der Rückwand eines Kühlschranks, gesehen. Wie es dahin gekommen ist, kann ich nicht sagen. Ich weiß nur, dass es nicht schön aussieht. Im besten Falle haben die Gäste mit einem Lappen den Kühlschrank ausgewischt. Und an diesem Lappen war eben das Haar. Ich will an diese Erklärung glauben, auch wenn ich nicht wissen möchte, wo der Lappen zuvor zum Einsatz gekommen ist. Aber ich kann es nicht wirklich. Denn warum sollten die Gäste die Rückwand des Kühlschranks wischen, dafür die klebrigen Überreste auf dem Glasboden belassen?

Haare sind wie Raubtiere. Sie fressen sich in Handtücher, in Putzlappen und Wannenvorleger. Sie binden Dreck, legen sich wie ein Kokon um Müsliflocken, flechten sie ein, schaffen Gebilde des Ekels, die karussellartig ihre Runden im Behälter des Staubsaugers drehen. Man kann ihn nicht gewinnen, diesen Kampf gegen die Haare. Kaum glaubt man, alle beseitigt zu haben und auf eine picobello weiße Wanne zu schauen, sind sie plötzlich wieder da. Gerade die kleinen borstigen, die sich zu einem Halbrund krümmen und wie ein Smiley spöttisch grinsen.

JUNGER MANN ZUM MITMACHEN GESUCHT

Benoît muss ein glücklicher Mann sein. Gleich mit zwei Freundinnen möchte der Franzose aus Rennes für ein verlängertes Wochenende nach Berlin kommen. Der erste Satz seiner Anfrage strotzt nur so vor Testosteron – und zugegeben, verursacht etwas Neid. Seinen Namen schreibt er in Großbuchstaben und lässt keinen Raum für Interpretationen. Er, ein Franzose, kommt mit zwei – natürlich französischen – Frauen nach Berlin. »I'm BENOÎT, a french guy, who comes in ur city with two french girls.« Benoît scheint dem Klischee des ewig charmanten Franzosen zu entsprechen. Er habe sich sofort in die Wohnung verliebt, schreibt er und begründet es mit »Ur flat is very design«. Ich fühle mich geschmeichelt. So wie er das Apartment beschreibt, hört es sich fast an wie »Schöfferhofer, das so schön hat geprickelt in meinem Bauchnabel«. Wobei ich mir lieber nicht Benoîts vermutlich behaarten Bauchnabel vorstelle.

Ich muss nicht lange überlegen. Ein kurzer Blick auf meine Matrix gibt meinem Impuls recht. Franzosen? Check! Verifiziertes Profil? Check! Die Konstellation Mann-Frau-Frau kannte ich bislang nur als Männerfantasie, nicht aber als Gäste-Kombination. Von daher ein leeres Feld! Zudem sieht Benoît auf seinem Profilbild nicht gerade wie ein Krawallmacher aus, er wirkt eher klein und schüchtern. Vielleicht deshalb die vielen Großbuchstaben.

Benoît ist der Typ hagerer Hipster. Das lässt das Foto erahnen. Ein feiner Flaum deutet sich über seiner Oberlippe an, der später sicherlich mal ein großer Schnäuzer werden möchte. In Berlin ist diese Art von Gesichtsbewuchs allgegenwärtig. Nach dem Vollbart feiert auch der Schnäuzer Renaissance. Meist ist es aber kein allzu männlicher Schnauzbart, wie Magnum ihn einst prägte, sondern die niedliche Variante, dünn in Form und Dichte. Meist klebt er in schmalen Gesichtern über hängenden Schultern an Körpern, die klappern, als würden sie bei der männlichen Version von Heidi Klums Topmodel-Wettbewerb über den Laufsteg stolzieren wollen.

Der natürliche Lebensraum der Schnäuzer sind Straßencafés. Oder konkreter: Straßencafés mit frei zugänglichem Internet. Verständigen tun sich die Schnauzbartträger in einem Kauderwelsch, das einer Mischung aus Deutsch und Englisch ähnelt. In jedem zweiten Satz fällt mindestens ein Begriff wie Fundraising, Exit, KPI, Revenue Model, Serial Entrepreneur, Bootstrapping, VC oder Lap. Nicht zu vergessen das Schlüsselwort: Start-up. Leidenschaftlich und detailverliebt schwadronieren die Musterexemplare der Generation Y über ihr nächstes (wahrscheinlich aber ihr erstes) großes (über Größe lässt sich bekanntlich streiten) Projekt (sofern eine fixe Idee schon als Projekt durchgeht), mit dem sie Amazon, Google und Facebook vom digitalen Thron stoßen wollen. Andere Hipster hängen an ihren Lippen wie Saugbarben an den Hornhäuten älterer Damen, die ihre Beine in lauwarme Aquarien tunken, damit die kleinen Fische ihre Füße anknabbern. Sie folgen den Ausführungen des neuen Messias mit leuchtenden Augen, nicken dabei wie ein Wackeldackel auf der Hutablage eines alten Mercedes 200 Diesel. Oft verstecken sich die Schnäuzer dabei unter einer Basecap und hinter einer Nerd-Brille mit großem Rahmen, weshalb man sie auch leicht mit dem Schnulzensänger – oder Neudeutsch: Singer/Songwriter – Mark Forster verwechseln kann. Sie nuckeln entweder an Matetee, jenem sonderbaren Getränk aus Südamerika, aus dem die Werbeindustrie erst einen Gesundheitscocktail machte und dann eine Lebenseinstellung, oder einem Filterkaffee. Latte macchiato ist längst out und wird nur noch von Helikopter-Mamas mit Kinderwagen im Prenzlauer Berg getrunken, natürlich verfeinert mit cremigem Kaffeesirup in allen möglichen und abartigen Geschmacksvarianten.

Dabei ist das Getränk in den Cafés nicht mehr als der Schlüssel zum WLAN, das sich mit dem Code auf dem Bon freischalten lässt. Da der hagere Hipster aber an warmen Sommertagen schnell zum Dehydrieren neigt, greift er gern in einem unbeobachteten Moment zur mitgebrachten Einwegflasche Wasser in seiner überteuerten Fahrradkuriertasche, die an einem breiten Schultergurt quer über der schmalen Brust baumelt. Oder er fragt, ganz Kosmopolit, nach einem Glas Leitungswasser zum Kaffee und belehrt, dass das in italienischen Espressobars ohnehin Standard sei.

Ein ungeschriebenes Gesetz scheint es zu sein, dass, je unwichtiger ein Projekt ist, es umso lauter in die Welt hinausposaunt wird. Sehr zum Leidwesen der anderen Besucher, die sich, man glaubt es kaum, einfach zum Kaffeetrinken oder

Small Talk in dem Café niedergelassen haben. So hat man beinahe keine Chance, nicht zu lauschen. Und einmal, ein einziges Mal, wurde auch ich hellhörig. Denn das, was da am Nebentisch wenig konspirativ besprochen wurde, hätte für mich interessant sein können.

◆ ◆ ◆

Selbst wenn ich mich bemühe, möglichst jeden Gast in der Ferienwohnung persönlich in Empfang zu nehmen, ist es doch nicht immer möglich. Der leidige Job, Dienstreisen, Urlaub oder anderweitige Privatvergnügen verhindern das. Uschis Kneipe ist bislang ein hervorragendes Back-up gewesen. Doch die Wandlung des Kiezes macht auch vor der kuscheligen Kaschemme im Vorderhaus nicht Halt. Der Mietvertrag läuft in wenigen Wochen aus. Und der dänische Immobilienhai denkt nicht im Traum daran, die alten Konditionen zu verlängern. Mein zweites Wohnzimmer mit Kicker und Standleitung zum Bierfass soll in eine Wohnung umgebaut und dann teuer verscherbelt werden. Schon kurz nach dem Kneipen-Aus wird Uschi mit ihren helfenden Händen Friedrichshain ebenfalls verlassen und zusammen mit ihrem Freund an den Rand Berlins in ein kleines Einfamilienhäuschen mit Garten ziehen. Wieder eine Berlinerin im Kiez weniger. Die Ballermannisierung des Viertels geht Uschi ohnehin auf den Keks.

Zum Abschied gibt es noch einmal eine große Party in der Kneipe mit all den Stammgästen. Touris müssen an diesem Abend draußen bleiben. Wir feiern ausgelassen, als gäbe es kein Morgen. Und doch sehen wir uns alle am nächsten Tag wieder. Uschi verscherbelt oder verschenkt die verrauchten Möbel, die ein Stück Kneipengeschichte röcheln. Ich ergattere den roten Cordsessel mit den dunklen Brandlöchern, auf dem Uschi thronte, als ich sie das erste Mal traf und sie meine Einkaufstüten auf der verzweifelten Suche nach Fleisch durchsuchte. Fortan wird er in meiner Küche stehen und mich an die vielen Abende in der Kneipe erinnern.

Nachdem alle Möbel aus der Kneipe geräumt sind, packen alle mit an, um den kleinen Laden für die Übergabe auf Vordermann zu bringen. Zum ersten Mal sehe ich die Kneipe in einem ganz anderen Licht. Im Tageslicht. Die Fenster zum Hof waren immer verrammelt gewesen, um die Anwohner nicht mit Lärm zu tyrannisieren. Jetzt leuchten diffuse Strahlen das Raucherzimmer mit dem Kicker erstmals bis in die kleinste Ecke aus. Unglaublich, wie klein der Laden eigentlich ist. Und wie verranzt. Jeder Kettenraucher könnte seinen Jahresbedarf an Nikotin wahrscheinlich allein dadurch decken, indem er einmal die gespachtelten Wände ableckt. Zum letzten Mal essen wir zusammen auf dem Gehsteig an einem langen Tisch. Jeder hat etwas mitgebracht. Dann schließt Uschi die Tür ab. Für immer. Die Kneipe ist Geschichte. Wenig später kauft eine irische Familie sie für einen horrenden Preis, als Studentenwohnung für ihren Sohn. Monatelang tösen die Handwerker, ziehen neue Wände ein, konzipieren Küche und Badezimmer. Ob sie die Nikotinbeschichtung der Wände als Sondermüll entsorgt haben, ist mir nicht bekannt. Ich kann es nur hoffen.

Durch das Aus der Kneipe ist mir nicht nur mein zweites Wohnzimmer genommen, sondern auch meine tatkräftige Hilfe bei der Vermietung der Wohnung. Ich muss mich neu organisieren. Und vor allem: Auch selbst immer häufiger den Putzlappen in die Hand nehmen, Wäsche waschen, Betten beziehen. Zum Glück ermöglicht mir mein Job eine relativ große zeitliche Flexibilität. Andernfalls wäre ich aufgeschmissen gewesen.

Meine Nachbarn will ich nicht weiter mit der Schlüsselübergabe belasten. Sie haben schon genug unter der Ferienwohnung zu leiden. Da wäre es schon dreist, sie auch noch zu
bitten, die Plagegeister höchstpersönlich zu empfangen. Und
mein Kippen-Späti, auf den ich beim Besuch der Finnen zu-
rückgegriffen hatte, kommt ebenso nicht mehr in Frage. Der
freundliche Mitarbeiter, dem ich damals die Schlüssel anvertraut hatte, war gar nicht so vertrauenswürdig, wie ich dachte.
Eines Tages war er von heute auf morgen verschwunden, mit
den Tageseinnahmen, Zigaretten und Alkohol. Und Melek, die
Besitzerin mit dem blauen Zahnfleisch, will ich genauso wenig
behelligen. Irgendwie macht sie mir Angst.

Umso größer ist meine Neugierde, als in diesem Café vom
Nebentisch Worthülsen wie »Airbnb«, »Schlüssel« und »Lösung« zu mir herüberwehen. Natürlich fallen noch andere Be-
griffe, wie »geiles Projekt« oder das Codewort »Start-up«. Er-
staunlicherweise aber nichts über »Fundraising«. Das »geile
Projekt« muss wirklich noch ganz frisch sein. Oder bereits ein
Rohrkrepierer, bei dem es sich gar nicht lohnt, über eine etwaige
Finanzierung nachzudenken. Ich bestelle – ganz Old School
und ohne Kinderwagen – noch einen Milchkaffee und lausche
den Fetzen an diesem lauen Sommernachmittag, die an mein
Ohr dringen. Die Idee, so wie ich sie verstehe, ist simpel. Der
Hipster will sein Start-up an Airbnb oder Wimdu andocken, an
Portale, die private Ferienunterkünfte vermitteln. Ich habe so-
fort das Bild von Putzerfisch und Hai vor Augen, eine Symbiose,
bei der der Große von der Dienstleistung des Kleinen profitiert
und ihm im Gegenzug ein sicheres Leben gewährt.

Konkret geht es bei der Idee, die ich belausche, um das
Problem der Schlüsselübergabe. Um das zu lösen, bedarf es eines Netzes an Geschäften mit langen Öffnungszeiten, was in

Berlin ob der enormen Späti-Dichte kein Problem darstellt. Viele der Spätis sind gleichzeitig auch Frühchen. Ab acht Uhr offerieren sie an sieben Tagen der Woche das, was die Frühaufsteher auf dem Weg zur Arbeit brauchen: Kaffee, Kippen und für Touristen die obligatorische Wasserflasche, die auf keinem Spaziergang fehlen darf. Für die Alkis das erste Bier am Tag oder den letzten Schnaps im Leben. Manche führen auch Schrippen oder Snacks im Angebot. Andere vermieten Fahrräder, haben ein Internetcafé angedockt oder einen Post-Shop. Neben Dosenspaghetti gibt es Tampons und manchmal sogar Obst. Warum also nicht auch Schlüssel von Ferienwohnungen?

Die Idee ist einfach und gut. Also einfach gut. Über die Website des Start-ups sucht man sich den nächstgelegenen Laden aus, der an der Kooperation teilnimmt, und bucht gegen eine Gebühr von ein paar Euro die Schlüsselübergabe. Der Vermieter bekommt nach Zahlung einen Code zugeschickt, mit dem er bei dem Geschäft vorstellig wird. Dort wird der Schlüssel mit dem Code versehen und sicher in einem Tresor verschlossen. Der Vermieter muss jetzt nur noch den Code seinen Mietern samt Adresse des Spätis mitteilen, fertig ist die Schlüsselübergabe. Sicher und bequem. Das leidige Warten auf die Gäste entfällt. Und die Gäste müssen sich nicht hetzen, um pünktlich am vereinbarten Treffpunkt zu sein.

Für die Spätis, rechnet der Schnauzbärtige vor, rentiere sich der Service doppelt. Zum einen bekommen sie ein paar Cent von der Gebühr ab. Wichtiger aber ist, dass sie die erste Anlaufadresse der Gäste in der fremden Stadt sind – und kaum jemand den Laden ohne einen kleinen Einkauf verlassen wird. Sei es die Flasche überteuertes Wasser, Zigaretten, ein kaltes Bier oder ein prickelnder Sekt. Oder die vergessenen Hygieneartikel. Säße ich in der Jury der *Höhle der Löwen* und der junge Mann würde für seine Geschäftsidee pitchen, er hätte meine volle Unterstützung. Auch wenn ich mich frage, wie viele Schlüssel wohl täglich übergeben werden müssen, ehe sich das Geschäft rentiert. Und wie lange es dauern wird, um ein halbwegs dichtes Netz an Läden zu akquirieren, damit das Konzept der kurzen Wege aufgeht. Aber das Projekt klingt in sich schlüssig, so schlüssig, dass ich mich wundere, warum noch niemand zuvor auf die naheliegende Idee gekommen ist. Inklusive meiner. Einmal eine zündende Idee zu haben, mit der man das Hamsterrad abfackeln kann, in dem man seit Jahren rennt, das wäre es doch. So wie die Gründer von Airbnb, damals vor zehn Jahren.

◆ ◆ ◆

Zurück in meiner Wohnung schwirrt immer noch das eben Gehörte in meinem Kopf. Warum, weiß ich nicht, aber ich füttere Google mit drei Begriffen: Schlüsselübergabe, Airbnb, Berlin. Als einer der ersten Treffer wird mir eine Seite empfohlen, die mit dem Slogan »Sharing Simplified« wirbt. Auf der Seite springt mir sofort das Logo ins Auge. Das weiße Eichhörnchen in dem orangefarbenen Kreis kenne ich doch! Nur woher?

Auf der Seite ist ziemlich genau das Geschäftsmodell beschrieben, das ich gerade heimlich belauscht habe. Jetzt bin ich enttäuscht. Ich war gar nicht Zeuge der Geburt einer Idee, die später einmal viele Menschen reich machen würde. Die Idee existiert nicht nur bereits, sie ist längst umgesetzt und am Markt positioniert. »Hoardspot« nennt sich das Start-up.

Ich klicke mich durch die Seite und finde den Grund, warum mir das Logo bekannt vorkommt. Ein Spätkauf, keine 200 Meter von meiner Wohnung entfernt, ist bereits Partner.

Das Eichhörnchen klebt dort an der Tür. Ironischerweise liegt der Späti nur zwei Häuser neben dem Café, in dem wahrscheinlich immer noch ein junger Mann sitzt, der euphorisch von seiner Idee erzählt, ohne zu ahnen, dass sie längst existiert. Fast möchte ich zurückgehen, ihn in den Arm nehmen und trösten. Immerhin ist seine Idee markttauglich. Was andere leider schon bewiesen haben. Doppelt bitter für ihn: Die Idee zu Hoardspot ist ebenfalls in Berlin entstanden. Das Start-up sitzt in Mitte.

Ich suche nach Fotos von den Gründern. Vielleicht, kommt es mir in den Sinn, habe ich ja auch einfach einem Gespräch gelauscht, in dem der junge Mann nur stolz sein erfolgreiches Geschäft vorgestellt hat – und nicht den Plan, eines zu gründen. Als ich Fotos von den Gründern finde und keinerlei Ähnlichkeit mit dem Enthusiasten im Café feststellen kann, muss ich konstatieren: Der Typ ist ein bisschen spät dran. Ich bin ihm jedenfalls dankbar. Ohne das anregende Gespräch am Nebentisch wäre ich nicht auf die komfortable Idee der Schlüsselübergabe gestoßen. Noch am gleichen Abend melde ich mich bei Hoardspot an, um gewappnet zu sein für den Fall, wenn ich einmal meine Gäste nicht persönlich in Empfang nehmen kann.

Benoît aber, daran besteht kein Zweifel, wird meine volle Aufmerksamkeit genießen. Viel zu neugierig bin ich auf die »two french girls«, die er so verheißungsvoll angekündigt hat. Die Konversation im Vorfeld der Reise läuft perfekt. Kurz, knapp und präzise. Die einzige Frage, die Benoît stellt, ist die nach Badehandtüchern und Bettzeug. Ich beruhige ihn: Alles ist da! Er teilt die Ankunftszeit des Fliegers mit und hat bereits errechnet, wie lange sie wohl mit der S-Bahn bis zur Wohnung brauchen werden. Als dem Trio mit zwei Damen nach der

Ankunft in Schönefeld die anvisierte S-Bahn vor der Nase weg-
fährt, schickt er sofort eine SMS, dass sie eine Viertelstunde
später eintreffen werden. Absolut vorbildlich.

Benoît scheint sich inkognito durch Berlin bewegen zu
wollen. Optisch hat er sich dem Hipstertum der Hauptstadt
vollkommen angepasst. Sein Oberlippenflaum ist seit dem
Foto kräftiger geworden und sieht fast schon aus wie ein richti-
ger Schnäuzer. Auf dem Kopf trägt er tatsächlich eine Schirm-
mütze. Jetzt fehlt nur noch eine Brille mit markantem Rahmen – dann wäre er in den Straßen Berlins quasi unsichtbar.

Ganz Kavalier der alten Schule, schleppt Benoît auf seinem schmalen Kreuz einen großen Rucksack, die beiden Frau-
en haben nur leichtes Gepäck. Die Konversation gestaltet sich
etwas zäh, was daran liegt, dass meine Eltern damals in der
Schule für mich die Wahl zwischen Latein und Französisch aus
einem mir bis heute unerklärlichen Grund zugunsten der alten
Römer getroffen hatten. Benoîts Englisch ist zwar ganz okay,
aber die jungen Damen – eine blond, die andere brünett, beide
eher von spröder Schönheit – sprechen leider so gut wie gar
kein Englisch, auch wenn sie es anscheinend ansatzweise verstehen. Denn hin und wieder schauen sie mich an, sagen »Oui«
an der richtigen Stelle und lächeln. Als ich ihnen die etwas
komplizierte Konstruktion des Schlafsofas im Wohnzimmer
erklären will, winkt Benoît ab. »Brauchen wir nicht.« Oh là là.
Ich bin überrascht. Zwischenzeitlich war ich der Überzeugung
gewesen, dass er in seiner femininen Art fast mehr Interesse an
mir als an seinen »Freundinnen« hatte.

Am frühen Abend, ich bin gerade im Begriff, mich für einen der letzten Abende in Uschis Kneipe in Schale zu werfen,
sprich, ich will mir meine Schuhe anziehen, klingelt es an der
Tür. An der Gegensprechanlage meldet sich niemand. Da

klopft es zaghaft an der Wohnungstür. »It's me, Benoît«, höre ich durch die Tür einen französischen Akzent hauchen. Als ich öffne, umweht Benoît ein süßes Duftwölkchen. Er entschuldigt sich für die Störung und lächelt verlegen. »We have a problem«, sagt er, winkt, als solle ich ihm folgen, und setzt bereits den ersten Fuß auf die Treppe hinab zur Ferienwohnung. »Are you coming?«, fragt er, als er bemerkt, dass ich kurz zögere. Ich nicke, zeige aber entschuldigend auf meine Socken. Ich deute an, dass ich mir noch die Schuhe anziehen müsse, er soll doch schon einmal vorgehen.

Ich frage mich, worin wohl das Problem besteht. Die Wohnung dürfte nicht in Flammen stehen, dafür war Benoît zu unaufgeregt. Wahrscheinlich, vermute ich, wollten sie nun doch das Sofa ausklappen, bevor sie frisch eingedieselt die Stadt erkunden, und sind an der Aufgabe kläglich gescheitert.

Als ich die Ferienwohnung betrete, staune ich. Dass ein Franzose an dieser Art von Problem scheitert, hätte ich nie für möglich gehalten. Es ist genauso abwegig, als würde ein Berliner die Flasche »Sterni« nicht mit einem Feuerzeug köpfen können. Benoît hat beim Öffnen einer Weinflasche doch tatsächlich den Korken abgebrochen. Er deutet auf den Korkenzieher. »Not working«, sagt er und zuckt seine kantigen Schultern. Ein Franzose, der eine Weinflasche nicht entkorken kann?

In einem Krimi wäre klar, was jetzt passiert. Das ahnungslose Opfer wird mit einem plumpen Trick in die Wohnung des Triebtäters gelockt, so offensichtlich, dass die Zuschauer sich entweder in Erwartung gruseliger Szenen ein Kissen vor das Gesicht halten oder ob der Naivität des Opfers hineinbeißen. Aber Benoît hat recht. Der Korkenzieher ist tatsächlich verbogen. »Can you help us?«, fragt er mit Dackelblick. »Pleeease.« Auch wenn das Gewinde verbogen ist, ist es nicht sonderlich kompliziert, die Flasche trotzdem zu öffnen. Als der Restkorken mit einem Ploppen aus dem Flaschenhals flutscht, applaudieren die Frauen übertrieben begeistert, als hätte ich gerade ihr Leben gerettet.

Erst jetzt registriere ich das gedimmte Licht über einem festlich gedeckten Tisch. Diverse Sorten Käse, Oliven und Schinken, anscheinend mitgebracht aus Frankreich, sind angerichtet. Dazu gibt es aufgebackenes Weißbrot. Romantisch knistert der Kamin. Auch wenn Benoît am Korkenzieher kläglich gescheitert ist, scheint er in der Lage zu sein, Feuer zu entfachen, was bislang nur den wenigsten Gästen gelungen war. Die meisten hauen eine Unmenge Papier in den Ofen, legen bräsig Holzscheite darüber und vergessen die Luftzufuhr zu regulieren. Im Hintergrund rieselt leise Musik wie in einem Kaufhausfahrstuhl kurz vor Weihnachten. Ich erkenne das Klaviergeklimper. Es ist der Soundtrack aus dem Film *Die fabelhafte Welt der Amélie* von Yann Tiersen.

Wie aus dem Nichts steht ein viertes Weinglas auf dem Tisch. Die Blonde der beiden Girls um die dreißig schenkt sogleich ein. Santé! Vier Gläser klirren aneinander. Der Wein schmeckt gut. Als ich das Glas wieder absetze, beschnuppert Benoît immer noch das Bouquet. Ich komme mir wie ein Banause vor, finde aber auch, dass er mit der ganzen Schnupperei langsam mal aufhören könnte. Wen will er beeindrucken? Es scheint mir nicht so, dass er *der* Freund einer der beiden Frauen ist. Eher der typische beste Freund beider.

Ehe ich mich versehe, hat die Brünette das große Messer aus der Küche in der Hand und fuchtelt damit über dem Tisch umher, als würde sie fechten. Zwar lächelt sie dabei, aber ihr Lächeln hat etwas Verrücktes. Dann schnellt das Messer wie eine Guillotine auf den Tisch. Mit einem zielsicheren Hieb hat sie den Roquefort geköpft, als wäre der Käse Robespierre. Aber noch bevor die Klinge auf dem Holzbrett aufschlägt, wendet die junge Französin blitzschnell das Messer. Eine kleine Käseecke liegt auf der Schneide, die sie mir wie auf einem Tablett kredenzt.

»Délicieux«, sagt sie und leckt sinnlich mit der Zunge über ihre schmale Oberlippe.

Benoît grinst. »You must taste the cheese. Wonderful.«

Er hat nicht gelogen, der Roquefort ist ein Traum.

Als Nächstes ist der Beaufort dran, wie Benoît mir erklärt. Ein Rohmilchkäse von Kühen aus den Alpen. »Eigentlich trinkt man Weißwein dazu«, sagt er in holprigem Englisch. Dann zuckt er die schmalen Schultern und nimmt einen kräftigen Schluck Rotwein. »But red wine is always good«, lacht er aufgesetzt, als er das Weinglas wieder absetzt.

Wieder reicht die Brünette mir ein Stück Käse mundgerecht auf dem Messer. Ob die drei Feeder sind?, frage ich mich. Erst kürzlich hatte ich über den Fetisch gelesen. Der Feeder, also der Fütterer, wird sexuell stimuliert, indem er andere füttert. Zudem verfolgt er das Ziel, den Feedee, also den Gefütterten, dick und fett werden zu lassen, weil Übergewicht ihn geil macht. In den zwei Tagen, in denen die Franzosen in Berlin sind, wird ihnen das aber sicher nicht gelingen. Selbst wenn das Essen noch so gut schmeckt.

Die Blonde verschwindet beschwingt in der Küche und holt mir einen kleinen Teller und Besteck. Ich bedanke mich artig, auch wenn ich mich ein wenig unwohl fühle, was vielleicht daran liegt, dass die Konversation aufgrund der Sprachprobleme eher schleppend verläuft. Das Geflüstere und Gekichere der beiden Frauen irritiert mich, nicht minder ihre Blicke, die ebenso lüstern wie spöttisch ausgelegt werden könnten. Benoît geriert sich wie der Gastgeber der einladenden Tafel. Irgendetwas ist merkwürdig. Ich komme mir vor wie ein Handwerker, der in einen Keller geht und alles liegt dort voll mit Stroh.

Kurz überlege ich, wohin das hier führen soll? Ich bin überfordert. Ist das einfach nur französische Gastfreundschaft, oder gibt es hier einen Plan für den weiteren Verlauf des Abends? Und wenn ja, wie sieht der aus? Von der zweiten Version fühle ich mich ein wenig geschmeichelt, zumindest wenn Benoît nicht anwesend wäre, weshalb mir die erste Version dann doch besser behagt. Ich überlege, wie ich mich aus der Situation retten kann. Da summt das Handy. Eine SMS. »Ey, wo bleibste? Will kickern.« Uschi ist ungeduldig. Bevor nachher der Laden, wie an einem Freitag üblich, aus allen Nähten platzen wird, will Uschi mich mit einer weiteren herben Niederlage im Tischfußball demütigen. Ich erkläre Benoît, dass ich leider aufbrechen müsse. Meine Verabredung wartet. Ich sei schon spät dran. Er übersetzt ins Französische. »Uff«, sagt die Blonde. Die Brünette zuckt teilnahmslos die Schultern. Ich bedanke mich für das Essen und winke in die Runde. Als ich die Tür hinter mir schließe, bin ich fast ein wenig enttäuscht, dass es nicht einmal einen Versuch gab, mich vom Bleiben zu überzeugen. Ich sollte in Zukunft nicht mehr so viele dieser Kurzfilme im Internet schauen, beschließe ich. Das bekommt meiner Fantasie nicht.

Als ich Stunden später nach etlichen Bieren und mit den Resten eines Döners in der Hand durch das Treppenhaus mehr krauche als aufrecht gehe, ist es in der Ferienwohnung dunkel und ruhig. Kurz hatte ich überlegt, wie ich wohl reagieren würde, wenn sich die Tür wie von Geisterhand öffnen würde und Amélie immer noch am Klavier von ihrer fabelhaften Welt erzählt. Wahrscheinlich wäre ich den Klängen der Amazonen gefolgt. Vorsichtshalber hatte ich den Döner ohne Zwiebeln und Knoblauchsoße bestellt.

Am nächsten Morgen pocht die Schläfe dreimal kurz, dreimal lang, dreimal kurz. Der Kopf funkt SOS. Der Plan, der fettige Döner würde den Alkohol auflösen, ist offensichtlich gescheitert. Trotzdem bin ich heilfroh. Heilfroh, keine Dummheiten gemacht zu haben. Wobei ich nicht einmal weiß, ob potenzielle Dummheiten überhaupt eine Option waren.

Es ist zehn Uhr. Ich quäle mich aus dem Bett, ich brauche Kaffee. Auf Zehenspitzen tippele ich durch das Schlafzimmer, achte penibel darauf, dass ich nicht ausgerechnet auf die Dielen trete, die auch bei der kleinsten Belastung ächzen und krächzen. Ich bin mir relativ sicher, dass Benoît bereits nach einem Grund sucht, wieder in Kontakt zu mir treten zu können. Was wird wohl diesmal der vorgeschobene Grund sein? Ich tippe auf die Kaffeemaschine. Oder den alten Gasherd. Es gibt Tausende Fragen, die er stellen könnte. Wenn mein Kopf nur nicht so wummern würde.

In der Küche schalte ich die Siebträgermaschine zum Aufheizen an, greife intuitiv zur Zigarettenschachtel. Fast leer. Das erklärt die Kopfschmerzen. Ich hatte die neue Schachtel erst spät am Abend gekauft. Gedankenverloren schalte ich die Kaffeemühle an und zucke zusammen. Das Geschrei, unter dem die Bohnen vom Mahlwerk malträtiert werden, erinnert an ein Sägewerk. Reflexartig will ich das Getöse ausschalten, besinne mich dann aber. Wie peinlich ist das denn, sich vor den Mietern zu verstecken? Sollen sie mich doch hören. Wagemutig bereite ich meinen Kaffee zu, ziehe mich dann aber wieder auf Zehenspitzen zurück ins Schlafzimmer und zappe mich durch das Fernsehprogramm. Bei Peter Lustigs *Löwenzahn* bleibe ich hängen. Leise lausche ich dem Latzhosenträger, wie er vor seinem blauen Bauwagen sitzt und überlegt, die längsten Nudeln der Welt herzustellen. Er will ins Guinness-Buch der Rekorde. »Wie lang muss die Nudel wohl sein?«, frage ich mich noch und bin sicher, dass es die Antwort später geben wird. Aber ich bekomme sie nicht mehr mit. Ich döse wieder ein.

Den ganzen Vormittag über warte ich darauf, dass es an der Tür klingelt. Aber nichts passiert. Auch nicht am Nachmittag. Am Abend bin ich bei meinen Nachbarn, die unter der Ferienwohnung wohnen, zum Essen eingeladen. Kurz überlege ich abzusagen, aber als sich der Kater langsam trollt, fühle ich mich wieder in der Lage zu einem netten Beisammensein mit belangloser Konversation. Ein bisschen sehe ich die Essenseinladung als Pflichttermin. Immerhin dürften die Nachbarn diejenigen sein, die am meisten unter meiner Ferienwohnung über ihnen leiden. Oder ist das Essen etwa nur ein Vorwand, mich ordentlich ins Gebet zu nehmen?

Schon im Treppenhaus duftet es nach leckerem Lammeintopf. Ich folge dem Geruch mit zwei Flaschen Wein in den Händen, einmal rot, einmal weiß, bis in die zweite Etage und bin froh, dass der Duft wirklich aus der Wohnung kommt, in die ich eingeladen wurde. Die Stimmung ist entspannt. Ich nutze die Gelegenheit, um selbst die Ferienwohnung anzusprechen. Und um mich nochmals für die Eskapaden der Finnen zu entschuldigen. »Was zur Hölle geht in deiner Wohnung vor«, hatte mein heutiger Gastgeber damals nachts um vier völlig zu Recht geschrieben. Heute lachen wir über die Anekdote. Ich erzähle von den Fischresten im Schrank, von meiner Flucht durch die Straßen, weil die Finnen es binnen eines Tages nicht weiter als bis in den kleinen Park geschafft hatten. Und ich erzähle von den Unmengen an Leergut, die ich entsorgen musste.

»Wahnsinn, was die an zwei Tagen alles gesoffen haben«, sage ich.

»An zwei Tagen?«, fragt mein Nachbar. »Das war alles von einem Abend.« Nach der ersten Nacht, die ähnlich laut gewesen sein muss wie die zweite, war der Müllcontainer bereits gut gefüllt mit leeren Schnapspullen. Er könne sich gut daran erinnern, sagt er, weil er die Flaschen aus dem Müll gefischt habe, um sie zum Altglascontainer zu bringen. Die Finnen werden mir immer unheimlicher. Sie müssen medizinische Wunder sein. Oder zumindest für die nächsten Jahre gut konserviert mit Alkohol. Gunther von Hagens hätte seine pure Freude an ihnen gehabt.

Und der Lärm? Ist der halbwegs erträglich?, will ich wissen. Die beiden zucken die Schultern. Mal sei es eben etwas lauter, in der Regel sei das aber kein Problem. Die meisten Besucher seien ja ohnehin kaum in der Wohnung, würden nur zum Schlafen herkommen. Sie schauen sich an, dann grinsen sie verschmitzt.

Die beiden sind leidenschaftliche Kettenraucher, paffen aber nicht in der Wohnung. Deshalb verbringen sie auch an kalten Tagen, dick eingemummelt in Daunenjacken und Decken, die Abende oft auf dem Balkon. Eigentlich sitzen sie da immer, wenn ich das Haus verlasse oder betrete oder aus dem Fenster schaue. Im Winter, wenn es früh dunkel ist, erkenne ich das nur an den roten Punkten, die wie Glühwürmchen über dem Balkon zu kreisen scheinen, wenn sie an ihren Zigaretten ziehen. Jetzt, im Sommer, sitzen sie fast pausenlos auf dem kleinen Balkon und tuscheln leise. Nach einer Weile sagt meine Nachbarin belustigt: »Gestern war es allerdings etwas lauter.«

Ich bin überrascht, saßen Benoît und seine zwei Girls doch ganz gesittet beim Essen, als ich die Wohnung verließ, und lauschten eher dem Knacken des Kamins und der Klaviermusik im Hintergrund. Weder wummerten Bässe noch hatten sie mauernbrechende Stimmen.

»Da ging es vielleicht ab«, amüsiert sich meine Nachbarin.

»Eine Party?«, frage ich überrascht.

Ihr Freund hüstelt verlegen und sagt dann trocken: »Na ja, nicht direkt. Die hatten einfach sehr viel Spaß – im Schlafzimmer.«

Ich bin perplex. Da habe ich Benoît wohl vollkommen falsch eingeschätzt. Er hatte mit seinen »french girls« das Haus also anscheinend gar nicht verlassen, denn das Gestöhne hätte schon am frühen Abend begonnen, berichten meine Nachbarn. Sie saßen – natürlich – auf dem Balkon, als nur wenige Meter entfernt, hinter dem gekippten Schlafzimmerfenster, der Audio-Porno begann.

»Und das ging ewig«, sagt meine Nachbarin mit leuchtenden Augen. Fast könnte man meinen, ein bisschen Neid aus dem Satz zu hören. Am Gesichtsausdruck ihres Lebensgefährten lese ich ab, dass er auch gerade über die Intention dieser Aussage grübelt.

Überrascht sind meine Nachbarn dann doch, als ich von der ungewöhnlichen Konstellation Mann-Frau-Frau berichte. Fast bin ich versucht, von dem merkwürdigen Vorabend zu erzählen. Dem Problem mit der Weinflasche, dem leckeren Essen, der schrägen Atmosphäre. Ich lasse es aber. Stattdessen gehen wir auf den Balkon, zum Rauchen. Oben ist es dunkel. Und still. Die drei scheinen zumindest am zweiten Abend ausgeflogen zu sein, um Berlin zu erkunden.

Das Letzte, was ich von Benoît und seinen Begleiterinnen sehe, ist der große, schwarze Rucksack, den er auf der Schulter trägt, als sie am frühen Montagmorgen den Innenhof verlassen. Die beiden Frauen haben wieder nur ihr leichtes Handgepäck. Das heißt, die Blonde trägt auch noch irgendein kleines Gestell. Sie müssen zeitig zum Flughafen, den Schlüssel haben sie wie vereinbart in den Briefkasten geworfen.

Am Abend betrete ich die Wohnung, um sie für die nächsten Gäste herzurichten. Wie immer bin ich etwas angespannt. Gespannt, in welchem Zustand die Wohnung verlassen wurde. Meist verrät schon der erste Blick ins Wohnzimmer, was mich im Rest der Wohnung erwartet. Sieht das Zimmer so aus, wie die Gäste es vorgefunden haben, sind meist auch Badezimmer und Küche in einem tadellosen Zustand. Stehen aber Gläser auf dem Tisch, ist das Schlafsofa noch ausgeklappt, wird das Chaos von Raum zu Raum größer.

Ich bin überrascht. Ich war zwar davon ausgegangen, dass Benoît die Wohnung aufgeräumt übergibt. Aber das Wohnzimmer ist nicht nur sauber, es strahlt geradezu. Selbst den Kamin hat er gereinigt, die Asche in den dafür vorgesehenen Metallbehälter gefüllt. Das hat noch keiner gemacht. Sogar den Staub, der dabei unweigerlich entsteht, hat er anscheinend weggesaugt. Das Badezimmer: streifenfrei. Ich frage mich, wie die drei die Kalkflecken von der gläsernen Duschwand ohne Liter an Essigreiniger wegbekommen haben. Die Küche: picobello. Hätten die Franzosen die Wohnung nicht so früh verlassen müssen, hätten sie wahrscheinlich auch noch das Bettzeug gewaschen.

Ich gehe zum Schlafzimmer, um genau das nachzuholen. Als ich die Tür öffne, bin ich perplex. So porentief rein der Rest der Wohnung ist, so schmuddelig liegt das Schlafzimmer in einem Halbdunkel. Ich ziehe die Vorhänge auf, öffne die Fenster, um einen perfiden süßlichen Geruch entweichen zu lassen. Überall stehen Kerzen, große und kleine, die aus den anderen

Räumen zusammengeklaubt sein müssen. Ihr Fehlen war mir gar nicht aufgefallen. Die Teelichter aus der Großpackung, die in der Küchenschublade lag, bilden einen Rahmen um das Bett. Dafür wurde es einen halben Meter von der Wand gerückt. Das unschuldige weiße Laken ist befleckt und scheint geschändet. Ich will mir lieber nicht vorstellen, wie das Bett unter Schwarzlicht zu leuchten beginnen würde, oder welche Lampen auch immer die Spurensicherung im sonntäglichen *Tatort* einsetzt, tue es dann aber doch – und schüttele mich. Neben dem Bett liegen zusammengeknüllte Taschentücher, unter den Kopfkissen finde ich welche und in der Ritze zwischen Matratze und Kopfende ebenso. Auf dem Nachttisch steht eine fast leere Flasche Massageöl. Oder Ähnliches.

Das Schlafzimmer wirkt wie inszeniert. Es macht keinen Sinn, dass der Rest der Bude so penibel sauber ist wie noch nie, das Schlafzimmer aber aussieht wie der Set bei einem Pornodreh. Plötzlich dämmert mir, woher ich den großen Rucksack kennen könnte, den der Franzose über den Schultern trug. Unsere Fotografen verstauen in solchen Ungetümen ihr Equipment. Das Gestell, das die Blonde in der Hand hielt, muss ein Stativ gewesen sein. Plötzlich macht es auch Sinn, dass die drei bei ihrem Kurztrip nach Berlin am ersten Abend gar nicht das Haus verlassen haben. Sie waren nicht zum Urlaub hier, sondern zum Arbeiten. Die haben einen Porno in meiner Wohnung gedreht, schießt es mir durch den Kopf. Wahrscheinlich ist Hipster-Benoît kreativer Kopf und Kameramann und die beiden »french girls« sind die Darstellerinnen.

Es bleibt mir allerdings ein Rätsel, welche Rolle ich bei diesem Dreh hätte einnehmen sollen. Zumindest falls das der Plan der skurrilen Essenseinladung gewesen sein sollte. Hätte ich den bösen Vermieter spielen sollen, der die beiden armen

Studentinnen vor die Tür setzen will, weil sie die Miete schulden? Natürlich hätten dann die beiden jungen Dinger spontan eine kreative Lösung zum Abstottern der Schulden angeboten? Kurz überlege ich, ob ich Benoît in einer E-Mail danach fragen soll. Nur so, aus Interesse. Ich entscheide mich aber dagegen. Zu peinlich wäre es, wenn meine ganze Indizienkette in sich zusammenbrechen würde und die drei einfach nur Freunde mit gewissen Vorzügen sind, die Berlin besucht haben.

Ein letztes Mal muss ich schmunzeln, als ich Benoîts Bewertung lese: »Jens ist ein sehr verfügbarer Gastgeber. Ich kann ihn wärmstens empfehlen.« Ich vermute mal, die Zweideutigkeit seiner Aussage liegt an Google-Translate. Im französischen Original klingt sie sicherlich sehr charmant und ein bisschen nach Schöfferhofer.

PANTOMIME GEGEN PROMILLE

Je länger ich meine Wohnung an Touristen vermiete, umso größer werden meine Zweifel an dem, was ich da tue. Wirtschaftlich hat sich die Idee mehr als gerechnet. So gut, dass ich zwischenzeitlich sogar in Versuchung kam, eine weitere Wohnung im Haus zu kaufen, als die mir angeboten wurde, um sie ebenfalls als Ferienunterkunft anzubieten. Hätte Berlin damals nicht längst den Ferienwohnungen den Kampf angesagt, ich hätte den Schritt wahrscheinlich gewagt. Das Kalkül war einfach: Ab drei Ferienwohnungen hätte ich meinen Job aufgeben können. Aber nicht nur das Verbot durch den Senat bereitete mir Sorgen, vielmehr überfielen mich Skrupel. Ich merkte, wie die Stimmung nicht nur in unserem Haus kippte, sondern im gesamten Kiez. Eine Tageszeitung veröffentlichte eine Umfrage, in der jeder dritte Bewohner aus Friedrichshain und Kreuzberg angab, sich vom Tourismus gestört zu fühlen.

Berlin zelebriert sich zwar als weltoffene Stadt. Die Wirklichkeit sieht jedoch anders aus. Bei Schwaben und Touristen hört die Toleranz sehr schnell auf. Auch, oder gerade, in linksalternativen Vierteln wie Friedrichshain. Der Ärger ist nachvollziehbar, wie er sich aber äußert, erschreckend. Touristen werden öffentlich an den Pranger gestellt, dabei trifft sie eigentlich keine Schuld. Sie nehmen nur Angebote an, die andere ihnen unterbreiten. An Laternen kleben Sticker mit einem durchgestrichenen roten Herzen, darüber die Worte »Keen Herz für Touris«. An Fenstern prangen Plakate, darauf ein großer roter Kreis, gleich einem Verbotsschild, darin ein Mann mit offenem Mund, der abwehrend seine Hand nach vorne reckt. Gegen wen sich das Plakat richtet, verraten die großen Blockbuchstaben mit dem putzigen Rechtschreibfehler: »NO TURISTS«. In den Briefkästen landen Flugblätter, in denen eine Art Bürgerinitiative die Bewohner dazu aufruft, illegale Ferienwohnungen anzuzeigen. Denunziantentum macht sich breit. Eine neue Blockwartmentalität entsteht.

Diese Entwicklung gibt es nicht nur in Berlin. In Hamburg, München oder Köln ist es ähnlich. In allen Städten, in denen Wohnungsnot herrscht. In Deutschland wie auch weltweit. Amsterdam und Madrid haben die Regeln für Airbnb deutlich verschärft. In San Francisco, dem Unternehmenssitz von Airbnb, eskalierte der Streit so weit, dass Demonstranten die Viertel mit den Gesichtern illegaler Hosts plakatierten. In Barcelona durchkämmen Teams der Ordnungsämter die Straßen nach illegalen Vermietern. In der katalanischen Metropole hatte der Protest gegen den Massentourismus mit Demonstrationen von Bürger- und Jugendgruppen begonnen. Schnell wurde aus dem Protest Gewalt. Im Sommer 2017 stellten sich Vermummte einem Bus voller Touristen in den Weg, zerstachen die Reifen und sprühten Parolen an die Scheiben. Ein britischer Tourist, der in dem Bus saß, sagte später: »Ich dachte, das ist ein Terroranschlag.« Das Manifest der Randalierer prangte auf der Windschutzscheibe: »Tourismus tötet Stadtviertel.« Der spanische Rundfunk kommentierte: »Die Proteste gegen den Tourismus werden immer heißer.« Von hitzigen Aktionen wie in Barcelona ist Berlin glücklicherweise noch weit entfernt, aber es köchelt bereits.

Beeindrucken lassen sich die Touristenströme von den Sorgen und Nöten der Anwohner nicht. Schon gar nicht abhalten. Airbnb verkündet jährlich neue Besucherrekorde. Im Jahr 2017 verbuchte das Unternehmen 700 000 »Gastankünfte« allein in Berlin, 100 000 mehr als noch im Jahr zuvor. Im Schnitt bleiben die Airbnb-Gäste 4,2 Nächte in der Stadt. Davon können Hoteliers nur träumen. Dort sind es durchschnittlich nur 2,4 Nächte. Bereits von 2015 auf 2016 war bei Airbnb die Zahl der Übernachtungen um 68 Prozent gestiegen. Dabei wildert das Portal nicht einmal in dem Revier der Hotels, denn selbst die legten bei den Gästezahlen zu, wenn auch nur verhalten. Es scheint, als zieht das Online-Unternehmen eine ganz neue Klientel an. Laut einer Studie des Immobilienentwicklers GBI haben Airbnb & Co im Jahr 2016 in Deutschland bereits mehr als 14,5 Millionen Übernachtungen in Privatunterkünften vermittelt. Laut der Studie sind bundesweit 46 400 Ferienwohnungen dauerhaft dem Wohnungsmarkt entzogen, wodurch die ohnehin angespannte Lage zusätzlich verschärft wird. Jeder elfte Städtereisende in Deutschland schläft bereits in einer privaten Unterkunft. Tendenz steigend.

Wie Heuschrecken überfallen mittlerweile jedes Wochenende nicht nur die Hipster dieser Welt Berlin, sondern auch die Pudelkönige kleinstädtischer Kegelclubs. Dazu gesellen sich die Junggesellen samt trinkfreudiger und räudiger Entourage, um noch ein letztes Mal vor der Hochzeit die Sau rauszulassen. Wie störrische Terrier ziehen sie ihr Gepäck über das holprige Trottoir auf der Suche nach ihrer Bleibe in irgendeinem Hinterhaus. Das Klackern und Scheppern der kleinen Rollen ist der monotone Beat zum aufgeregten Geplapper der euphorischen Besucher, denen Unmengen kleiner Feiglinge den Mut verliehen hat, das Großstadtabenteuer zu wagen.

»Scheiß Grollkoffer«, grummelt ein junger Mann an einer Straßenkreuzung in Friedrichshain in seinen Bart, greift in die Tasche seines Bundeswehrparkas nach einer Flasche Bier und nimmt einen kräftigen Schluck, während er seinen Kinderwagen auf dem Rückweg vom Hort durch die eintreffende Koffer-Armada zirkelt. Die Anwohner der Simon-Dach-Straße, jener beliebten Partystraße unweit meiner Ferienwohnung, protestieren und demonstrieren mittlerweile gegen die Touristenhorden, die bis spät in der Nacht, laut grölend und in Hauseingänge urinierend, durch den Kiez ziehen. In einer werbewirksamen Aktion haben sie ihre Adresse in »Simon-Krach-Straße« umbenannt.

Alle Versuche, dem Partytourismus Einhalt zu gebieten, sind bislang gescheitert. Auch die ganz in Weiß gekleideten Mimen mit ihren kalkgeweißten Gesichtern hatten keine Chance. Mit Pantomime gegen Promille vorzugehen war eine nette Idee, wie sie sich nur von einer grünen Bezirksverwaltung ausgedacht werden kann. Schade nur, dass sie nicht aufging. Wenn die Darsteller sich an die Tische der Krakeeler setzten, den Zeigefinger auf ihre Lippen pressten und ganz leise »Pssssst« zischten, war das meist nicht mehr als ein tolles Selfie-Motiv für all die Besoffkis. Bisweilen führte die Aktion zu lautstarkem Applaus, da der tiefere Sinn die promilleerweichten Hirnzellen nicht erreichen konnte.

Jetzt hat die Politik die Notbremse gezogen und nach etlichen Beschwerden die Außenbewirtung der Kneipen und Bars ab null Uhr untersagt. Endlich Frieden im Viertel? Leider nein. Jetzt zerfleischen sich die Anwohner gegenseitig. Schuld, na klar, sind die Zugezogenen, die immer meckern, und mehr noch die Touristen, die einfach nur nerven und es übertrieben haben. Nur wenige feiern die Verordnung, die meisten halten sie für sinnlos, einen Willkürakt deutscher Bürokratie, weil alle hundert Meter ein Spätkauf wie eine Verpflegungsstation beim Volkslauf auf das Feld der Marathonsäufer wartet und billigen Fusel feilbietet – ehe irgendwann der Morgen graut und die Horden in die Herbergen fallen oder durch die Innenhöfe und die Treppenhäuser in ihre Ferienwohnungen krauchen.

Wer eine Ferienwohnung in einem Wohnhaus mit mehreren Einheiten anbietet, der muss seine Nachbarn schon sehr hassen. Diese Erkenntnis wuchs langsam in mir. Wie müssen sich erst die letzten verbliebenen Bewohner in dem Wohnblock in Berlin-Mitte fühlen, in dem nach Einschätzung eines Bewohners mehr als 200 Apartments an Touristen vermietet werden? Horden von Besuchern irren nachts alkoholisiert durch die Wohnanlage, übernachten manchmal zu zehnt mit Luftmatratzen in einem Apartment, und die besten und billigsten Partys finden nun mal in den Wohnungen statt. Es ist ein ständiges Kommen und Gehen. Morgens, mittags, abends, nachts. Der Müll stapelt sich im Flur. »Das hier ist das größte illegale Hotel der Stadt«, klagt der Bewohner. Für ihn ist Airbnb der Inbegriff des Bösen, reiner Horror. Für die oft anonymen »Gastgeber« ist es eine Goldgrube. Für das Unternehmen ohnehin.

◆ ◆ ◆

Lange Zeit galt Berlin als ein Paradies für Mieter. München war schon immer sündhaft teuer. Hamburg auch. Nur Berlin blieb günstig, weil es enormen Leerstand gab. Doch seit einiger Zeit wächst die Stadt jedes Jahr um etwa 50 000 Einwohner. Man muss sich das so vorstellen, als zöge jedes Jahr die komplette Bevölkerung von Städten wie Emden oder Passau in die Hauptstadt. Es war absehbar, dass der Wohnraum knapp werden würde. Sehenden Auges steuerte die Hauptstadt auf das Fiasko zu. Und plötzlich war sie da, die Wohnungsnot. Die Preise stiegen absurd schnell in noch absurdere Höhen, besonders in den zentrumsnahen Quartieren. In vier, fünf Jahren verdoppelten sich die Preise – für Eigentum, aber auch für Mieten. Aus Betongold wurde Platin.

Und so machten sich mehr und mehr Immobiliengesellschaften daran, ihre Mietshäuser in Eigentum zu verwandeln. Doch für den großen Reibach mussten zunächst die Bewohner mit den kleinen Mieten auf die Straße gesetzt werden. Mal wurden sie mit einer Handvoll Euro abgefunden, mal in die Armut saniert. Neue Fenster, ein bisschen Dämmung oder auch nur ein Eimer Farbe. Im Zweifel ein an die Fassade geklatschter Aufzug, fertig war die Sanierung, die eine Verdopplung der Miete zur Folge hatte. Und damit meist die Kapitulation der Bewohner.

So war es auch in dem Haus, in dem ich wohne. Fünfundzwanzig Wohneinheiten in einem Altbau. Vorderhaus, Seitenflügel, Hinterhaus. Und eben die Kneipe. Der Eigentümer, die dänische Immobiliengesellschaft, hatte es vor einigen Jahren günstig gekauft. Jetzt waren die Preise so gestiegen, dass sich ein Verkauf lohnte. Nur verzichtete die Immobiliengesellschaft auf irgendeine Art der Sanierung, strich lediglich die Fassade neu an, dort wo sie gut sichtbar ist. Die Rückseite des Hauses, die man nur einsehen kann, wenn man einmal um den Block geht, gammelte vor sich hin. Verwitterter graubrauner Stein, kein Putz, schon gar keine Dämmung, mit Rissen und Fugen, ganze Mauerstücke waren zerbröselt. Egal, es sah ja keiner.

Gentrifizierung klingt nach Porsche, Maßanzug und Luxussanierung. Nach einem lauten Bang Boom Bang. Aber die eigentliche Gentrifizierung findet schleichend und leise statt. Der Bevölkerungsaustausch geht selten den direkten Weg von Sozialwohnung zu Maisonette mit Dachterrasse. Ein Banker wird kaum in einen Altbau nach Friedrichshain ziehen, wo er für seine Edelkarosse nicht mal einen Parkplatz findet – und wenn doch, fürchten muss, dass sie am nächsten Morgen entweder weg, abgefackelt oder mit Graffiti verziert ist. Den Mietern, die weichen müssen, kann es gleichgültig sein, wer ihre Wohnung kauft: ob derjenige sich dafür über beide Ohren verschulden muss oder den Kaufpreis aus der Portokasse zahlt. Für sie ist die Kaufoption schlicht unerreichbar. Die Chance, im selben Viertel eine Alternative zu erschwinglichen Preisen zu finden, ist gering bis aussichtslos. Die Mieter müssen weichen, in die Peripherie, bis sie dort in ein paar Jahren wieder vertrieben werden, dann, wenn die Bagger aus dem Zentrum weiterziehen, um die nächsten Baulücken zu schließen. Die, die zuziehen, sind meist junge Leute, gut verdienend und alleinlebend. Sie beziehen Wohnungen, in denen vorher Paare oder kleine Familien lebten. Sie verschlingen Wohnraum wie Partygänger Döner zum Ausklang einer durchzechten Nacht.

Einstige Arbeiterviertel wie Friedrichshain ziehen die Besserverdienenden magisch an. Sie lieben das Urbane, die vielen Kneipen und Clubs, die kleinen Boutiquen, das Anderssein. Bis sie eingezogen sind. Dann nerven die Menschen, die im Sommer bis spätabends vor einem Restaurant sitzen, die Musik aus der Kneipe, die Hundehaufen auf den Gehwegen und die endlose Parkplatzsuche sowieso. Das Flair des Viertels, von dem sie beim Einzug schwärmten, wird zum Fluch. Liebe schlägt in Hass um. In Hass gegen alle, die sich nicht anpassen wollen an das geregelte Leben der Zugezogenen. Erst hagelt es Beschwerden, dann Anzeigen. Bis die Kneipe oder der Club, die seit Jahren ansässig sind, weichen müssen.

Die Veränderungen im Kiez verändern auch meine Denke. Immer wieder ertappe ich mich dabei, wie es mir peinlich ist, zuzugeben, eine Ferienwohnung zu vermieten. Und dann nerven mich zunehmend die Gäste, deren Mentalität sich im Laufe bereits weniger Monate geändert hat.

Die ersten Gäste bewarben sich regelrecht um die Unterkunft. Sie stellten sich vor, schrieben, warum sie nach Berlin kommen, was sie vorhaben und wer mit ihnen reist. Wie Jonathan. Er und seine Freundin suchten nach einer Wohnung, die sich nach »einer Art Zuhause anfühlt«. Er sei aus Kalifornien und hätte bei Apple gearbeitet, seine Freundin käme aus Polen, sei eine Yoga-Lehrerin. »Wir sind beide Vegetarier, rauchen nicht, trinken nicht, sind ruhige, easy-going Airbnb-Veteranen.« Mein erster Gedanke war: Oh, das sind sicherlich freudlose und anstrengende Menschen. Ich sollte mich täuschen. Die beiden waren ein Herz und eine Seele und sollten sogar nach der Airbnb-Zeit für ein halbes Jahr ganz regulär in die Wohnung ziehen. Jonathan und seine Freundin sind die Art Gäste, denen man gerne seine Wohnung anvertraut, weil sie von der ersten Minute an Respekt für das Eigentum anderer zeigen – und sorgsam damit umgehen. Ganz im Sinne der Grundidee von Airbnb. Jonathan und Marta waren dankbar für die Möglichkeit, sich in einer fremden Stadt heimisch zu fühlen. Und versuchten immer, möglichst wenig Umstände zu bereiten. Doch diese Art von Gästen wurde seltener.

EASY-JET-SET

Eine Ferienunterkunft in einer Großstadt muss nicht unbedingt viel bieten. Gerade die jüngeren Wochenendbesucher sind ohnehin kaum in der Wohnung. Ein warmes Bett, eine saubere Dusche und eine röchelnde Kaffeemaschine, das würde den meisten Gästen schon reichen. Dachte ich. Schließlich zählt besonders bei den Kurzurlaubern der Preis – und wie beim Kauf: Lage, Lage, Lage. Cafés, Clubs und Konsumtempel in der Nachbarschaft sind unschlagbare Argumente, im besten Falle noch eine Haltestelle von U- oder S-Bahn vor der Tür und alles ist perfekt. Aber wehe, die Wohnung hat kein WLAN. Oder es funktioniert mal nicht. Dann ist der ganze Urlaub versaut. Wie bei den drei jungen Frauen aus Griechenland.

Wahrscheinlich ist es ihr erster Urlaub im Ausland, zumindest der erste Urlaub ohne Eltern. Deswegen schreibt mich auch nicht Elena an, sondern ihre Mutter. Die Kontaktaufnahme ist sehr förmlich. Ihre Tochter Elena wolle mit zwei Freundinnen, alle neunzehn Jahre alt, eine Woche in Berlin verbringen. Sie lieben den Vintage-Look der Unterkunft und glauben, dass die Wohnung ihren Aufenthalt perfekt machen würde. Sie beendet ihr Anschreiben mit den Worten: »Bitte bestätigen Sie die Buchung.« Doch bevor ich das tue, weise ich Elenas Mutter noch einmal ausdrücklich darauf hin, dass Partys in der Wohnung nicht gestattet sind. Bei drei Teenagern ist das durchaus angebracht, vermute ich. Die Reaktion der Mutter deute ich als »akzeptiert«. Es kommt keine weitere Nachricht, sondern die Buchung wird einfach bestätigt. Hotel gebucht, fertig, aus.

Am Tag vor der Anreise von Elena und ihren Freundinnen wundere ich mich, dass ich nie wieder etwas von ihnen gehört habe. Nicht dass es mich stört, wenn ich keine hundert Mails im Vorfeld beantworten muss, es ist aber ganz nett zu wissen, ob die Gäste morgens, mittags, abends oder vielleicht mitten in der Nacht ankommen. Airbnb bedient vor allem den Easy-Jet-Set: günstiger Flug, günstige Unterkunft. Fertig ist das Partywochenende zum Spartarif. Leider haben die Billigflieger nicht unbedingt die kommodesten Flugzeiten. Oft kommt es vor, dass die Maschinen erst gegen dreiundzwanzig Uhr in Schönefeld landen und weitere zwei Stunden vergehen, bis die Gäste in der Wohnung eintrudeln. Erstaunlich ist, dass die wenigsten ein schlechtes Gewissen zu haben scheinen, wenn sie mitten in der Nacht anreisen – und natürlich erwarten, Einlass zu finden. Wie bei einem Hotel mit Nachtportier.

♦ ♦ ♦

Mir war es immer peinlich, wenn ich selbst als Gast eine Wohnung über Airbnb gebucht hatte, die Vermieter unnötig einzuspannen. Ich fühle mich wohler, wenn ich ihnen möglichst weit entgegenkommen kann. Und das meine ich auch räumlich. Mir ist es lieber, ich hole den Schlüssel irgendwo ab, als dass andere Leute auf mich warten müssen, weil sich vielleicht der Flieger verspätet hat oder ich in der falschen U-Bahn sitze. Zumindest baue ich immer einen zeitlichen Puffer ein und überbrücke die Zeit bis zum Treffpunkt eher in einem Café, als andere warten zu lassen. In Helsinki war es dann doch einmal passiert. Meine damalige Freundin und ich waren mit dem Schiff aus Stockholm angereist, mitten im tiefsten Winter. Der eisige Wind pikste wie tausend kleine Nadeln im Gesicht, das Thermometer zeigte minus 21 Grad. Das Warten auf die Straßenbahn fühlte sich an wie ein Bad in der Eistonne. Und das Schlimme war: Die Bahn kam einfach nicht. Die Kälte saugte unterdessen den iPhone-Akku leer wie ein Ballermann-Veteran den Eimer Sangria. Wir hatten uns mit dem Vermieter vor dem Haus verabredet, was sich als katastrophal herausstellte. Bei den Temperaturen konnte man es dort nicht lange aushalten. Nur: Ich konnte ihn nicht anrufen und er mich nicht erreichen. Telefon tot. Und natürlich war der einzige Ort, an dem ich seine Nummer abgespeichert hatte, das Telefon. Also hätte auch eine Telefonzelle nicht helfen können. Eine unangenehme Situation.

In der Nähe der Unterkunft fand ich dann einen Kindergarten, der uns netterweise seinen Strom für das Smartphone anzapfen ließ. Der Vermieter war bereits wieder zur Arbeit gegangen, als wir nicht aufgetaucht waren und er uns nicht erreichen konnte. Verärgert schien er aber nicht zu sein. Vielmehr lachte er ob der Anekdote. »Wartet erst einmal ab, wenn die Sonne gleich untergeht, dann wird es richtig kalt.« Trotzdem war mir die Situation peinlich. Als Entschädigung kauften wir eine Flasche Wein, die wir bei der Abreise mit einer Nachricht für ihn in der Küche hinterlegten. Ich vermute mal, die Putzkraft hat sie eingesackt. Zumindest erwähnte der Vermieter die Flasche nicht, als wir nach der Abreise noch kurz kommunizierten.

Doch die Zeit der kleinen Aufmerksamkeiten scheint vorbei. Stattdessen wird von den Gastgebern ein Service erwartet wie in einem Fünf-Sterne-Hotel, zu einem Preis günstiger als ein Etagenbett in der Jugendherberge. Der Klassiker ist der Kofferservice. Da die Flieger oft erst wieder am Abend gen Heimat abheben, wollen die Gäste natürlich nicht den ganzen Tag mit ihrem Gepäck durch Berlin ziehen. Das ist verständlich. Andererseits gibt es dafür Schließfächer. Wann immer möglich, erlaube ich den Gästen eine Nutzung der Wohnung bis in den Abend hinein. Aber wenn die Wohnung direkt wieder vergeben wird, geht es eben nicht. Wenn ich von zu Hause aus arbeite, ist es auch nie ein Thema, die Koffer bei mir in der Wohnung abzustellen. Doch manchmal ist das einfach nicht machbar. Die Gäste sehen das aber nicht als ihr Problem. Statt nett nach einer Lösung zu fragen, fordern sie meist grenzenloses Entgegenkommen, ohne sich selbst zu bewegen.

Natürlich gibt es auch andere Gäste. Als umsichtig und zuvorkommend erlebte ich die ersten Besucher. Reisten sie per Auto an und standen irgendwo im Stau, benachrichtigten sie mich umgehend und entschuldigten sich für die Umstände der späteren Ankunft. Hatte der Flieger Verspätung, wurde ich informiert. Als einmal Gäste statt wie vereinbart gegen achtzehn Uhr erst um einundzwanzig Uhr aus Paris eintrafen, luden sie mich zu einem Wein ein. Doch nach und nach änderte sich das Verhalten der Gäste. Zuletzt kamen immer mehr Leute, die in den Privatunterkünften einfach einen billigen Hotelersatz suchten. Bei Elena und ihren Freundinnen schien es ähnlich zu sein.

Nachdem ich keinerlei Hinweis erhalten hatte, wann das Damentrio in Berlin landen würde, schrieb ich deswegen Elenas Mutter und fragte zudem, ob sie vielleicht eine Beschreibung für die Anreise zur Wohnung bräuchten. Die Antwort erfolgte prompt, aber sie fiel wieder einmal sehr kurz aus. Sie bestand nur aus der Ankunftszeit. Also schaute ich, an welchem Flughafen um diese Zeit ein Flieger aus Griechenland landete – und kalkulierte die Ankunftszeit. Ich schrieb zurück, dass ich Elena gegen dreizehn Uhr in der Wohnung erwarten würde. Ob das okay sei? Die Antwort war ein schlichtes »Ja«, ergänzt um ein »Danke!«. Immerhin.

Am Tag der Ankunft düse ich in der Mittagspause schnell nach Hause, um wie vereinbart in der Wohnung zu sein. Zuvor habe ich schon gecheckt, ob die Maschine aus Athen pünktlich gelandet ist. Das ist sie. Von Schönefeld aus sind es fünfundzwanzig Minuten mit der S-Bahn bis zum Ostkreuz und dann noch einmal gut zehn Minuten zu Fuß, einfach die Straße entlang. Einsteigen, Aussteigen, kein Umsteigen. Wenig Potenzial, um sich zu verfahren oder auch zu verlaufen. Um 13:15 Uhr schaue ich das erste Mal auf die Uhr. Okay, denke ich, dann haben sie die S-Bahn verpasst. Kann ja passieren, oder es hat eben bei der Einreise etwas länger gedauert. Die nächste S-Bahn fährt in einer Viertelstunde.

Aber auch um 13:30 Uhr und 13:45 Uhr klingelt niemand. Ich teste die Glocke: Ding-Dong. Ich werde unruhig. Die Ungewissheit nervt. Ich schaue auf der Website der Berliner Verkehrsbetriebe, ob eine Störung vor- oder mal wieder jemand auf den Gleisen liegt. Weder noch. Der Verkehr läuft ausnahmsweise reibungslos. Da ich aber schon vor dem Laptop sitze, checke ich erneut, ob die Maschine wirklich pünktlich gelandet ist oder ob ich mich vertan habe. Aber alles ist korrekt. Die Maschine ist sogar zehn Minuten früher als geplant eingetroffen. Plötzlich ist da ein Gedanke: Landet da etwa auch eine Maschine aus Griechenland zu der gleichen Zeit in Tegel? Von dort ist es deutlich schwieriger, nach Friedrichshain zu kommen, da der Hauptstadtflughafen nie an die S- oder U-Bahn angeschlossen wurde. Wer mit öffentlichen Verkehrsmitteln an- oder abreist, ist verloren. Bus, S-Bahn, Straßenbahn sind notwendig, um zu meiner Wohnung zu gelangen. Aber die Suche ist negativ. Kein Flieger aus Griechenland zu der angekündigten Zeit.

Ich atme schwer und checke meine Dienst-E-Mails. Murphy hat nämlich ein Auge auf meinen Schreibtisch. Kaum bin ich nicht da, fällt irgendjemandem aus der Chefredaktion ein, er müsse mal dringend mit mir sprechen. Findet er mich nicht, wird gleich per Mail hektisch nachgefragt. Als gäbe es keine Telefone. Dabei haben wir eine angenehm offene Homeoffice-Policy, die ich nur allzu gern allzu großzügig nutze.

Als die jungen Frauen auch eine Stunde nach meiner errechneten Ankunftszeit weder geklingelt noch sich per Telefon oder SMS gemeldet haben, entschließe ich mich, nachzuhaken. Nach einer Stunde, beschließe ich, ist das durchaus erlaubt. Außerdem kann ich ja auf besorgt statt verärgert machen. Schließlich möchte ich nicht, dass meinen Gästen bei der Anreise etwas zustößt. Als ich Elena über ihr Airbnb-Profil anschreiben will, fällt mir wieder ein, dass ich bislang immer nur mit der Mutter korrespondiert habe. Und die Telefonnummer, die angegeben ist, ist eine Festnetznummer in Athen, wie Google mir verrät. Die Mutter wiederum zu kontaktieren, die ihre Tochter offensichtlich für unfähig hält, selbst die Wohnung zu buchen oder zumindest die Kommunikation mit mir zu führen, will ich aber nicht in Panik versetzen. Drei junge Frauen allein in der Ferne, und dann der besorgte Anruf des Vermieters, der sich nach dem Verbleib erkundigt, könnte zu spontanen Panikattacken bei der Mutter führen. Oder zumindest zu Ärger für die jungen Frauen. Das wäre kein guter Start in den Urlaub.

Also warte ich. 14:15, 14:30, 14:45 Uhr. So viele S-Bahnen kann man gar nicht verpassen. Ich entschließe mich dazu, um fünfzehn Uhr bei der Mutter anzurufen. Zwei Stunden verspätet, das finde ich angemessen. Die Mutter wird sicherlich schnell aufklären können, wo die drei stecken. Ein Handy werden sie ja wohl haben. Doch dann habe ich Skrupel. Ich gebe ihnen noch einmal Zeit bis 15:15 Uhr. Und tatsächlich, kurz nach fünfzehn Uhr klingelt es an der Tür.

Vergnügt quietschen die Rollkoffer über das Pflaster im Innenhof. Die jungen Frauen sind bester Laune. Scheint nicht so, als hätten sie eine Odyssee hinter sich. Ich bin auf die Entschuldigung gespannt. Aber es kommt keine. Kaum sind die drei in der Wohnung, stehen die Koffer in der Ecke – und die erste Frage ist natürlich: »Wie ist denn das WLAN-Passwort?« Ich zeige auf einen handgeschriebenen Zettel auf dem Wohnzimmertisch, frage, ob sie die Schrift lesen können. Sie nicken. Ich drücke aufs Tempo, führe sie im Galopp durch die Wohnung und kann es mir nicht verkneifen darauf hinzuweisen, dass ich sie vor zwei Stunden erwartet hätte und nun schnellstmöglich wieder zurück zur Arbeit müsse. Sie hätten sich verlaufen, sagt eine der drei, die das beste Englisch spricht. Und dann hätten sie sich erst einmal in einem Café ausgeruht. Ich lasse mir den Ärger nicht anmerken. Kein Problem, sage ich, wäre nur nett gewesen, kurz Bescheid zu geben. Jetzt schaut Elena mich mit großen Augen an, zuckt die Schultern und sagt, sie hätten in dem Café kein WLAN gehabt und auch nicht gewusst, wie teuer eine SMS in Deutschland ist. Zum Glück habe ich keine Zeit, mich aufzuregen.

Mit meiner Arbeitstasche unter dem Arm rase ich die Treppen hinab zum Auto und düse davon. Weit komme ich aber nicht. Zwei Straßenecken später surrt mein Handy. Eine SMS. Von Elena. Sie könnten das WLAN-Passwort doch nicht entziffern. Für solch wichtige SMS sind die Kosten nicht zu hoch. Dass ich nicht sofort umdrehe, um mich des Problems anzunehmen, stürzt Elena in eine mittlere Katastrophe. Aber sie wird es überleben. Sie ist ja noch jung.

ZAUBER VON OZ

Ich bilde mir ein, dass mich das sorgfältige Aussieben der Gäste durch meine Matrix von weiteren Katastrophen verschont hat. Eigentlich könnte ich zufrieden sein mit meinem Vermieterdasein. Ich bin es aber nicht. Dabei wirft die Wohnung eine komfortable Rendite ab und ich lerne immer wieder nette Menschen aus aller Welt kennen. Trotzdem lebe ich in ständiger Anspannung. Bei jedem noch so kleinen Geräusch aus der Ferienwohnung beginnt das Kopfkino.

Als sich dann ein Brite bei mir meldet, der die möblierte Wohnung ganz regulär – also mit Mietvertrag – für mindestens ein halbes Jahr mieten möchte, muss ich nicht lange überlegen. Selbst wenn sich dadurch die Einnahmen mehr als halbieren. Das ist es mir wert. Außerdem läuft die Sondergenehmigung ohnehin in vier Monaten aus. Liam, ein junger Mann aus London, macht irgendwas mit Computern und Webdesign. Natürlich. Und so sieht er auch aus. Er passt hervorragend nach Friedrichshain. Wuscheliger Bart in einem blassen Gesicht.

Der Pullover zu groß für den schlaksigen Körperbau. An den Knien ist seine schwarze Slim-Fit-Jeans aufgeschabbert, seine Beine sind so dünn, dass es aussieht, als ginge er auf Stelzen.

Sein Arbeitgeber schickt ihn für einige Monate von der Themse an die Spree, damit er bei einem Modehaus irgendein Computersystem einführt. Das heißt für mich: eine sichere Miete. Das Projekt sei mindestens auf sechs Monate ausgelegt, sagt Liam. Vielleicht mehr. In fünf Wochen gehe es los, Anfang Januar. Insgeheim hoffe ich, er arbeitet vielleicht für Fred Perry oder Ben Sherman und ich könnte über ihn ein paar Schnäppchen einheimsen. Aber Liam druckst herum, um welches Unternehmen es sich handelt. Schließlich sagt er es dann doch: Primark. Ausgerechnet die Billigklamottenmarke aus Irland mit den schlecht haftenden kleinen Aufklebern, die aber wie Pattex auf meinen Dielen kleben.

Aber vielleicht schließt sich mit Liam ja der Bogen über meine Zeit als Airbnb-Host. Nadav und seine Kumpels gehörten zu den ersten Gästen, als sie den Dielenboden in einen Fliegenpilz mit all den Stickern von Primark verwandelten. Und jetzt würde Primark indirekt die Miete für sechs Monate übernehmen, wenn ich denn Airbnb den Laufpass geben würde. Das nenne ich ausgleichende Gerechtigkeit. Das Schicksal offenbart mir offenbar einen Deal. Wie zur Bestätigung dieser These meldet sich zeitgleich Oz aus Tel Aviv. Zusammen mit zwei Freunden will er in der Vorweihnachtszeit für ein paar Tage nach Berlin kommen, kurz bevor Liam einziehen wird.

Eigentlich erfüllt Oz alle Kriterien für ein Feuerwerk an Minuszeichen: drei Israelis auf Männertour. Oz hat zudem noch keine Bewertungen gesammelt. Und auf dem Profilbild steht er offensichtlich in einem Club. Klassische Partytouristen, die es in Berlin krachen lassen wollen. Trotzdem sage ich zu. Vielleicht kann Oz ja mit seinem Zauber die schlechten Erfahrungen, die ich mit Nadav gesammelt hatte, wieder wettmachen.

Die ersten beiden Tage wohnt Oz mit nur einem Freund in der Wohnung. Beide sind extrem nette Kerle, ich schätze sie auf Anfang dreißig. Wie sich herausstellt, betreiben sie einen angesagten Club in Tel Aviv. An diesem Ort entstand auch das Profilfoto. Jetzt wollen sie zusätzlich eine Bar eröffnen. In Berlin suchen sie nach Inspiration. Sie freuen sich über das Begrüßungsbier, das ich mit ihnen bei der Ankunft trinke. Aus alter Gewohnheit hatte ich die Flaschen kalt gestellt. Dabei kann mir die Bewertung mittlerweile egal sein. Nach dem Besuch aus Israel ist die Wohnung über Weihnachten an eine Finnin mit ihrem kleinen Sohn vermietet, die in Griechenland lebt. Über die Feiertage kommen zudem noch ihre Eltern aus Helsinki. In dieser Konstellation scheint mir der Finnen-Faktor vernachlässigbar. Meine allerletzten Airbnb-Gäste sind wiederum Briten aus Bristol. Das Paar will Silvester in Berlin feiern. Wir haben kaum Kontakt, sie sind ständig unterwegs. Sie geben quasi Liam aus London die Klinke in die Hand. Dann ist Airbnb für mich Geschichte. Zumindest als Gastgeber.

• • •

Mit Oz und seinem Freund bleibt es nicht bei dem einen Begrüßungsbier. Wir plaudern über Tel Aviv, über Berlin, natürlich auch über Nadav. Sie lachen: »Typisch Israeli«, sagt Oz. Als ich nach drei Bieren die beiden alleine lasse, laden sie mich am nächsten Tag zum Kaffee ein. Zu echtem israelischem Kaffee, wie sie betonen, den sie extra mitgebracht haben. Kurz verspüre ich den Impuls, den typisch israelischen Kaffee als arabi-

schen zu outen, entscheide mich aber dagegen. Ich bin ja lern-
fähig. Auch die Hamas-Anekdoten bleiben diesmal in der
Mottenkiste.

Der dritte Gast aus Tel Aviv ist mittlerweile eingetroffen,
als ich zum Kaffee bei Oz vorbeischaue. Ein smarter Typ, der
gern zu Gast im Club seiner Freunde ist. Auf Nachfrage stellt
er sich als Schauspieler vor, der meist an einem Theater in Tel
Aviv auftritt. Sympathisch macht ihn zudem, dass er sofort einen Draht zu dem kleinen altersschwachen Jack-Russel-Terrier
einer Freundin hat, der ein paar Tage bei mir verbringt und
mehr als einmal das Sofa einnässt. Hätte ich bloß vorher die
»Suprima 3066« aus der Ferienwohnung geholt, die ich damals
für Esther gekauft hatte. Auch er habe einen Jack Russel, sagt
der Schauspieler und zückt sofort sein Smartphone. Er streicht
mit dem Zeigefinger über das Display, bis er anscheinend das
gesuchte Foto gefunden hat, und hält es mir unter die Nase.

»Süß«, sage ich. Und meine vor allem die Frau am anderen
Ende der Leine, die ebenfalls zu sehen ist. Der Hund ist aber
ebenfalls niedlich.

Mit den wenigen Informationen, die ich über Oz habe, ist
er auf Facebook schnell zu finden, auch wenn er dort nicht unter seinem richtigen Namen auftritt. Von meinem Wohnzim-
mer aus kann ich die drei auf ihrer Tour durch Berlin begleiten.
Im Stundentakt postet Oz neue Bilder. Vom Weihnachtsmarkt
am Gendarmenmarkt. Aus Cafés. Vom Weihnachtsmarkt am
Alexanderplatz. Aus einer Bar. Vom Weihnachtsmarkt auf dem
RAW-Gelände. Auf den Selfies verlinkt er akkurat die Namen.
Und so erfahre ich, dass der Schauspieler gerade einer der an-
gesagtesten Mimen einer israelischen Soap à la *GZSZ* ist.
Und wie seine Freundin heißt. Sie ist, natürlich, ein israelisches
Model.

Anders als Nadav scheinen Oz und seine Freunde keine großen Köche zu sein. Weiterhin kennen sie sich mit Klinken aus. Zumindest höre ich keine Türen in die Rahmen scheppern. Vielleicht liegt das aber auch aran, dass das Trio von morgens bis spät in die Nacht auf Erkundungstour ist.

Einen Tag bevor Oz abreist, treffe ich morgens den Schauspieler im Treppenhaus. Er hat seinen Rucksack geschultert, erkundigt sich, wie er am besten zum Flughafen kommt. Er muss bereits wieder abreisen. Weil es regnet, bringe ich ihn mit dem Auto zum Ostkreuz, von wo aus er direkt mit der S-Bahn nach Schönefeld fahren kann. Er bedankt sich überschwänglich und sagt, ich soll mich unbedingt melden, wenn ich mal wieder in Tel Aviv bin. Ich sehe mich schon in dem Club seiner Kumpels mit all den israelischen Schauspielerinnen und Models. Ich sage spontan zu, auch wenn ich weiß, dass es sich wohl nur um eine Floskel handelt.

Am Nachmittag treffe ich Oz vor dem Haus. Er bedankt sich, dass ich seinen Freund im Regen zum Bahnhof gefahren habe. Ob es morgen, wenn sie abreisen, wohl noch regne?, fragt er. Der Zaunpfahl ist eindeutig, also biete ich Oz an, ihn und seinen Freund am nächsten Morgen zum Bahnhof zu bringen. Dankend nimmt er mein Angebot an.

Wie vereinbart und typisch deutsch klingele ich Punkt 8:30 Uhr an der Tür der Ferienwohnung. Oz öffnet sie in Shirt und Unterhose. Immerhin hat er bereits eine Zahnbürste im Mund. Sie seien in einem Club versackt und jetzt etwas spät dran, erklärt er. Ich werfe einen besorgten Blick auf meine Armbanduhr und verziehe die Mundwinkel, wie es sonst nur die Kanzlerin vermag. Hektik scheint jedoch ein Fremdwort für Oz zu sein. »Komm rein«, sagt er in einer unglaublichen Ruhe. »Wir trinken noch Kaffee.«

Sein Freund sitzt am Wohnzimmertisch, rührt gedankenverloren in seiner Tasse. Sein Gesicht sieht aus, als könne er ein paar Aspirin vertragen. Ich befürchte aber, er hat bereits einige eingeworfen. Auf dem Tisch liegt zumindest eine Packung, auf der ich groß und deutlich die Buchstaben ASS erkennen kann. Die Gelassenheit imponiert mir ein wenig. Ganz anders würde ich allerdings reagieren, wenn ich mit den beiden den Flieger erreichen müsste. Denn nicht nur die Jungs sind alles andere als reisefertig, auch das Wohnzimmer sieht aus, als wäre gerade ein Koffer explodiert. Überall liegen noch ihre Klamotten verstreut. Eine Socke hier, eine Hose dort. T-Shirts türmen sich auf einem Stuhl, jede Menge Kleinkram verteilt sich über Fensterbänke, den Tisch und den alten DDR-Koffer, der sein zweites Leben als Couchtisch fristet.

Mittendrin in dem Tohuwabohu entdecke ich auch mehrere Klopapierrollen. Ich zähle drei allein im Wohnzimmer. Oz' Kumpel hat sich eine dicke Erkältung im Dezemberregen eingefangen. Das derangierte Gesicht ist also gar nicht das – zumindest alleinige – Ergebnis einer durchzechten Abschiedsnacht. Wie er da so sitzt, gebeugt und gebeutelt, kann er einem leidtun. Allerdings sieht er immer noch kräftig genug aus, um seine Sachen zu packen. Mein Mitleid währt nicht lange. Erst zieht er den Schnodder mit einem Röcheln in die hintersten Winkel seiner Nase, dann greift er zum Klopapier, wickelt ein paar Lagen ab und schnäuzt mit der Kraft von mindestens acht Windstärken gelblichen Glibber ins Papier. Nach einem prüfenden Blick auf die Sauerei knüllt er das klebrige Tuch und stopft es erst mit spitzen Fingern in die Papphülse vom Klopapier. Anschließend drückt er mit dem Daumen nach, denn schon etliche andere Bazillenschleudern hat er hineingepresst. Bei genauerem Hinsehen entdecke ich, dass bereits alle Klopapierrollen ein ausgestopftes Innenleben haben. Keine Frage, ich muss sie entsorgen.

Oz ist mittlerweile mit dem Zähneputzen fertig, sammelt die Klamotten vom Boden, presst sie in einen Rucksack oder zieht sie an. Ich schaue auf die Uhr. Die S-Bahn, die ich eigentlich für die zwei anvisiert hatte, verlässt gerade in einem Kilometer Entfernung den Bahnhof. Ich mahne zur Eile. Der nächste Zug geht in einer Viertelstunde. Und wollen die beiden ihren Flieger pünktlich erreichen, sollten sie in dieser Bahn sitzen. Auf dem Esstisch im Wohnzimmer steht noch das Frühstücksgeschirr, in der Küche lagern Essensreste, neben der Spüle warten mehrere Gläser darauf, in die Spülmaschine geräumt zu werden. Alles kein Drama, aber in Anbetracht der Zeit ist klar, dass diese Arbeit an mir hängen bleiben wird. Das Erstaunliche aber ist, dass das alles für Oz und seinen Kumpel ganz selbstverständlich zu sein scheint. Kein Anflug von Scham, kein Grund, sich dafür zu entschuldigen, dass sie es nicht mehr geschafft haben aufzuräumen. Und das, nachdem sie zusammen mit mir über die Anekdoten der israelischen Boyband gelacht und den Kopf geschüttelt haben. Jetzt machen sie selbst einen Nadav.

In diesem Moment wird mir erneut klar, dass meine kleine Rasterfahndung durchaus berechtigt war. Auch die Klischees bezüglich der Nationen scheinen wirklich zu passen. Diese Bestätigung freut mich sogar mehr, als hätte Oz die Wohnung in einem blitzeblanken Zustand übergeben. Denn so fällt mir der Abschiedsschmerz von der Zeit als Betreiber einer Ferienwohnung sehr leicht.

ADE AIRBNB!

Städte wie Berlin haben mittlerweile auf die Flut der Ferienwohnungen in ihren Innenstädten reagiert. Die Maßnahmen sind jedoch nicht viel mehr als ein Feigenblatt, das die hausgemachten Versäumnisse bei der Städtebaupolitik verdecken soll. Dass mit einem Verbot von Ferienwohnungen die absurde Situation auf dem Immobilienmarkt korrigiert werden könnte, ist nichts weiter als ein frommer Wunsch. Und so folgt auf jahrelangen Tiefschlaf blanker Aktionismus in den Amtsstuben.

In Berlin müssen seit Sommer 2018 Wohnungen, die zeitweise komplett an Urlauber vermietet werden, eine Genehmigung vom Bezirk erteilt bekommen. Wer nur ein Zimmer vermietet, braucht zumindest eine Registriernummer, die auf den Portalen angegeben werden muss.

Um den neuen Bestimmungen Nachdruck zu verleihen, fallen die Strafen bei Verstößen drakonisch aus. Oder besser: Sie könnten es. Wer ohne erforderliche Registrierung oder Genehmigung illegal eine Ferienwohnung vermietet, muss in Berlin mittlerweile mit Bußgeldern von bis zu 500 000 Euro rechnen. Eine schier unglaubliche Summe, die in keinem Verhältnis zum »Delikt« steht.

Schreckt die Androhung einer solch hohen Strafzahlung wenigstens ab? Anscheinend nicht. Vielleicht liegt das auch daran, dass im ersten Jahr nach der Einführung der Bußgelder gerade einmal 250 Vermieter zur Kasse gebeten wurden. Im Durchschnitt betrug die Strafzahlung lediglich 6000 Euro. Anscheinend nicht genug. Die Mitarbeiter in den Behörden sind gefrustet. Denn von den rund 13 000 Wohnungen, die in Berlin weiterhin auf Airbnb angeboten werden, haben 85 Prozent noch keine Registriernummer. In den Bezirksämtern arbeiten mittlerweile ganze Teams daran, die illegalen Ferienunterkünfte aufzuspüren. Mit mäßigem Erfolg. Airbnb rückt die Identität der Anbieter nicht heraus und nennt keine konkreten Adressen der Angebote. Behördenmitarbeiter berichten, dass bei Anfragen nach Nutzerdaten Airbnb auf seinen Firmensitz in Irland verweist, wo auch die Server für den europäischen Markt stehen. Deshalb unterliegt das Unternehmen dem irischen Gesetz und kann sich hinter dem Schlagwort »Datenschutz« verschanzen. So bleibt den Ermittlern in den Amtsstuben nichts anderes übrig, als auf die Mithilfe von genervten Nachbarn zu setzen. Denunzianten können auf der Website der Senatsverwaltung ihren Verdacht auf illegale Ferienwohnungen melden, was zur Folge hat, dass jeder gefrustete Nachbar ungeliebte Mitmenschen anzeigt, um ihnen Ärger zu bereiten – selbst wenn der Vorwurf an den Haaren herbeigezogen ist. Der Blockwart erlebt eine Renaissance.

Als Brian Chesky, Joe Gebbia und Nathan Blecharczyk vor mehr als zehn Jahren an ihrem Mission Statement schraubten, klang die Idee der Untervermietung nach einem gesellschaftskritischen Wandel, nach einem revolutionären Ansatz: »Teilen ist das neue Haben.« Das hatte doch was! Doch die Revolution blieb aus. Eines muss man Airbnb jedoch lassen: Das Unternehmen aus San Francisco hat den ganzen Globus erobert und es geschafft, Menschen auf die Straße zu treiben – auch wenn die nicht für, sondern gegen das Unternehmen protestieren, weil einige von ihnen auf ebendiese gesetzt wurden und kein Dach über dem Kopf mehr finden können.

♦ ♦ ♦

In Berlin beispielsweise hat die Misere auf dem Mietmarkt groteske Züge angenommen. Mein Nachbar trommelt genervt mit seinen Fingern auf den Notizblock, schaut missmutig zu mir herüber. Dann endlich habe ich das Handy gefunden, das nicht aufhören will zu surren. Ich bin gerade im Berliner Landgericht, als meine Hosentasche vibriert. Ich sitze im Zuschauerraum, berichte als Journalist über einen Betrugsfall. Die Nummer, die mich versucht zu erreichen, kenne ich nicht, also drücke ich das Gespräch weg. Erst in der Verhandlungspause rufe ich zurück.

Ein Mann meldet sich. Er freut sich über den Rückruf und druckst herum. »Wie soll ich anfangen?«, stammelt er. Er hätte gerade meinen Kommentar über das Zweckentfremdungsverbot in Berlin gelesen, den ich für unser Magazin geschrieben habe. Ich hätte doch erwähnt, dass ich auch eine Ferienwohnung angeboten habe, sie nun aber normal vermieten wolle. »Haben Sie schon einen Mieter?«, fragt der Mann dann geradeheraus.

Ich muss ihn enttäuschen. »Ja, die Wohnung ist leider nicht mehr frei«, flüstere ich in das Telefon, während ich auf den Fluren des Gerichts auf und ab gehe.

»Schade«, sagt der Mann bedrückt. »Ich bin seit Wochen auf der Suche nach einer neuen Wohnung. Aber ich habe keine Chance, eine zu finden.« Er entschuldigt sich für den ungewöhnlichen Anruf. Aber bei der gegenwärtigen Wohnungssituation, erklärt er, müsse man eben jeden Strohhalm ergreifen. Ich bewundere sein Engagement und spüre die Verzweiflung.

Der Wohnungsmarkt in der Hauptstadt ist völlig aus den Fugen geraten. Kommen überhaupt einmal Mietwohnungen zu einem halbwegs adäquaten Preis auf den Markt, zieht sich die Schlange der Interessierten wie eine gigantische Anakonda bisweilen um mehrere Blöcke. Eingereiht in die Warteschlange der Verzweifelten war auch ein junger Kollege von mir, ein Fotograf und Bildredakteur. Er wollte mit seiner Freundin zusammenziehen. Doch es war schier unmöglich für die beiden, eine bezahlbare Behausung in Berlin zu finden. Und so fragte er eines Tages, was denn mit meiner Wohnung sei, die ich über Airbnb vermietet hatte. Zu diesem Zeitpunkt wohnte noch der junge Brite, der für Primark arbeitete, unter mir. Doch statt sechs Monaten würde sein Engagement in Deutschland bereits nach vier enden. Dann wäre die Wohnung wieder frei. Der Gedanke, an meinen Kollegen zu vermieten, gefiel mir. Nach all den Erfahrungen mit den Feriengästen sehnte ich mich nach langfristigen Mietern, unkompliziert und nervenschonend. Es gab nur einen Haken: Die beiden konnten maximal 1000 Euro inklusive aller Nebenkosten berappen. Also setzten wir uns an einen Tisch und kalkulierten. Von den 1000 Euro zogen wir die voraussichtlichen Kosten für Strom, Gas und Wasser ab, subtrahierten die allgemeinen Nebenkosten und kamen auf eine Kaltmiete, die knapp unter zehn Euro pro Quadratmeter lag, aber ziemlich genau die monatliche Rate für die Hypothek deckte. Inklusive Grundsteuer und Instandhaltungen sollte ich so zwar pro Monat ein paar Euro draufzahlen, aber was soll's? Schließlich war die Wohnung als Altersvorsorge gedacht, nicht als Renditeschleuder. Natürlich ist es ein Unterschied, ob man in ausgebuchten Monaten mit Airbnb knapp 3000 Euro mit einer Wohnung verdient oder – regulär vermietet – nur 760 Euro. Für mich war es wie ein Ablasshandel. Als reuiger Airbnb-Sünder zahlte ich nun für ein reines Gewissen, auch wenn es ein Leichtes gewesen wäre, die Wohnung auf dem freien Markt für deutlich mehr Geld an den Mann oder die Frau zu bringen.

Im gleichen Zeitraum wurden zwei weitere Wohnungen in unserem Haus vermietet. Für den Quadratmeter nahmen die Vermieter zwischen 13 und 14 Euro. Das einfachste aller marktwirtschaftlichen Prinzipen, das von Angebot und Nachfrage, trieb in Berlin denkwürdige Blüten. Ähnlich wie beim Zweckentfremdungsverbotsgesetz reagierte der Berliner Senat mit einem neuen Wortungetüm, dem Gesetz zur Neuregelung gesetzlicher Vorschriften zur Mietenbegrenzung, oder kurz: dem Mietendeckel. Ein Instrument, mit dem wiederum meiner Meinung nach vom eigenen Versagen abgelenkt werden soll. Langfristig wird auch der Mietendeckel, ebenso wie das Verbieten von Ferienwohnungen, keinen positiven Effekt auf den Wohnungsmarkt haben. Im Gegenteil, der Mietendeckel wird zu einer weiteren Eskalation führen. Zum Glück hat das Bundesverfassungsgericht den Mietendeckel schon nach wenigen Monaten wieder gekippt.

• • •

Fragt man mich heute, ob ich meine Wohnung noch einmal als Ferienapartment anbieten würde, ist die Antwort ein klares Nein. Die vielen guten Erfahrungen, die es zweifelsohne gab, habe ich bereits vergessen, hängen geblieben sind die schlechten. Auch wenn ich heute über den ganzen Ärger lachen kann. Bereue ich mein Airbnb-Abenteuer? Nein! Es war eine lehrreiche Erfahrung, und finanziell war der Ausflug in die Sharing Economy sogar ein Erfolg. Am Ende waren es mehr die Gewissensbisse, die mir zusetzten. Zum einen wegen der gerade erwähnten prekären Situation auf dem Mietmarkt und zum anderen wegen der zunehmenden Feindseligkeit, die ich glaubte zu spüren.

Bin ich für ein Verbot von reinen Ferienwohnungen in Innenstädten? Die Antwort lautet mittlerweile: ja, allerdings verknüpft mit einem Aber. Ja, weil zu viele Ferienwohnungen einem Kiez die Identität rauben. Ja, weil ich verstehen kann, dass die Bewohner sogenannter Szeneviertel sich nicht vorkommen wollen wie Micky Mouse im Disneyland. Sie wollen Nachbarn, die sie kennen, und nicht alle drei Tage neue Gesichter im Treppenhaus sehen. Ja, weil skrupellose Geschäftemacher die Wohnraumverknappung in den Innenstädten mit ihren Ferienwohnungen befeuern. Aber ist Airbnb die Wurzel allen Übels? Definitiv nein! Nur eine – zumal erwartbare – Folge neuer Entwicklungen. Eigentlich bin ich der Meinung, dass ein Eigentümer einer Wohnung über sein Hab und Gut selbst entscheiden können sollte. Auch wenn das Grundgesetz das anders sieht. In Artikel 14, Absatz 2 heißt es schließlich: »Eigentum verpflichtet. Sein Gebrauch soll zugleich dem Wohle der Allgemeinheit dienen.« Es wäre allerdings schön, wenn das nicht nur von kleinen Wohnungseigentümern gefordert werden würde.

Wenn man durch seinen Kiez spaziert und überall Schilder und Plakate sieht, die gegen Touristen im Allgemeinen wettern und gegen Ferienwohnungen im Speziellen, dann ist das nicht schön. Auch bemerkte ich, dass ich bei flüchtigen Kneipengesprächen es zunehmend tunlichst vermied, die Ferienwohnung zu erwähnen. Mehr als einmal waren die anfangs belanglosen Plaudereien in emotionale Diskussionen ausgeufert, bei denen ich nur verlieren konnte. Manchmal musste ich an meine provinzielle Heimat denken. In der heimeligen Fachwerkstadt Celle steht vor dem Alten Rathaus ein mittelalterlicher Pranger als Relikt vergangener Zeiten. An einen solchen fühlte ich mich bisweilen gestellt. So nachvollziehbar es ist, dass die Emotionen hochkommen, wenn die Mieten steigen und Menschen kaum noch eine bezahlbare Bleibe finden – aber sind Vermieter dann gleich Schwerverbrecher? Ich denke nicht. Dass Ferienwohnungen ein Problem in Großstädten sind, ist schließlich nicht der Grund für die Misere, sondern eine Folge einer verfehlten Städtebaupolitik. Gäbe es genügend Wohnungen auf dem Markt, gäbe es auch kein Dilemma.

Noch einmal das Beispiel Berlin: Wieso sind eigentlich in Berlin die Mieten so wahnsinnig gestiegen? Das ist sehr einfach zu beantworten. Mieten richten sich nun mal nach Angebot und Nachfrage. Gibt es ganz viel Angebot und nur wenig Nachfrage, stehen dummerweise die Wohnungen leer. Um überhaupt einen Mieter zu finden, senke ich also den Preis. Das Gleiche passiert natürlich andersherum auch. Gibt es kaum Angebot, aber ganz viel Nachfrage, steigen die Preise. Relativ logisch. Regulativ könnte da natürlich die Politik eingreifen, die über den kommunalen Wohnungsbau eine Vielzahl an Behausungen für ihre Bürger stellt.

Ah, Moment. Natürlich nicht in Berlin. Die Stadt ist da ja einen etwas anderen Weg gegangen und hat vor einigen Jahren das Tafelsilber verscherbelt. Von den fast 500 000 landeseigenen Wohnungen wurde ungefähr die Hälfte verhökert. Allerdings hat die rot-rote Regierung damals nicht an die armen

Mieter gedacht, sondern die Immobilien im Paket an Finanzinvestoren verkloppt.

Dass es anders geht, zeigt die Hauptstadt unseres Nachbarlands Österreich. 62 Prozent der Wiener leben in einer kommunal geförderten Wohnung mit gedeckelten Mieten. Die Gemeindebauten gibt es in allen dreiundzwanzig Bezirken, also auch in Toplagen wie gleich neben dem Stephansdom. Der Preis ist überall der gleiche: 5,80 Euro pro Quadratmeter, dazu kommen lediglich die Betriebskosten und zehn Prozent Steuern. Aber es gibt keine weiteren Aufschläge, keine Maklerprovision, keine Gebühren.

Allerdings will ich nicht verschweigen, dass in Berlin der Bestand an kommunalen Wohnungen wieder leicht steigt. Allerdings in einem Maße, der dem enormen Zuzug nicht gerecht wurde. War das abzusehen? Ja! Hat Berlin reagiert? Nein! Wahrscheinlich schlummerte die Stadt gerade ihren Schönheitsschlaf, um sexy zu sein.

Ein Grund also, warum ich nicht mehr über Airbnb eine Ferienwohnung anbieten würde, ist das Schlachtfeld, das die Politik geschaffen hat. Ein anderer und viel wichtigerer Grund sind jedoch die Gäste selbst. Selbst wenn die meisten sich vorbildlich verhalten haben, gibt es immer wieder Ausnahmen. Darüber muss sich jeder, der vermietet, bewusst sein. Mal sind die Gäste nervig und anstrengend, mal problematisch, weil laut und wenig rücksichtsvoll zu den Nachbarn. Wie bereits erwähnt, kann eine Ferienwohnung den Hausfrieden in einem Mehrfamilienhaus nachhaltig stören. Will man das seinen Nachbarn zumuten? Ich wollte es nicht. Gerade weil ich direkt über meiner Ferienwohnung wohnte, war ich wahrscheinlich hypersensibel. Türenschlagen, lautes Lachen, Gespräche auf dem Balkon nach Mitternacht – sofort war ich in Alarmbereitschaft. Fühlen sich die Nachbarn gestört? Muss ich eingreifen? Oder übertreibe ich?

Wer seine Wohnung regelmäßig vermietet, muss sich auch bewusst sein, dass eine Ferienwohnung Arbeit ist. Viel Arbeit sogar. Nach meinem Eindruck werden die Gäste immer anspruchsvoller. Oder besser gesagt: bequemer. Der typische Kunde ist nicht mehr der Individualtourist, der sich durch den Großstadtdschungel schlägt und froh ist, eine Matratze für die Nacht vorzufinden. Vielmehr scheuen viele nur die hohen Hotelkosten, erwarten aber den Service eines Fünf-Sterne-Resorts. Der Respekt vor dem privaten Eigentum lässt manches Mal zu wünschen übrig.

Würde ich als Gast noch über Airbnb buchen? Definitiv! Nach wie vor finde ich die Idee der Sharing Economy gut. Allerdings würde ich mich zuvor informieren, ob es in den jeweiligen Städten Restriktionen gegenüber Airbnb gibt, und auch beim Gastgeber nachfragen, ob es sich um eine legale Vermietung handelt.

Einmal hatte ich eine Wohnung in Brooklyn für eine Reportage gemietet. Die Wohnung war schön, als Weißer im Viertel Bedford-Stuyvesant fiel ich in der Nachbarschaft aber auf wie ein bunter Hund. Während ich in den vier Wänden der Vermieterin lebte, war sie zu einer Freundin gezogen. Den Schlüssel hatte sie in einem Café für mich hinterlegt. Ich bevorzuge diese Art der Übergabe sogar, weil ich mich zeitlich nicht auf die Minute festlegen muss. Etwas irritiert aber war ich dann doch, als ich in der Wohnung einen Brief vorfand, in dem ich darum gebeten wurde, auf mögliche Fragen der Nachbarn zu antworten, dass ich ein alter Freund von ihr sei. Offen und ehrlich erklärte mir die Vermieterin, dass Airbnb in der Wohnung eigentlich nicht erlaubt sei. Etwas spät, dachte ich noch. Um unserer kleinen Legende Nachdruck zu verleihen, hatte sie mir ein paar Stichwörter aufgeschrieben, woher wir uns eigentlich kennen. Ich fand das lustig. Anfangs. Als Raucher stand ich hin und wieder vor der Tür und paffte. Vielleicht war es Einbildung, aber ich glaubte, die Nachbarn würden mich argwöhnisch beäugen. Schon nach der ersten Zigarette schnappte ich mir den Zettel erneut, um noch einmal »unsere Geschichte« zu verinnerlichen. Bei den nächsten Kippen vor der Tür war ich angespannt, bei jedem Passanten, der durch die kleine Seitenstraße schlenderte, erwartete ich, dass ich zur Rede gestellt werden würde. Aber niemand fragte. Trotzdem empfand ich die Situation als unangenehm, auch wenn ich mir nichts vorzuwerfen hatte.

Dass ich selbst noch einmal in die Versuchung komme, als Airbnb-Gastgeber in Erscheinung zu treten, ist relativ unwahrscheinlich. In der einstigen Ferienwohnung wohnen längst mein junger Kollege und seine Freundin, ich selbst habe Berlin den Rücken gekehrt. Nicht nur Berlin, sondern auch Deutschland. Ich habe die zweite Wohnung verkauft, meinen Job bei dem Wirtschaftsmagazin gekündigt und bin ausgewandert. Seitdem lebe ich auf einem Boot am Mittelmeer, derzeit segele ich in der Türkei, der Heimathafen liegt in einem kleinen Fischerort an der Südküste. Die Probleme der Vergangenheit scheinen meilenweit entfernt. Nur neulich klagte mir eine türkische Freundin ihr Leid. Sie müsse aus ihrer Wohnung ausziehen, der Vermieter hätte ihr gerade gekündigt. Er wolle die Wohnung lieber als Ferienapartment an Touristen vermieten. Inseriert auf Airbnb.

DANKSAGUNG

Knapp fünf Jahre habe ich Berlin ausgehalten. Dann hat Berlin mich geschafft. So sehr, dass ich nicht nur der Hauptstadt, sondern Deutschland insgesamt Lebewohl gesagt habe. Seitdem lebe ich auf einem Segelboot in der Türkei. Und habe keinen Tag bereut.

Dass ich den radikalen Schritt gewagt habe, ist einem Großteil Berlin zu verdanken. Die Stadt ist mir einfach zu groß, zu stressig und bisweilen zu aggro. Aber es wäre falsch zu sagen, dass ich nicht auch tolle Zeiten in dem »dicken B an der Spree« gehabt hätte. Unvergessen bleiben mir die vielen Abende in der »Kneipe«, die zu meinem zweiten Wohnzimmer geworden war. Nicht Orte sind es, die einem das Gefühl von Heimat geben, sondern die Menschen, die an diesen Orten leben. Und so muss ich Uschi stellvertretend für ihren ganzen Freundeskreis danken, dass sie den Fischkopp so liebevoll in ihrer Mitte aufgenommen haben, ihm eine Heimat gegeben haben. Danke!

Ein Dankeschön geht natürlich auch an alle meine lieben Airbnb-Gäste. Und ein besonderer Dank an alle die, die mir die Nerven geraubt haben. Selbst Niko möchte ich sagen: Danke, danke, danke!

Hätten er und seine Kumpels die Wohnung nicht verwüstet, wäre dieses Buch sicher nicht entstanden. Denn was gibt es Langweiligeres (für ein Buch) als Gäste, die kommen und geräuschlos wieder gehen, und alles, was sie hinterlassen, ist ein feucht gefeudelter Dielenboden, der nach Frühlingswiese duftet? Gut, hätte ich damals die Wahl gehabt, hätte ich die Wikinger sofort gegen Langweiler aus Wunsiedel eingetauscht. Aber heute würde ich mich nicht einmal mehr an sie erinnern. Niko dagegen ist immer noch für ein Partygespräch gut.

Zuletzt möchte ich auch noch meinen langjährigen Journalistenkollegen Hans-Jürgen Möhring danken, mit dem ich mir zuletzt das Büro teilte. Hans-Jürgen war es, der all meinen Frust, Ärger, aber auch die schönen Momente als Airbnb-Gastgeber teilte. Ob er wollte oder nicht. Meistens wollte er aber. Er konnte gar nicht genug Gossip aus der kleinen Ferienwohnung aufsaugen. Und dann fiel der Satz, aus dem dieses Buch wurde. »Das musst du alles aufschreiben!«, sagte Hans-Jürgen.

Bitteschön, Hans-Jürgen, hier ist es.